9783903439184
AF753158

Art? 1 Nein.

The Healthy Times
Issue 3

Food? Yes.
Art? No.
Healthy? Yes.
Trash? No.
Cheap? Yes.
Worth it? No.

The last issue was simply too thick.
The truth is that we only produced a telephone book because Philip somehow brought up Otto Wanz during the brainstorming (don't ask why). Otto Wanz was the human bear in the bodybuilder's swimsuit who tried to rip up 20 telephone books in less than 48 seconds on Austrian peak time television (Sport on Monday) sometime in the 1980s, using only what the presenter proudly called his "156 kg live weight" and with the sole aim of breaking his own world record in "ripping up telephone books". Or was he actually preparing the ground for our last issue?
In any case, his attempt narrowly failed. But perhaps it was precisely this failure that motivated us.

This time, however, it isn't the act of watching – 20 times, or so it felt – a semi-pointless YouTube video with our graphic designers Wolfgang Ortner and Simon Walterer that has inspired us to pursue our objective of giving every issue of the "Healthy Times" a different look.
Although they did again supporte

The Healthy Times
Issue 3

Food? Ja.
Art? Nein.
Healthy? Ja.
Trash? Nein.
Cheap? Ja.
Worth it? Nein.

Die letzte Ausgabe war einfach zu dick.
Eigentlich haben wir da nur ein Telefonbuch gemacht, weil Philip beim Brainstormen irgendwie (don't ask why) auf Otto Wanz gekommen ist. Otto Wanz war also dieser Bär mit dem Bodybuilder-Badeanzug, der irgendwann in den 80er-Jahren im Österreichischen Rundfunk im Hauptabendprogramm (Sport am Montag) mit seinen, wie der Moderator stolz erwähnt „156 kg Lebendgewicht" versucht hat, 20 Telefonbücher in weniger als 48 Sekunden zu zerfleischen. Und das alles nur, um seinen eigenen Weltrekord im „Telefonbuch-Zerreißen" zu brechen. Oder sollte das doch eine Steilvorlage für die letzte Ausgabe gewesen sein?
Er hat es jedenfalls damals knapp nicht geschafft. Vielleicht hat uns aber gerade sein Scheitern motiviert.

Unser Vorhaben, die „Healthy Times" jedes Mal anders aussehen zu lassen, wurde dieses Mal allerdings nicht durch ein semi-sinnloses Youtube-Video inspiriert, das wir uns damals

us energetically in the production of this edition and are the masterminds behind the visual appearance of the magazine.
The responsibility for the format of the third issue also definitely lies with the working title "Is Cooking Art?"
The aim was to create a text-heavy, light paperback à la Reclam or Suhrkamp.
A little book that's easy to carry and easy to read. That was the basic idea. Because such small paperbacks are always ideal, whether one is in the metro, at the dentists, or lying under a sunshade covered in plastic straw on the beach in Lignano.

As we've once again experimented a little with our system and our editorial approach, we'd like to help our readers by briefly explaining how this year's issue works:

Not really having a clear idea about how we should tackle this edition, we decided to appoint an editor-in-chief.
And, as this seems to be a requirement of the world's boardrooms, we also thought it would make sense for "Healthy Times 3" to have a leadership duo.
A duo that consists of, may we present?

Sophia Süssmilch and Andrea Petrini!

While Sophia Süssmilch is working on the "Healthy Times"

wirklich gefühlt 20 Mal mit unseren Grafikern Wolfgang Ortner und Simon Walterer reingezogen haben.
Wobei uns die beiden auch in dieser Ausgabe wieder tatkräftig begleiten. Sie sind die Masterminds hinter der optischen Erscheinung dieses Magazins.
Für das Format der dritten Ausgabe ist nun definitiv auch der Arbeitstitel „Ist Kochen Kunst?" verantwortlich zu machen.
Es sollte ein textlastiges, leichtes Taschenbuch á la Reclam oder Suhrkamp werden.
Eben ein Büchlein zum Reisen, zum einfachen Lesen. Das war die Grundidee. Denn egal, ob man in der U-Bahn, beim Zahnarzt oder unter dem Plastikstroh-Sonnenschirm in Lignano liegt, so ein Taschenbüchlein geht immer.

Weil wir auch im System und der Redaktion wieder ein bisschen experimentiert haben, möchten wir zum leichteren Verständnis unserer Leserinnen und Leser kurz erläutern, wie diese Ausgabe funktioniert:

Wir hatten eigentlich keine wirkliche Vorstellung davon, wie wir die Ausgabe angehen sollten, und so haben wir uns entschieden, eine Chefredaktion zu installieren.
Und weil es die Chefetagen dieser Welt so wollen, fanden wir auch für die „Healthy Times 3" eine

for the first time, some readers and followers of the Healthy Boy Band will have already read the name Andrea Petrini on several occasions in connection with our projects.
Sophia Süssmilch doesn't only have a great sounding name, but she's also one of the coolest and most versatile artists that we know. She's a real eager beaver but, in her case, we find this (and we mean this most sincerely) extremely positive. When we were making our decision, the fact that she loves to eat and enjoy was simply the icing on the cake.

Andrea, on the other hand, is our feminine and immaterial gastro food film sugar daddy and supplies us with top articles, bizarre music and film recommendations, and fantastic festival invitations and knows lots of people that we'd also like to get to know. In this magazine, he's written not only his introduction, but also perhaps the most pioneering outing that the gastronomy scene has experienced in recent years.

The following should be said about the structure of this issue: In the first half of the magazine, the articles are principally devoted to art that addresses food.
The photographic works by Sophia Süssmilch refer less to the texts themselves than to the project title of the publication.

In the second half of the magazine, art is considered from the

Doppelspitze sinnvoll.
Diese besteht aus, dürfen wir vorstellen?

Sophia Süssmilch und Andrea Petrini!

Während Sophia Süssmilch zum ersten Mal bei der „Healthy Times" mitarbeitet, werden manche Leserinnen und Leser sowie Healthy-Boy-Band-Follower den Namen Andrea Petrini bereits mehrmals in Zusammenhang mit unseren Projekten gelesen haben.
Sophia Süssmilch klingt nicht nur gut, sondern ist auch eine der leiwandsten und vielseitigsten Künstlerinnen, die wir kennen. Sie ist eine Streberin, aber bei ihr ist uns das tatsächlich (und das ist ernst gemeint) megasympathisch. Die Tatsache, dass sie gerne isst und genießt, war in der Entscheidung die Kirsche auf der Torte.

Andrea wiederum ist unser weiblicher und immaterieller Gastro-Food-Film Sugar Daddy und versorgt uns mit top Artikeln, abartigen Musik- und Filmempfehlungen, tollen Festivaleinladungen und kennt viele Leute, die wir auch gerne kennen würden. Er hat in diesem Heft neben seiner Einleitung auch das vielleicht bahnbrechendste Outing der letzten Jahre in der Gastronomie-Szene vertextet.

Zur Struktur dieses Hefts ist

perspective of cooking. Andrea Petrini has selected a potpourri from a very wide range of authors, with the aim of finding as many different texts on the subject as humanly possible.
Everything that we haven't yet thought deeply about is here, from scientific investigations of taste as seen by a Spanish master chef, via the craziest Slovenian restaurateurs, to a critique of elevator music in cool restaurants. And, as Andrea would love to have become – but isn't – a performance artist, the pictures in his half of the magazine have been replaced by recipes that match the articles.

In addition to the 16 texts and their "accessories", we've also decided to incorporate two further texts that appear important to us:
The first is the only settlement that hurts no one: "Il Corti per favore".
A settlement by Severin Corti.
And, secondly, we met Peter Kubelka in his apartment in Vienna, where he spent several hours giving us a quite extraordinary private lecture.
"Licking the World with Peter Kubelka" was certainly worth the effort.

Finally, we have to offer a thank you the size of the universe to all those involved because it remains far from axiomatic that we, as cooks, should be able to publish a magazine of this quality. This is

Folgendes zu sagen:
In der ersten Hälfte dieses Hefts widmen sich die Beiträge hauptsächlich der Kunst, die sich mit dem Essen auseinandersetzt.
Die Fotoarbeiten von Sophia Süssmilch sind weniger auf die Texte an sich bezogen, als auf den Projekttitel des Magazins.

In der zweiten Hälfte des Heftes wird die Kunst aus der Perspektive des Kochens betrachtet. Andrea Petrini hat ein Potpourri aus den verschiedensten Autoren und Autorinnen ausgewählt, um so viele verschiedene Texte zu diesem Thema wie nur irgendwie möglich zu finden.
Von wissenschaftlichen Auseinandersetzungen mit dem Geschmack aus der Sicht eines spanischen Sternekochs über den verrücktesten slowenischen Wirten bis zu einer Kritik an Fahrstuhlpopmusik in coolen Restaurants ist alles dabei, worüber man sich noch keine tieferen Gedanken gemacht hat. Weil Andrea gerne Performancekünstler geworden wäre, aber keiner ist, gibt es in seiner Hälfte des Magazins anstatt der Bilder Rezepte – passend zu den Artikeln.

Zusätzlich zu den 16 Texten und ihren „Accessoires" haben wir uns dafür entschieden, noch zwei Texte, die uns wichtig erschienen, mit einzubauen:
Da wäre zum einen die einzige Abrechnung, die niemandem

only possible with the help and cooperation of all participants. Many thanks!
And, as always, our thanks are also due to you mums!

So now: stay healthy and read!
Your Healthy Boys

wehtut: „Il Corti per favore".
Eine Abrechnung von Severin Corti.
Und zum anderen haben wir uns mit Peter Kubelka getroffen, der uns in seiner Wiener Wohnung mehrere Stunden lang eine Privatvorlesung gab, die es in sich hatte.
Die „Welterschleckung des Peter Kubelka" hat sich definitiv ausgezahlt.

Zum Schluss bleibt uns noch, allen Beteiligten ein universumsgroßes Dankeschön auszusprechen, denn für uns als Köche ist es nach wie vor nicht selbstverständlich, ein Magazin in dieser Qualität herausgeben zu können. Das geht nur mit der Hilfe und Mitarbeit aller Beteiligten. Vielen Dank!
Wie immer, Danke auch an euch Muttis!

So jetzt: G'sund bleiben und lesen!
Eure Healthy Boys

Lukas Felix Philipp

Art?

Nein.

Editor, Herausgeber (der bezahlten Anzeige):
Simon Walterer, Wolfgang Ortner,
Christoph Straganz von Karlsruhe

Editor in Chief, Chefredaktion:
Simon Walterer
Wolfgang Ortner

Art Direction and Layout, Art Direction und Layout:
Wolfgang Ortner, Simon Walterer

Publication- and Projectmanagement,
Publikations- and Projektmanagement:
Wolfgang Ortner, Simon Walterer

Typefaces, Schriften:
Monument Grotesk, Dinamo
Elaphus, David Einwaller

Paper, Papier:
Simon Walterer
Wolfgang Ortner

Authors texts, Autor*Innen Texte:
Simon Walterer
Wolfgang Ortner
Simon Walterer
Wolfgang Ortner
Simon Walterer
Wolfgang Ortner
Simon Walterer
Wolfgang Ortner
Simon Walterer
Wolfgang Ortner
Simon Walterer
Wolfgang Ortner
Simon Walterer
Wolfgang Ortner
Simon Walterer
Wolfgang Ortner
Simon Walterer
Wolfgang Ortner
Simon Walterer

Authors recipes, Rezepte Autor*innen:
Simon Walterer
Wolfgang Ortner
Simon Walterer
Wolfgang Ortner
Simon Walterer
Wolfgang Ortner
Simon Walterer
Wolfgang Ortner

Photography, Fotografie:
keine v. Simon Walterer

Editing, Lektorat:
Deutsch/German
Simon Walterer
Englisch/English
Wolfgang Ortner

Proofreading, Korrektorat:
Deutsch/German
Wolfgang Ortner
Englisch/English
Simon Walterer

Translation, Übersetzung:
Spanisch → Deutsch, Spanish → German
Simon Walterer
Portugiesisch → Deutsch, Portuguese → German
Simon Walterer
Französisch → Deutsch, French → German
Simon Walterer
Englisch → Deutsch & Deutsch → Englisch
English → German & German → English
Simon Walterer

Published by / Erschienen im:
VfSWuWO Verlag für Simon Walterer u. Wolfgang Ortner
Simonwalterer Str. 2/24
ACAB-1312 Ort(ner)
ortner@verlagfürsimonwalterer.oag
www.vfwo.oag

ISBN SIMON-WALTERER-WOLFGANG-ORTNER

Printed by, Gedruckt von:
Simon Walterer und Wolfgang Ortner
ACAB-1312 Ort(ner)

Bookbinders, Buchbinderei:
Wolfgang Ortner, Simon Walterer

Vertrieb, Distribution:
Wolfgang Ortner, Simon Walterer,
Wolfgang Ortner, Simon Walterer
Wolfgang Ortner, Simon Walterer,
Wolfgang Ortner, Simon Walterer

Bezahlte Anzeige, Bezahlte Anzeige, Bezahlte Anzeige, Bezahlte Anzeige, Bezahlte Anzeige,
Bezahlte Anzeige, Bezahlte Anzeige, Bezahlte Anzeige, Bezahlte Anzeige, Bezahlte Anzeige, Bezahlte Anzeige,
Bezahlte Anzeige, Bezahlte Anzeige, Bezahlte Anzeige, Bezahlte Anzeige.

Von Simon Walterer und Wolfgang Ortner.
Bezahlte Anzeige, Bezahlte Anzeige, Bezahlte Anzeige, Bezahlte Anzeige, Bezahlte Anzeige.
Von Simon Walterer und Wolfgang Ortner, Von Simon Walterer und Wolfgang Ortner.

Editor, Herausgeber (The Healthy Times, Issue 3):
Healthy Boy Band
Lukas Mraz, Philip Rachinger, Felix Schellhorn

Editor in Chief, Chefredaktion:
Andrea Petrini
Sophia Süßmilch

Art Direction and Layout, Art Direction und Layout:
Wolfgang Ortner, Simon Walterer

Publication- and Projectmanagement,
Publikations- and Projektmanagement:
Julia Bromirski (Verlag für moderne Kunst GmbH)

Typefaces, Schriften:
Monument Grotesk, Dinamo
Elaphus, David Einwaller

Paper, Papier:
Munken Print White 15, 100 gr.
holzfrei Bilderdruck glänzend, 90 gr.

Authors texts, Autor*Innen Texte:
Andoni Luis Aduriz
Vito Baumüller
Nicolas Bourriaud
Severin Corti
Christof Ellinghaus
Frankfurter Hauptschule
Lydia Haider
Healthy Boy Band
Melinda Joe
Peter Kubelka
Marta Mateus
Anna Meinecke
Eliza Mozer
Andrea Petrini
Kaja Sajovic
Stefanie Sargnagel
Sophia Süßmilch
Nouchka Wolf
Chris Ying

Authors recipes, Rezepte Autor*innen:
Andoni Luis Aduriz
Giuliano Baldessari
Nicolas Bourriaud
Zaiyu Hasegawa
Corey Lee
Marta Mateus
Andrea Petrini
Skaručna – Slavko Zagar Jr./Jun.

Photography, Fotografie:
Sophia Süßmilch

Editing, Lektorat:
Deutsch/German
Dörte Eliass
Englisch/English
Peter Waugh

Proofreading, Korrektorat:
Deutsch/German
Dörte Eliass
Englisch/English
Peter Waugh, Dörte Eliass (Endlektorat)

Translation, Übersetzung:
Spanisch → Deutsch, Spanish → German
Igor Metzeltin
Portugiesisch → Deutsch, Portuguese → German
Igor Metzeltin
Französisch → Deutsch, French → German
Michaela Alex-Eibensteiner
Englisch → Deutsch & Deutsch → Englisch
English → German & German → English
Katharina Gewehr & Rupert Hebblethwaite

Published by / Erschienen im:
VfmK Verlag für moderne Kunst GmbH
Schwedenplatz 2/24
A-1010 Wien/Vienna
hello@vfmk.org
www.vfmk.org

ISBN 978-3-903439-18-4

Printed by, Gedruckt von:
Holzhausen, die Buchmarke der Gerin GmbH
A-2120 Wolkersdorf

Bookbinders, Buchbinderei:
Papyrus, A-1110 Wien

Vertrieb, Distribution:
Europa / Europe: LKG, www.lkg-va.de
UK: Cornerhouse Publications,
www.cornerhousepublications.org
USA: D.A.P., www.artbook.com

Bibliographic information published by the Deutsche Nationalbibliothek
The Deutsche Nationalbibliothek lists this publication in the Deutsche Nationalbibliografie;
detailed bibliographic data is available in the Internet at dnb.de

Bibliografische Information der Deutschen Nationalbibliothek
Die Deutsche Nationalbibliothek verzeichnet diese Publikation in der Deutschen Nationalbibliografie;
detaillierte bibliografische Daten sind im Internet über dnb.de abrufbar.

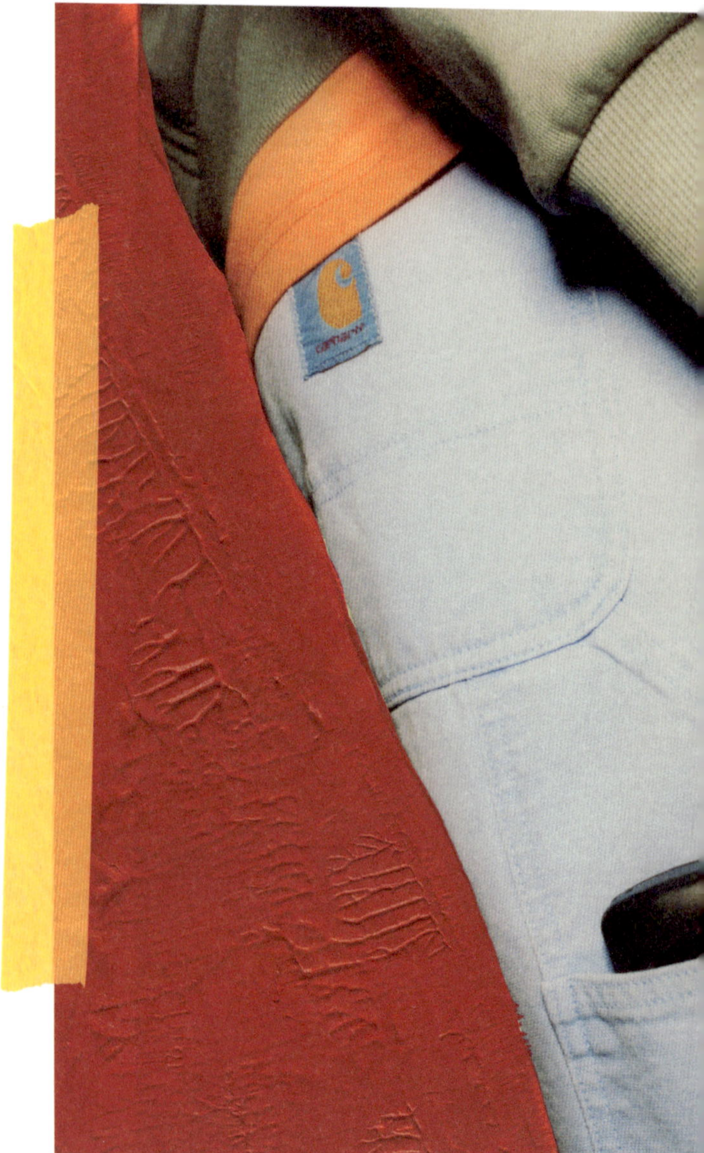

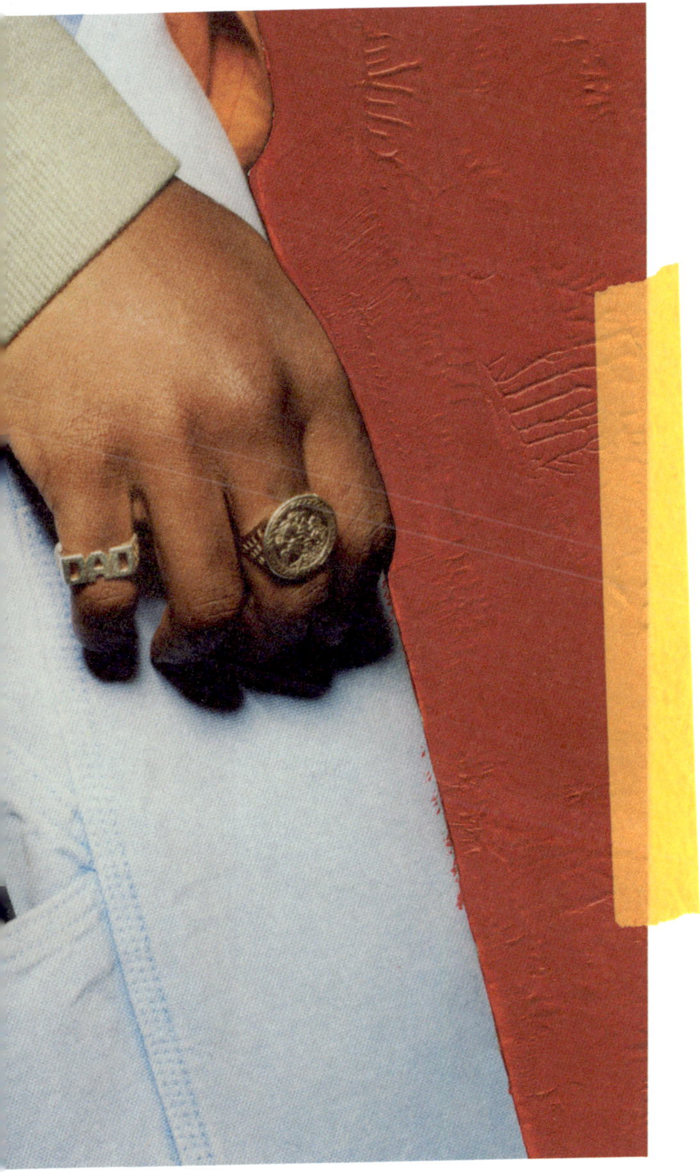
DAD

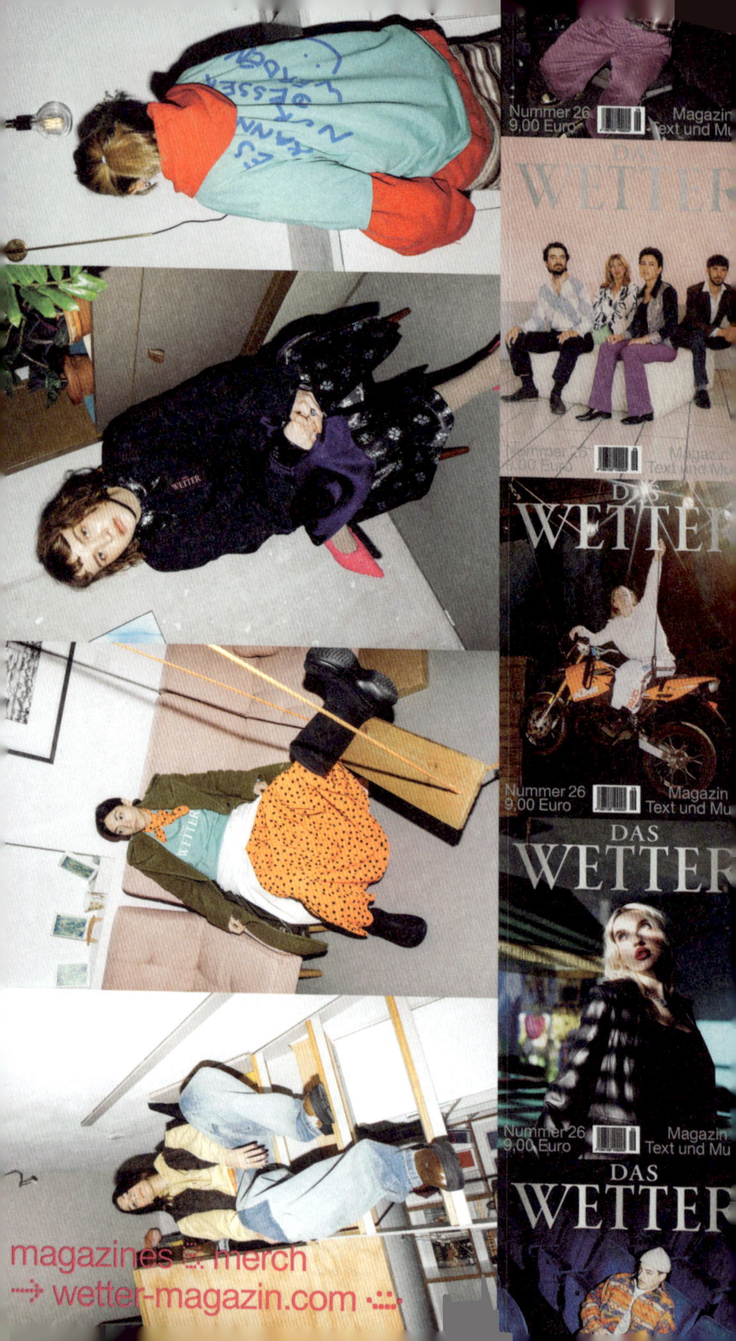
Nummer 26
9,00 Euro
Magazin
DAS
WETTER
magazines merch
wetter-magazin.com

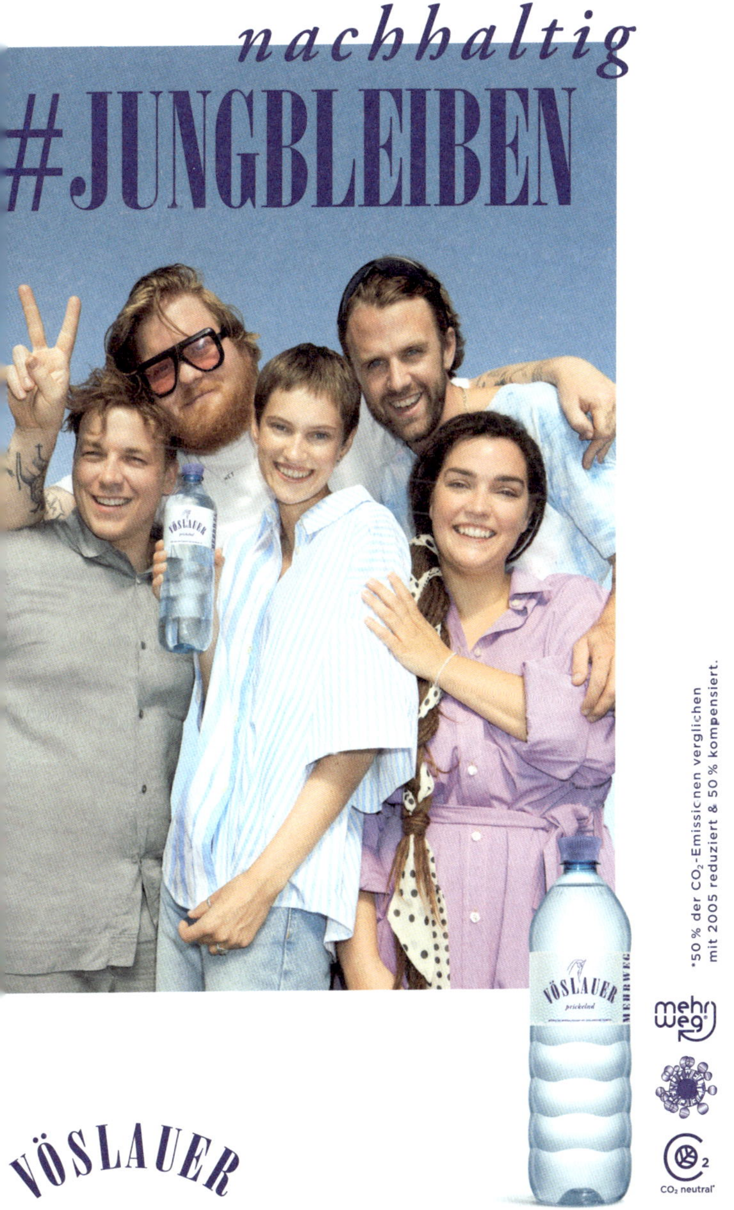

nachhaltig
#JUNGBLEIBEN
VÖSLAUER
prickelnd
MEHRWEG
VÖSLAUER
mehrweg
CO₂ neutral*
*50 % der CO₂-Emissionen verglichen mit 2005 reduziert & 50 % kompensiert.

Index

Inhalt

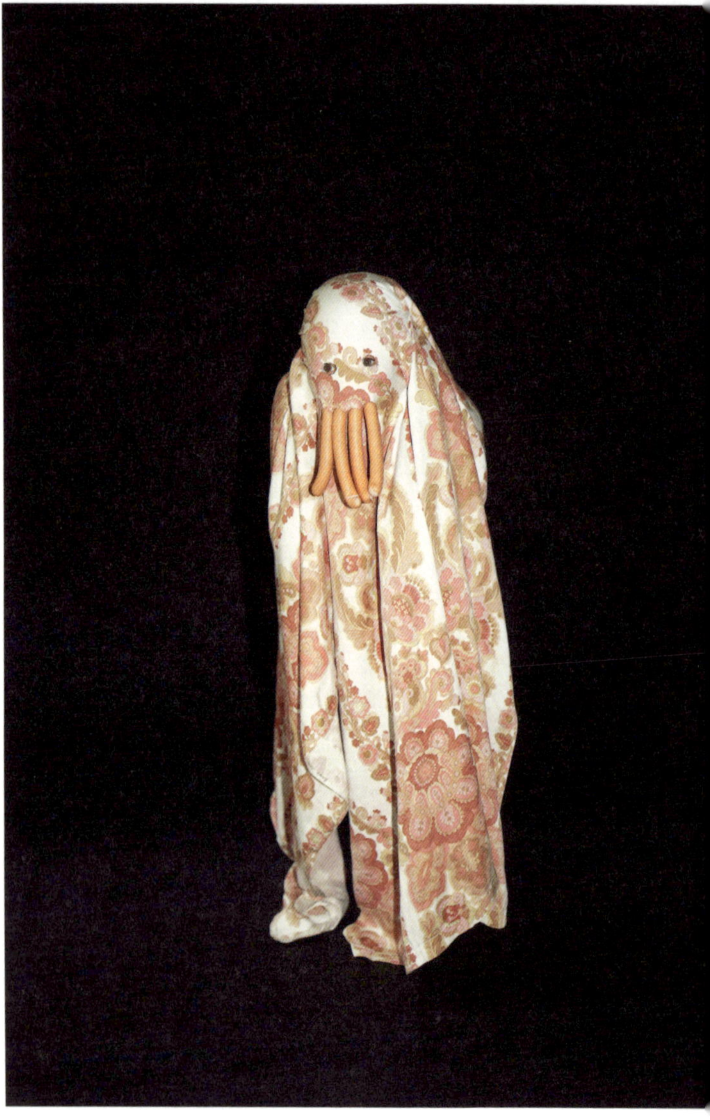

Introduction
Sophia Süßmilch

Einleitung
Sophia Süßmilch

"I hate Joseph Beuys."

„Ich liebe Dieter Roth."

Art always happens when one is having a creative moment. BOOM. Thinking out of the box, just like a scientist.

If my little brother Janis spreads marmalade on his salami sandwich then that's the way it is. The truth is that it's only about combining outrageous things, ah-ha, you cunning fox, no one's going to copy that for a while. It's just the same in art as in cookery. They start by playing around with their feces, then with their willies, but then not even this is enough so they all have to mess about with food. You can clear up and wash the dishes. But I'm happy to, darling. Oh, you cook so well, that's true art, something that can be experienced with all the SENSES, not just some dull canvas-like intervention such as bread covered with idiotic colors, except perhaps in the case of Damien Hirst, because the old white cis hetero dude with the cherry blossom is permitted to play with the SENSES and so on.

A menu should always be designed so that one can still have a fuck later. And so on.

Sophia Süßmilch, that's me, is asked if she'll take part in answering the question of whether cooking is art or eating is art or if this is a stupid question.

All artists enjoy eating, that's clear for a start, and I even like eating so much that I put on 21 kilos in

Kunst findet ja immer dann statt, wenn da ein kreativer Moment ist. BOOM. Out of the box denken, wie eine Wissenschaftlerin halt.

Wenn mein kleiner Bruder Janis Marmelade auf sein Salamibrot schmiert, dann ist das so. Eigentlich geht es nur darum, unmögliches Zeugs miteinander zu kombinieren, au ja, wie gewitzt, du Fuchs, das macht dir so schnell keiner nach. Das ist in der Kunst genau gleich wie im Kochen. Erst spielen sie mit ihrem Kot rum, dann irgendwann mit dem Pimmel, dann reicht das nicht mehr, es müssen dann alle mit Essen rumspielen. Aufräumen und abwaschen kannst ja dann du. Mach ich doch gerne, Schatz. Ah, du kochst so gut, das ist die wahre Kunst, erfahrbar mit allen SINNEN, nicht nur so Leinwand dumm wie Brot mit idiotischer Farbe, außer der Damien Hirst vielleicht, weil old white cis hetero dude mit Kirschblüten darf mit den SINNEN spielen und dann.

Ein Menü sollte stets so gestaltet sein, dass man danach noch bumsen kann. Und dann.

Die Sophia Süßmilch, das bin ich, wird gefragt, ob sie da mitmacht die Frage zu beantworten, ob Kochen Kunst ist oder Essen Kunst ist oder ob das eine Scheiß-Frage ist.

2021, I trained after all as a sculptor, and I'm not a fan of concept art, and I have to back this up somehow, with layers of fat over a tender soul.

Fat women, someone over-indulges and loses control, the patriarchate doesn't like this because one's no longer fuckable and, hence, worthless, which is why fat women are particularly happy to be feminists because then they have a reason to eat without restraint. That's life, at the end of the day, for us it's about counting calories.

My father, who died a long time ago, was a cook. But I only discovered this later because he had worked on the building site and hated cooking as a profession. He took some fresh liver and cut off small pieces, which he ate, and for some reason I'm still overcome with a sense of cannibalism and cold terror whenever I recall this. But somehow I also find it a little cool.

He told me that I could only train as a cook over his dead body, ha-ha. Sorry Manfred, I took the wrong turn.
I spent Christmas alone with some lasagna. Eating is love and in the end the love you take is equal to the love you make or however it was that John Lennon put it. I cried a lot and, just because of the lasagna, reflected upon this and then, for artistic

Alle Künstler und Künstlerinnen fressen gern, das ist schon mal klar, ich fresse sogar so gern, dass ich im Jahr 2021 21 Kilo zugenommen habe, ich bin schließlich studierte Bildhauerin, und Konzeptkunst finde ich nicht gut, und das muss ich irgendwie untermauern, mit Fettschichten über der zarten Seele.

Dicke Frauen, da lässt sich wer gehen und ist ganz und gar nicht unter Kontrolle, das mag das Patriarchat nicht, da ist man dann nicht mehr fickbar und ergo wertlos und deshalb sind besonders die dicken Frauen gern Feministinnen, dann haben sie einen Grund, hemmungslos weiter zu fressen. So ist das Leben, am Ende geht's ums Kalorienzählen für uns.

Mein Papa, der schon lange ein Toter ist, der war Koch. Das wusste ich aber erst spät, denn gearbeitet hat er auf der Baustelle, der Kochberuf war ihm verhasst. Von der frischen Leber hat er sich kleine Stückchen abgeschnitten und die verschmaust und das Gefühl von Kannibalismus und kaltem Grauen überkommt mich noch immer aus irgendeinem Grund bei der Erinnerung daran. Und irgendwie finde ich es auch ein bisschen geil.

Er hat gesagt, eine Kochausbildung mache ich nur über seine Leiche, haha. Sorry Manfred, I took the wrong turn.

reasons, had the word LASAGNA tattooed on the inside of my thigh on 26th December so that if anyone ever wants to find their way in for a fuck or something then they'll have to get past this first.

What else I can say on the subject: I have, as is well known, many hearts and none of these beat for Tim Mälzer.
I hate Joseph Beuys.
I love Dieter Roth.

And then three men ask Sophia Süßmilch, the empress of dilettantism, the queen of the botched job, if she'll take part in answering the question of what can even be considered as art. Well, OK. Of course cooking is art, what a really stupid question.

And, because one of my hearts certainly beats for other opinions (by which I mean male opinions!), here's some more, for whom it might concern.

Weihnachten habe ich allein verbracht, mit einer Lasagne. Essen ist Liebe und in the end the love you take is equal to the love you make oder so ähnlich sagt John Lennon. Ich hab viel geweint und nur wegen der Lasagne hab ich das überlegt, ich hab mir dann so aus Künstleringründen am 26. Dezember das Wort LASAGNE auf die Innenseite meines Oberschenkels tätowiert und sollte da jemals wieder wer hin wollen wegen bumsen o.ä., da muss man halt erstmal vorbei.

Was ich sonst noch dazu sagen kann: Ich habe ja bekanntlich viele Herzen und keines davon schlägt für Tim Mälzer.
Ich hasse Joseph Beuys. Ich liebe Dieter Roth.

Da fragen 3 Männer die Sophia Süßmilch, Kaiserin des Dilettantismus, Königin der Pfuscherei, ob sie da mitmacht, bei der Beantwortung der Frage, was überhaupt Kunst sein darf. Eh gut. Selbstverständlich ist Kochen Kunst, was für eine saudumme Frage.

Und weil ja bestimmt auch eins meiner Herzen für andere Meinungen schlägt (Männermeinungen mitgemeint!) hier noch mehr, for whom it might concern.

Andrea Petrini

Andrea Petrini

Introduction

Einleitung

Hey Felix, Luky & Philou, please tell the truth: what's wrong with you?

You keep saying: mind you, don't even try to forget to write the edito. The édito, an editorial, or an "op-ed" to make it perfectly clear, I guess, why you three guys, plus me and Sophie, all agreed it a few months ago, it could have been a super smart idea to devote the whole third issue of the Healthy Times to the most perfectly miss-mitchmatched question that ever haunted the kitchens of a too slowly changing world: is food Art (with a capital A)? Or: is food an art? Do we reckon practices and attitudes that they supposedly have in common? Is one of the two the spin-off of the other?

After quite a few sleepless nights and anguished predawn ponderings, I have come to this almost scientific conclusion: what the fuck do I do know?
Look around: nobody knows. Nobody. Over the years, the decades, an ever-increasing number of dudes and gals has been trying to answer that question stumbling into the dark. Yes, food is art, look at how pretty, how pictorial, how "painty" my dish is. No, food can't be art. Art is not meant to be consumed in an eyelash while a dish disappears in two bites and one heartbeat. Now, can I offer here the kind expression of the plenitude of my gratitude and my

Hey Felix, Luky & Philou, bitte sagt die Wahrheit: Was ist los mit euch?

Ihr sagt immer wieder: Denk dran, du solltest nicht mal versuchen, das Edito zu vergessen. Das Édito, ein Editorial, oder ein „Op-Ed", um ganz klar zu machen, warum ihr drei, plus ich und Sophie, vor ein paar Monaten alle der Meinung waren, es könnte eine superschlaue Idee sein, die ganze dritte Ausgabe der Healthy Times der falsch gestellten und unpassendsten Frage zu widmen, die jemals die Küchen einer sich zu langsam verändernden Welt heimgesucht hat: Ist Essen Kunst? Oder: Ist Essen eine Kunst? Sind wir uns der Praktiken und Standpunkte, die sie angeblich gemeinsam haben, bewusst? Ist das eine von beiden das Nebenprodukt des anderen?

Nach etlichen schlaflosen Nächten und quälenden Grübeleien in den frühen Morgenstunden bin ich zu dieser fast wissenschaftlichen Erkenntnis gekommen: Was weiß denn ich? Schaut euch um: Niemand weiß es. Niemand. Im Laufe der Jahre und Jahrzehnte hat eine ständig wachsende Zahl an Leuten versucht, diese Frage zu beantworten, und ist dabei im Dunkeln gestolpert. Ja, Essen ist Kunst, sieh mal, wie schön, wie malerisch, wie „farbüberladen" mein Gericht ist. Nein, Essen kann keine Kunst sein. Kunst ist

totally complimentary gut feeling? No need to bother about that. No need to mill around, to browse into the library arcades, the field recordings and the founding texts of all the chefs who invested at the local reminder's bookshop the usual ten bucks to acquire the bestselling guide to "Art for Dummies". No need to exhume the pitiful examples of art inspired dishes, those Flemish dark-technicolored game-ish dishes, the leaking and spurting of carrots-and-red-pepper saucing to bollock the Pollock painting. Not to mention – even our friend Cedroni in Senigallia did that once – the stark sepia blue coloring of a whole menu to invite Picasso to the table.

Guys, you well know that art is possibly to be found somewhere whenever nobody calls it by its name. Do you remember David Chang when he answered Austrian television, with a condescending grin on his face, that inspiration for him was never to be found in a Museum or in an Art Book. You three, Felix, Lukas & Philou, by far the very best Art Fags around (dear reader, for a factual definition of "Art Fagism" watch again "20th Century Women" by Mike Mills, or go back to the "Rimini Panini" bit in Healthy Times, Issue 2), know that the word Art (twinned with food) has become, for the usual weapons and carpet merchants, the new password to sell their junk. Once they squeezed every

nicht dazu da, innerhalb eines Wimpernschlags verzehrt zu werden, während ein Gericht zwischen zwei Bissen und einem Herzschlag verschwindet. Darf ich an dieser Stelle meine überfließende Dankbarkeit und mein gratis Bauchgefühl zum Ausdruck bringen? Kein Grund, sich darüber den Kopf zu zerbrechen. Kein Grund herumzurennen, in Bibliothekshallen, Feldaufnahmen und Gründungstexten von Köchen zu stöbern, die in der über den Local Reminder gefundenen Buchhandlung die üblichen zehn Dollar für den Bestseller „Kunst für Dummies" investiert haben. Kein Grund, die mitleiderregenden Beispiele kunstinspirierter Gerichte zu exhumieren, diese flämischen dunkel-technicolorierten Wildgerichte, die ausgelaufenen und herumgespritzten Karotten-mit-Rote-Paprika-Saucen, um das Pollock-Gemälde zu verhunzen. Ganz zu schweigen von – das hat sogar unser Freund Cedroni in Senigallia mal gemacht – der krassen, sepia-blauen Färbung eines ganzen Menüs, um Picasso an den Tisch zu bitten.

Leute, ihr wisst doch sehr gut, dass Kunst immer dann irgendwo zu finden ist, wenn niemand sie beim Namen nennt. Erinnert ihr euch an David Chang, der im österreichischen Fernsehen mit einem herablassenden Grinsen im Gesicht erwiderte, dass Inspiration für ihn nie in einem Museum oder Kunstbuch zu

last drop of meaning out of marketable words such as sustainability, equality, inclusivity, zero waste etc . (the list is long), the Call to Arts, like in other times the Call to Arms, has become their new Graal, the Greenwash-It-All catchword to rebrand their junk.

And again, to deal with your question, we have already answered that. It's inked, black on white, in these humble pages. Art in food is eventually to be found in Sofia's contributions (FELIX-:LUKAS:PHILOU – add a couple of examples), in filmmaker Marta Mateus reflections of representation, in Zaiyu's irreverent attitude, in the Living Theater of Slovenian Actionist Slavko from *Skarućna* restaurant. In Corey Lee's historic musing, at his now closed restaurant *In Situ* at MOMA SF, on the power of replica and literal reproduction of a piece of food considered as art (somehow bridging Andy Warhol and Walter Benjamin). Art and food can eventually go hand in hand when they share, in the darkest corners of their meanderings, a mutual intent in the process of creation, when both of them put everything at stake, with no refrain, totally barebacking their way, embracing the risk in uncharted new territories and attitudes.

And come on pal, let truth be told and thumbs up, where else can we find a more exciting and

finden sei? Ihr drei, Felix, Lukas und Philou, die mit Abstand besten Kunst-Schwuchteln, die es gibt (liebe Leser und Leserinnen, für eine sachliche Definition von „Kunst-Schwuchtel" schau dir noch einmal „Jahrhundertfrauen" von Mike Mills an oder greif auf das Stück „Rimini Panini" in Healthy Times, Ausgabe 2 zurück), wisst, dass das Wort „Kunst" (verbunden mit Essen) für die üblichen Waffen- und Teppichhändler die neue Losung geworden ist, um ihren Krempel zu verkaufen. Sobald sie den letzten Tropfen an Bedeutung aus vermarktbaren Wörtern wie Nachhaltigkeit, Gleichheit, Inklusivität, Zero-Waste usw. herausgequetscht haben ... (die Liste ist lang), ist der Ruf zur Kunst, wie in anderen Zeiten der Ruf zu den Waffen, ihr neuer Graal geworden, das Schlagwort für den Greenwash-Rundumschlag, um ihren Mist neu zu firmieren.

Und noch einmal, um auf die Frage einzugehen, wir haben sie bereits beantwortet. Sie ist schwarz auf weiß in Tinte auf diesen bescheidenen Seiten niedergelegt. Kunst im Essen findet sich schließlich in Sophias Beiträgen (FELIX:LUKAS:PHILOU– fügt ein paar Beispiele hinzu), in den Überlegungen der Filmemacherin Marta Mateus über die Repräsentation, in der respektlosen Einstellung von Zaiyu, im Living Theatre des slowenischen Aktionisten Slavko

resetting example of feeding the art of body language than Michelin-starred Giuliano Baldessari from *Aqua Crua*, in his übercatholic country around Barbarano Vincentino, slowly transitioning into a new Self of his own disquieting creation, Latex Chef? And guess what? Latex Chef has the final (self-questioning) word, the ultimate answer to you and all of us. Art is not a means, not even in your wildest dreams a meaning (oh no no no!) or simply an end. Art is the hybrid state of mind in motion, of an endlessly new beginning.

Do we make ourselves perfectly clear, now?

Andy

vom Restaurant *Skaruçna*. In Corey Lees historischen Betrachtungen über die Macht der Kopie und der getreuen Reproduktion eines Lebensmittels, das als Kunst betrachtet wird (eine Art Brückenschlag zwischen Andy Warhol und Walter Benjamin), die in seinem inzwischen geschlossenen Restaurant *In Situ* im MOMA SF stattfanden. Kunst und Essen können letzten Endes Hand in Hand gehen, wenn sie in den dunkelsten Winkeln ihres Mäanderns eine gemeinsame Absicht im Schaffensprozess teilen, wenn beide alles aufs Spiel setzen, ohne Zurückhaltung, völlig ungeschützt das Risiko in unerforschten neuen Territorien und Haltungen umarmend.

Und mal ehrlich, Kumpel, wo sonst finden wir ein aufregenderes, auf Null gestelltes Beispiel, um den Hunger auf die Kunst der Körpersprache zu stillen, als bei dem Sternekoch Giuliano Baldessari vom *Aqua Crua*, der in seinem überkatholischen Landstrich rund um Barbarano Vincentino langsam in das neue Ich seiner beunruhigenden Schöpfung des Latex-Kochs übergeht? Und weißt du was? Der Latex-Koch hat das letzte (selbstbefragende) Wort, die ultimative Antwort an dich und uns alle. Kunst ist kein Mittel, hat nicht einmal in deinen wildesten Träumen einen Sinn (oh nein, nein, nein!) oder einfach einen Zweck. Kunst ist der

hybride Zustand des Geistes in Bewegung, eines unendlichen Neuanfangs.

Haben wir uns jetzt klar ausgedrückt?

Andy

curated by Sophia Süßmilch:

Anna Meinecke
Frankfurter Hauptschule
Eliza Mozer
Nouchka Wolf

Vito Baumüller

kuratiert von Sophia Süßmilch:

Stefanie Sargnagel
Anna Meinecke
Frankfurter Hauptschule
Eliza Mozer
Nouchka Wolf
Lydia Haider
Vito Baumüller

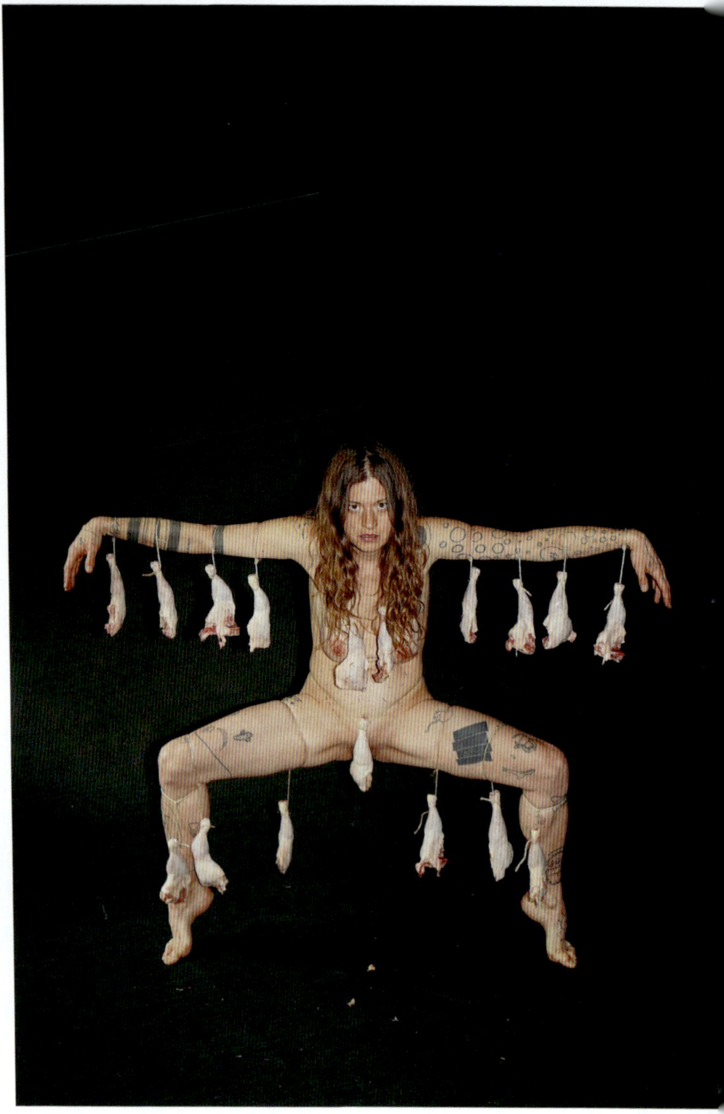

Stefanie Sargnagel

Menö

(The following text cannot be translated into English.)

Menö

Rarität in der Kruste
an Wildschweinschaum

Wachsweiches Kalbshirn
im Sößchen

Dreierlei von der Niere
und zitronierter Darm
vom Rehlein aus der Region
(frisch geschossen, noch warm)

Kräftiger Schweinsrücken

Gebeizte Haifischzunge
in glasierter Wachtellunge

Nachspeise Tarte

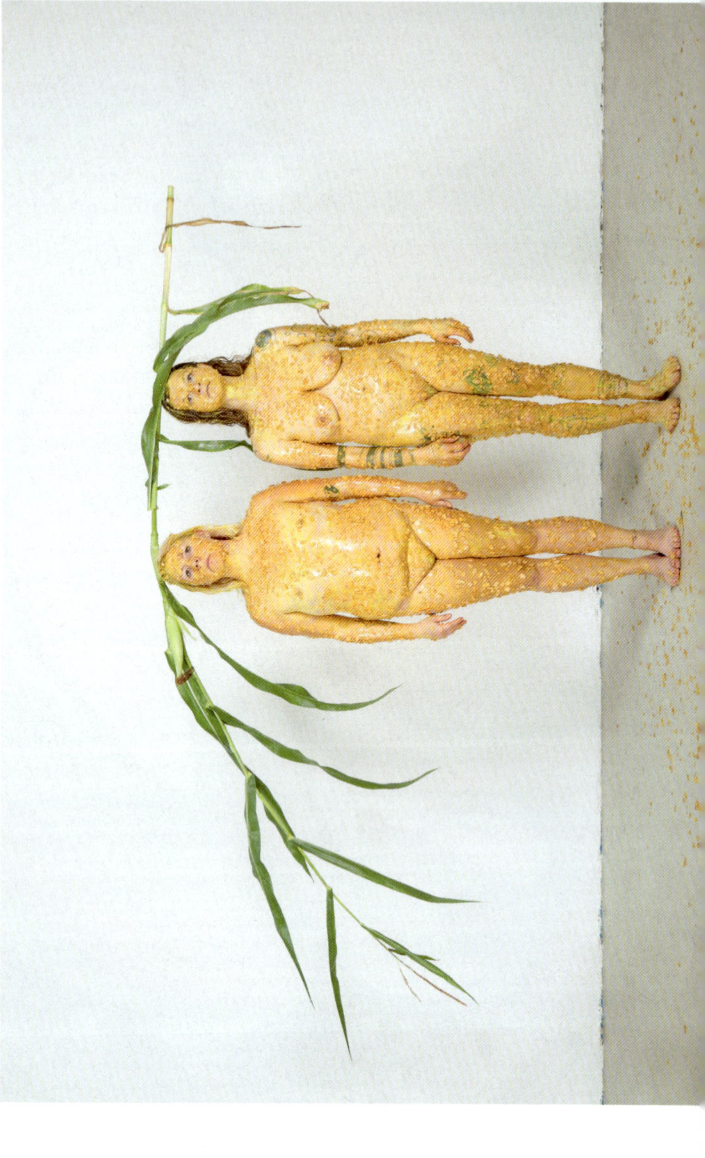

Anna Meinecke

Anna Meinecke

Something With Eggs

Was mit Eiern

No one ever told me that you shouldn't fry eggs at a high temperature. You have to turn the hob down low, said a friend at some point. But by then I'd already been burning eggs to a cinder for more years than I'd spent not cooking them at all. Oh well, making breakfast isn't really my thing, ha-ha, going out for brunch is also good, or you can make it yourself.

My mother always said that men like producing a roast. Or any sort of complicated meat dish. They visit specialist shops and then open a bottle of red wine while they cover the working surface in the kitchen with lots of ingredients. Because good men's recipes have lots of ingredients. I think it's important that the production process involves countless containers that some poor woman has to rinse out later while the oven-cleaner is soaking in, a job that's necessary due to the law that states that men's recipes always result in something dripping in the oven. Boom line: the initial work makes work for the others.

What my mother said wasn't completely true. All my male friends are thoroughly modern men. They generally support equal rights, as long is this doesn't mean that they're expected to do a major part of the caring work. I'd argue that most of them clean up properly behind themselves, when they serve something up.

Niemand hat mir gesagt, dass das Spiegelei nicht auf höchster Stufe zu garen ist. Du musst die Herdplatte runterdrehen, meinte der Freund irgendwann. Aber da hatte ich schon mehr Jahre Eier verkohlt, als gar keine Eier zubereitet. Naja, Frühstück machen ist nicht so mein Ding, haha, brunchen gehen schon eher oder mach du mal lieber.

Meine Mutter hat immer gesagt, Männer machen gern Braten. Oder halt ein aufwändiges Fleischgericht. Sie gehen dafür in den Spezialitätenladen, sie öffnen eine Flasche Rotwein, während sie sehr viele Zutaten auf Küchenarbeitsflächen verteilen. Gute Männerrezepte haben nämlich sehr viele Zutaten. Glaube, wichtig ist, dass der Herstellungsprozess den Einsatz unzähliger Gefäße erfordert, die irgendeine dumme Gans dann im Abgang spülen muss, unterdessen der Ofenreiniger einwirkt, weil bei Männergerichten irgendwas in den Ofen tropft, so will es das Gesetz. Boomline: Andere haben später Arbeit mit dem Vorher.

Ganz so hat das, was die Mutter sagte, eher nicht gestimmt. Meine Freunde sind ja durch die Bank weg moderne Männer. Sie sind schon tendenziell für Gleichberechtigung, sofern nicht von ihnen erwartet wird, dass sie wesentliche Teile der Care-Arbeit übernehmen. Würde behaupten, die meisten von ihnen wischen ganz ordentlich hinter sich her,

And there's lots of talk. More and more, the older we get. Since the hangovers have got worse, we've learnt that we have to meet to taste dishes that have required unnecessarily complicated preparation before moving on to the schnapps. This isn't only healthier but it also fits in better with permanent employment.

During lockdown, I started to poach eggs. I think that people who poach eggs have a dodgy character, although I naturally exclude myself from this observation. Whenever I fish the poached object from the pot, virtually free of those threads of egg white, I even hate myself a little. But it's also delicious and there's a moment in life when one simply learns to appreciate such things. Attentiveness, the work ethic, and poaching eggs.

My grandmother always said, eat to get a healthy skin. And my grandfather: If you've got cheese on your bread you've got skin like a bull. He also said: Take your hand out of your ass, we're arriving in town. But such things aren't really suitable here because the subject is food. *Oh well, in any case, what they said sounds so bad and what I say sounds so spiteful that one wonders how one can reconcile all that with the idea of eating the equivalent of several month's pay in a gourmet restaurant because it's all so wonderful?*

wenn sie auftischen. Und es wird aufgequatscht. Mehr, je älter wir werden. Seit der Kater so knallt, muss man sich erst zur Verköstigung unnötig umständlich verarbeiteter Speisen treffen, eh man sich in den Schnaps geben kann. Das ist gesünder und passt einfach stilistisch auch besser zur Festanstellung.

Während des Lockdowns habe ich angefangen, Eier zu pochieren. Leute, die Eier pochieren, haben einen schlechten Charakter, denke ich, und nehme mich selbstredend von diesen Überlegungen aus. Immer, wenn das Pochierte von mir quasi eiweißfransenfrei aus dem Pott gefischt wird, hasse ich mich ein bisschen selbst. Aber es ist halt auch lecker und man lernt das einfach irgendwann im Leben schätzen. Achtsamkeit, Arbeitsmoral und Eier pochieren.

Meine Oma hat immer gesagt, iss die Haut stramm. Und mein Opa so: Hast du Käse auf der Stulle, hast du Krätze wie ein Bulle. Er hat auch gesagt: Finger aus dem Po, wir kommen in die Stadt. Das passt hier jetzt aber nicht so gut wegen dem Thema Essen. *Naja, jedenfalls, was die sagten, klingt so Scheiße, was ich sage so gehässig, wie passt das dazu, Monatsgehälter in Sterne-Läden zu verfressen, weil das Ganze so schön ist?*

Ich mag Spiegeleier im Brötchen, ich mag pochierte Eier in Brühe,

I like fried eggs in bread, I like poached eggs in broth, basically I like eggs (and broth), although maybe not raw in the mixer. Otherwise I'm flexible. *On the stove, I'm a street artist, what doesn't mean that this is the end of the story.* And now perhaps some well-educated graduate dude can tell me again if the yolk is really cooked as soft as butter after four minutes.

ich mag auch Eierstich in Brühe, grundsätzlich Eier (auch Brühe), jetzt vielleicht nicht roh in den Mixer. Ansonsten flexibel. *Am Herd bin ich Straßenmalerin, was ja aber nicht heißt, dass da nicht Luft nach oben ist.* Vielleicht kann mir jetzt nochmal irgendein gutausgebildeter Akademiker Dude sagen, ob das perfekte weichgekochte Ei nach vier Minuten raus kann?

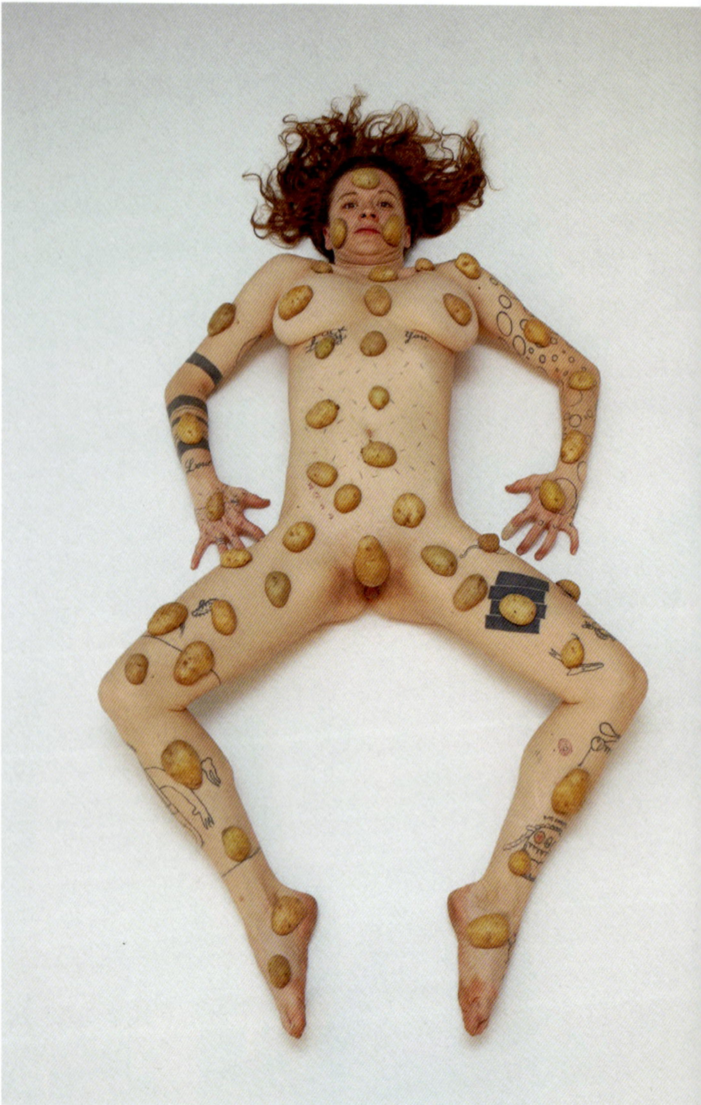

Frankfurter Hauptschule

Frankfurter Hauptschule

31 titles for cooks for rent

31 Titel für Köche zum Ausleihen

1
Disappearing still life for two diners

2
Oh, is that an avocado?
Shame, I thought it was a beer

3
Rhizome-like root vegetable with 4,000 letters

4
Internet

5
Oh, is that the internet? Shame, I thought it was a beer

6
Click 'like' if you prefer your chicken medium-rare because it's still so juicy at that point that it tastes of final surrender

7
Guys, I'm female, white, privileged, wear size S and luuurve pizza. I know that this makes me somewhat different from all other girls. Visit my blog on Tumblr. I'm so down-to-earth and look how I eat pizza and love it. Have I already mentioned that I luuurve pizza? Ha-ha, just a normal girl eating pizza. That's just me, ha-ha. Hashtag Pizza-lovers

8
Tastes are simply different, ha-ha-ha, please die

1
Verschwindendes Stillleben für zwei Esser

2
Ach, das ist 'ne Avocado?
Schade, ich dachte,
das wär 'n Bier

3
Rizhomartiges Wurzelgemüse mit 4000 Buchstaben

4
Internet

5
Ach, das ist Internet?
Schade, ich dachte,
das wär 'n Bier

6
Liken, wer sein Hähnchenfleisch auch am liebsten medium rare isst, weil es da noch so schön saftig ist und nach endgültiger Kapitulation schmeckt

7
Leute, ich bin weiblich, weiß, privilegiert, trage Größe S und liiiiieeebe Pizzer. Ich weiß, ich bin da etwas anders als alle anderen Girls. Besucht meinen Tumblr-Blog. Ich bin so down to earth und guckt wie ich Pizza esse und es liebe. Habe ich schon erwähnt, dass ich Pizzer liieeebe? Haha, just a normal Girl eating Pizza. That's just me, haha. Hashtag Pizzalovers

9
The body takes what it needs

10
Everyone chews, no one eats

11
Life is like a box of pills, you never know what you're gonna get

12
Shit, my vomit's burning

13
Everything that smells of art stinks

14
You're not Michael Jackson just because you go to the toilet backwards

15
We don't want to have to read the menu from right to left any longer

16
The bar was too trendy for Pennerjens

17
The Clochard is my Borchardt

18
Should I make you a Zuckerecke there sometime?

8
Verschmäcker sind halt geschieden, hahaha, bitte stirb

9
Der Körper zieht sich, was er braucht

10
Alle kauen, keiner isst

11
Das Leben ist wie eine Schachtel Pillen, man weiß nie, was man kriegt

12
Scheiße, meine Kotze brennt

13
Alles, was nach Kunst riecht, stinkt

14
Du bist nicht Michael Jackson, wenn du rückwärts auf Toilette gehst

15
Wir wollen die Speisekarte nicht mehr von rechts nach links lesen müssen

16
Pennerjens war die Bar zu schickimicki

17
Das Clochard ist mein Borchardt

18
Soll ich dir da mal 'ne Zuckerecke hinmachen?

19
Goat from banana, goat from lamb, goat from lentils, goat as a microprocessor that vomits blood in order to grow basil, cat from crabmeat, cat from human flesh, cat filled with dirty washing, cat from donkey, cat from chicken, cat from orangutan meat and vitamin water, cat from earlier times, cat that was once together with Don Henley

20
Ever since I discovered that chocolate makes you happy I eat ten bars a day

21
Provomaltine

22
What does a lactophile say when they see Sophia's art?

23
Süß, Milch!

24
The best thing about living on the sixth floor without a lift is the face of the old man who has to bring me my food on Sundays

25
My job is to deliver pizzas and I have the feeling that the world consists of only psychos, alcoholics, and losers

26
Ten kilos of meat, three days' time

19
Ziege aus Banane, Ziege aus Lamm, Ziege aus Linsen, Ziege als Mikroprozessor, der Blut erbricht, um Basilikum zu ziehen, Katze aus Krabbenfleisch, Katze aus Menschenfleisch, Katze gefüllt mit schmutziger Wäsche, Katze aus Esel, Katze aus Huhn, Katze aus Urangutanfleisch und Vitamin Water, Katze aus Vorzeiten, Katze, die früher mit Don Henley zusammen war

20
Seitdem ich weiß, dass Schokolade glücklich macht, esse ich täglich zehn Tafeln

21
Provomaltine

22
Was sagt ein Laktophiler, wenn er Sophias Kunst sieht?

23
Süß, Milch!

24
Das Schönste daran, im sechsten Stock ohne Fahrstuhl zu wohnen, ist das Gesicht des alten Mannes, der mir sonntags das Essen bringen muss

25
Ich bin von Beruf Pizzabote und ich habe das Gefühl, es gibt nur Irre, Alkoholikerinnen und Versager

27
Five bottles of grain schnapps, two days' time

28
One hour of Frank, ill for the whole year

29
If you turn a person inside out, can they feed themselves if you throw fruit at them?

30
Overweight people always dance hip-hop

31
I'm currently putting on loads of weight so that I can use the body positive hashtag

32
Please stop liking my profile so slimily

33
Youtube: Fat Man Shoots with Gun, most important video work of all time

26
Zehn Kilo Fleisch, drei Tage Zeit

27
Fünf Flaschen Korn, zwei Tage Zeit

28
Eine Stunde Frank, das ganze Jahr krank

29
Wenn man einen Menschen von innen nach außen umkrempelt, kann er sich dann ernähren, wenn man ihn mit Obst bewirft?

30
Dicke tanzen immer Hiphop

31
Ich nehme gerade massiv zu, um den Hashtag bodypositive verwenden zu können

32
Bitte hört auf, so schmierig an meinem Profil rumzuliken

33
Youtube: Fat Man Shoots with Gun, wichtigste Videoarbeit aller Zeiten

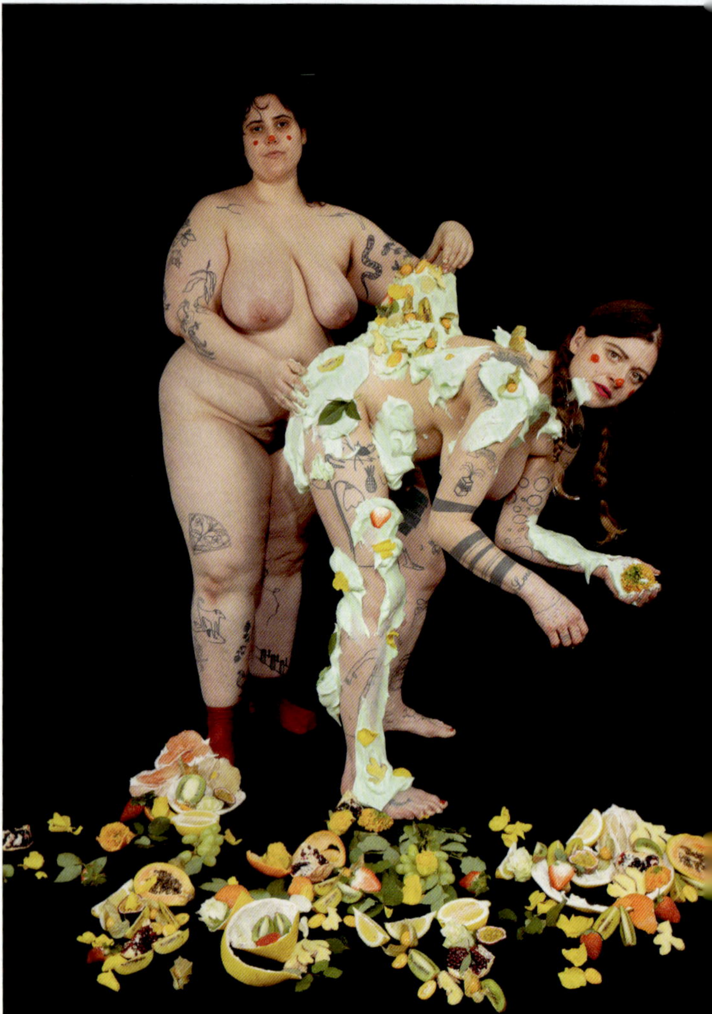

I have exactly one memory of eating cake as a child.

Ich habe genau eine Erinnerung daran,
wie ich als Kind Kuchen
gegessen habe.

my 4th birthday cake was perfection. a classic rectangular chocolate cake layered with fresh strawberries and barely sweet whipped cream, covered in white american buttercream frosting, the corners adorned with puffy bright sage green buttercream balloons. i can still feel the ease with which my two front teeth sunk through the green balloon, traveling down through the white frosting into the deep sweet chocolate crumb. the oily sweet cacao, cut by a mildly acidic strawberry, rounded out with fresh cream, and then the pang of the oversweet butter-butter-buttercream.

raised by jewish baby boomers with the chubby gene, sugar was a naughty treat saved for ice cream after shabbat dinner, as a reward in the amount of three peanut m&m's after being the first of my siblings to accomplish five laps around the playground, and a cheeky midnight snack of cheerios sprinkled with granulated sugar by dad after mom had already fallen asleep.

upon reaching adolescence, i abandoned carbs, dairy, and sugar for five looong years, strictly adhering to the 21st century high school regimen of deep self-loathing and soul burial. it was when i studied abroad in berlin in early college that i ate ice cream for the first time again. i cried! how could i have denied myself such ecstasy for so long? all for what?

Der Kuchen zu meinem vierten Geburtstag war perfekt. Ein klassischer rechteckiger Schokoladenkuchen, geschichtet mit frischen Erdbeeren und kaum gezuckerter Schlagsahne, überzogen mit einer Glasur aus weißer amerikanischer Buttercreme und an den Ecken verziert mit fluffigen, salbeigrün glänzenden Buttercremeballons. Ich kann die Leichtigkeit immer noch spüren, mit der sich meine beiden Vorderzähne durch den grünen Ballon bohrten und durch die weiße Glasur weiter hinunter in die tiefsüße Schokoladenkruste wanderten. Den öligen, süßen Kakao trennte eine leicht säuerliche Erdbeere, abgerundet mit frischer Sahne, und dann kam der plötzliche Schmerz der sehr süßen, sehr buttrigen Buttercreme.

Aufgezogen von jüdischen Babyboomern mit dem Dicken-Gen war Zucker in meiner Kindheit ein sündiger Leckerbissen, der für Eiscreme nach dem Schabbat-Essen aufgespart wurde, als Belohnung in Höhe von drei Erdnuss-M&Ms, nachdem ich als Erste von meinen Geschwistern fünf Runden um den Spielplatz geschafft hatte; und als vorwitziger Mitternachtssnack in Form von mit Zucker bestreuten Cheerios von Papa, nachdem Mama bereits eingeschlafen war.

Als ich in die Pubertät kam, verzichtete ich fünf lange Jahre

this subversive moment of joy would become more transformative than i knew was possible: the choice to no longer conceal these deep true loves in my snowball of selfhood, but rather celebrate them on my most outer of layers.

to me, cake embodies beauty and love in their purest forms. sharing the physical energy that i put into the cake i make with the eaters of it and sharing this deep ubiquitous love that is at once so universal and so subjective!

auf Kohlenhydrate, Milchprodukte und Zucker und befolgte strikt das High-School Regime des 21. Jahrhunderts aus Selbsthass und Seelenbestattung. Erst als ich zum Studium nach Berlin zog, aß ich zum ersten Mal wieder ein Eis. Ich weinte! Wie hatte ich mir so lange ein solches Hochgefühl verweigern können? Und wozu? Dieser subversive Moment der Freude sollte grundlegender etwas verändern, als ich es für möglich gehalten hätte: die Entscheidung, diese tiefe, wahre Liebe nicht länger vor meinem Selbstgefühl zu verbergen, sondern sie nach außen zu feiern.

Für mich verkörpert Kuchen Schönheit und Liebe in ihrer reinsten Form. Ich teile die physische Energie, die ich in den Kuchen stecke, den ich backe, mit denjenigen, die ihn essen, und ich teile diese tiefe, allgegenwärtige Liebe, die gleichzeitig so universell und so subjektiv ist!

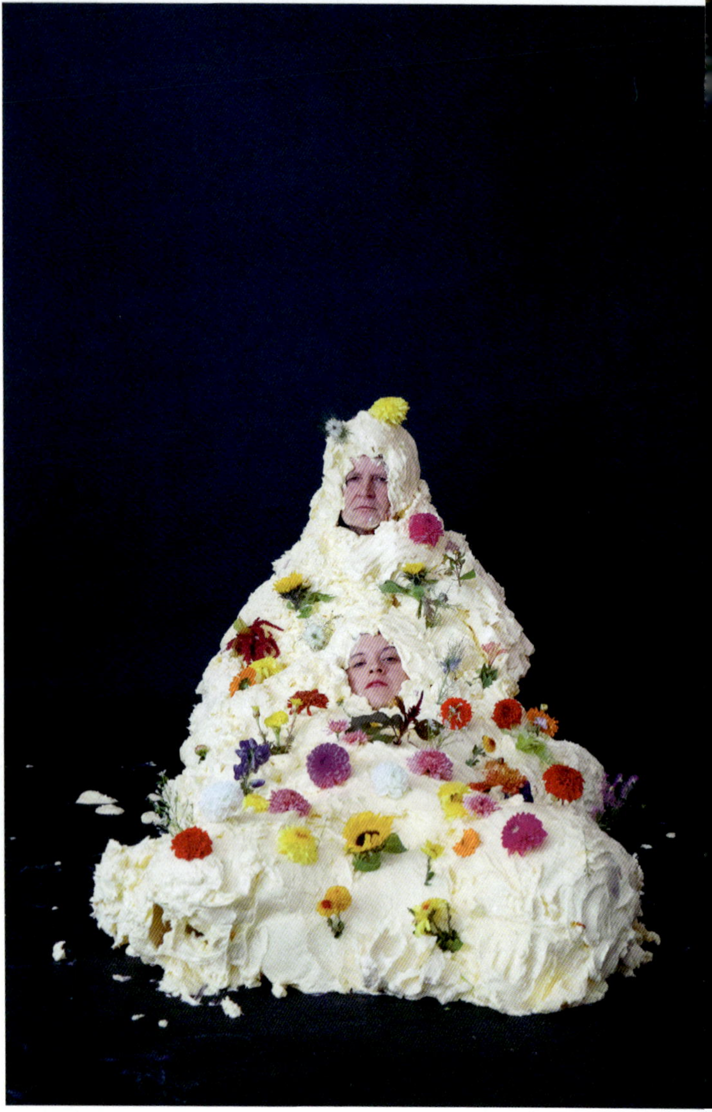

Nouchka Wolf

Nouchka Wolf

7 false conclusions regarding the recognition of cooking as art + 1 lazy excuse

7 falsche Folgerungen über das Einverleiben als Kunst + 1 faule Ausrede

1.
Just like every lick of paint on a base isn't art because, if that was the case, where would we end up, the only food that should be essentially considered as art is that food which is cooked with the intention of cooking art, whereby:

2.
Just like there are so-called cooks of art, there are also the eaters of art and the critics, who let us know if the art was successful, whereby:

3.
Just like certain connoisseurs enjoy acquiring their raw art in asylums and slums and young offenders' institutions and in the cellars of socially abandoned pariahs, who are discovered too late to prevent them from dying alone in their own urine, there are certain eaters of art who label as art – positively rather than negatively – the everyday physically and spiritually corrosive routine of those who, now hunched with age, continue to stuff the faces of all those who come to be fed by them on a daily basis as if nothing has happened and thus, thank God, keep culture and customs alive while keeping themselves down and finally out, because they are being labeled not for the shelf but for the guide book, with a certificate, the golden honeybee, the number one, the number one bean stew award to the bean stew that

1.
Wie nicht jede Farbe auf Grund Kunst ist, weil sonst, wo kämen wir da hin, ist in erster Linie nur solches Essen Kunst, welches mit dem Vorhaben, Kunst zu kochen, gekocht wurde, wobei:

2.
Wie es die solcherart Kunstkochenden gibt, so gibt es die Kunstessenden und -urteilenden, die ausrichten, ob die Kunst gelang, wobei:

3.
Wie manche Kunstkennenden gerne gierig rohe Kunst in Irrenhäusern und Armenghettos und Kinderklapsen und Kellern von sozial verwahrlosten und einsam in ihrem Urin verstorbenen und zu spät entdeckten Parias erbeuten, so stempeln manche Kunstessenden die das Fleisch und den Geist angreifende Alltagsroutine der mittlerweile Buckligen, die ewiglich täglich die ihr zugeteilten Mäuler stopft als wärs nix und hiermit Gottseidank Kultur und Brauchtum aufrechterhalten und sich selbst niedergehalten und schließlich niedergerungen hat, als Kunst auf, nicht ab, denn nicht für die Ablage wird abgestempelt, sondern für die Auflage auf-, und zwar das Zertifikat, das goldene Bienchen, den Einser, den Bohnensterzienser, drauf auf den Sterz, der immer noch so urig die verlausten Urenkel nährt, wobei:

continues to feed the lousy great-grandchildren, whereby:

4.
Just like the search for the origins of the nutritious leads the colonially-minded and expansively well-meaning to kitchens out in the street and down in basements, the attempt to salvage the result of this search leads to cookery competitions and streaming portals, where this art, finally, comes to an end, whereby:

5.
How do you explain dishes to people who can neither taste nor smell (blind, paralyzed, deaf, mute. what's the old word for those who can't smell or taste, who are tasteless, how about lump, the old lump, his life is dull), if not with the words and gestures of, yes, poetry, whereby:

6.
How do you explain to the dead rabbit what he tastes like without, like a turncoat, cursing the person who wrung the rabbit's neck, abusing the hunting crowd, making hate-filled attacks on connoisseurs of game, or invoking laurel and bloody marinades and roasting temperatures and root vegetables mixed with gravy, but why would you do this, if I was dead I wouldn't want anybody explaining anything to me, whereby:

4.
Wie die Suche nach dem Ursprung des Nährenden die kolonial wohlschmeckenden expansiv Wohlmeinenden hinaus auf Straßen- und hinab in Kellerküchen treibt, so lädt die Bergung des Erbeuteten dieses hinein in die Kochwettbewerbe und herauf in das Streamingportal, aber spätestens da hört die Kunst schon wieder auf, wobei:

5.
Wie erklärst du dem Menschen, der weder schmeckt noch riecht (blind, lahm, taub, stumm, wo ist das alte Wort für Geruchsgestörte, Geschmacksbehinderte, Geschmacklose, wie wärs mit Kloß, der arme Kloß, sein Leben ist fahl), die Speise, wenn nicht mit Worten und Gesten der, ja, Poesie, wobei:

6.
Wie erklärst du dem toten Hasen, wie er schmeckt, wenn nicht durch wendehälslerische Hasenhalswendersverfluchungen, Jagdpublikumsbeschimpfungen, Wildsaisongenüsslerhasstiraden und durch Anrufung von Lorbeer und Blutmarinade und Brattemperatur und Wurzelgemüse, das sich mit Fleischsaft mischt, aber wozu, ich will ja auch nicht, dass man mir, einmal tot, noch irgendwas erklärt, wobei:

7.
How do you explain to the dead Nouchka, what she tastes like if not by directly addressing the bowls that she's been put into (because I'd be so curious myself) and proclaiming something like: "Thanks be to you, we dried cured smoked and made sausages out of you and fileted coated minced stewed simmered grilled roasted baked and ate you raw, and you tasted so ..." whereby:

1.
What the archive tells us (stage directions for couple cooking meal together from 2007, video 60 min., by Nouchka and Alexander Wolf:)

see next page

7.
Wie erklärst du der toten Nouchka, wie sie schmeckt, wenn nicht direkt in die mit ihr gefüllten Schüsseln (weil ich wäre selbst so neugierig) solcherart hineinrufend: „Dank sei dir, wir trockneten pökelten räucherten wursteten filetierten plattierten faschierten schmorten garten grillten brieten buken und aßen dich roh, und du schmecktest so ...", wobei:

1.
Wie das Archiv spricht (Regieanweisung für couple cooking meal together von 2007, Video 60 Min, von Nouchka und Alexander Wolf:)

siehe Folgeseite

finely chop 1/8 ONION SEMOLINA:
cut 16 g PORK FAT brown cup
cut 1/8 piece of GINGER heat milk –
bring semolina to the boil
crush 1/4 LAUREL LEAF
crush 1 PIMENTO seed in a bowl with water
clean the INTESTINE,
inflate
(camera!) – TOGETHER/HORIZONTAL,
leave lying in water
(which container?)
N takes the BLOOD from A (head to the side!)
squirt the blood into the bowl
N stirs the BLOOD with a fork
A takes the BLOOD from N (head to the side!)
squirt the blood into the bowl

melt 30 g PORK FAT in the pan
add and roast the ONION
take from the stove
place in a bowl with
1 tsp. SEMOLINA LEAVE THE STOVE ON
PORK FAT
LAUREL LEAF
GINGER
1/16 tsp. PIMENTO
1/16 tsp. PEPPER
1/16 tsp. SALT
stir

add BLOOD

fill a syringe with a spoon
bind the end of the INTESTINE with thread
hold the INTESTINE up to the syringe
fill (without overfilling)
tie up
place a pot with warm water on the stove
add SALT and a LAUREL LEAF
put in the SAUSAGE

Move it around until it boils
Take from the stove
Place on a wooden platter

1/8 ZWIEBEL klein schneiden GRIESSKOCH:
16 g SCHWEINEFETT schneiden Braune Tasse
1/8 Gliedchen INGWER schneiden Milch heiß –
Grieß aufkochen
1/4 LORBEERBLATT zerstoßen
1 Kugel PIMENT in einer Schüssel mit Wasser zerstoßen
DARM säubern,
aufblasen
(Kamera!) – ZUSAMMEN/HORIZONTAL,
im Wasser liegen lassen
(welcher Behälter?)
N nimmt A BLUT ab (Kopf zur Seite!)
Blut in die Schüssel spritzen
N rührt das BLUT mit einer Gabel
A nimmt N BLUT ab (Kopf zur Seite!)
Blut in die Schüssel spritzen

30 g SCHWEINEFETT in der Pfanne zerlassen
ZWIEBEL darin rösten
Vom Herd nehmen
In einer Schüssel mit
1 TL GRIESSKOCH HERD ANLASSEN
SCHWEINEFETT
LORBEERBLATT
INGWER
1/16 TL PIMENT
1/16 TL PFEFFER
1/16 EL SALZ
verrühren

BLUT dazu

Spritze mit einem Löffel befüllen
DARM am Ende mit Faden abbinden
DARM auf der Spritze festhalten
Befüllen (nicht zu prall)
abbinden
Topf mit warmem Wasser auf Herd
SALZ und LORBEERBLATT hinein
WURST einlegen

Bewegen bis es kocht
Vom Herd nehmen
Auf ein Brett stellen

as also described by the authoritative source. (Recipe from: Nicht mehr als sechs Schüsseln! by F. G. Zenker, 1820, republished by Peter Kubelka: "Nicht mehr als sechs Schüsseln, Ein Kochbuch für die mittleren Stände", Czernin Verlag, 2006, pp.119f)

so spricht auch der Kanon.
(Rezept aus: Nicht mehr als sechs Schüsseln!
von F. G. Zenker, 1820, neu herausgegeben von Peter Kubelka: „Nicht mehr als sechs Schüsseln, Ein Kochbuch für die mittleren Stände“,
Czernin Verlag 2006, S.119f)

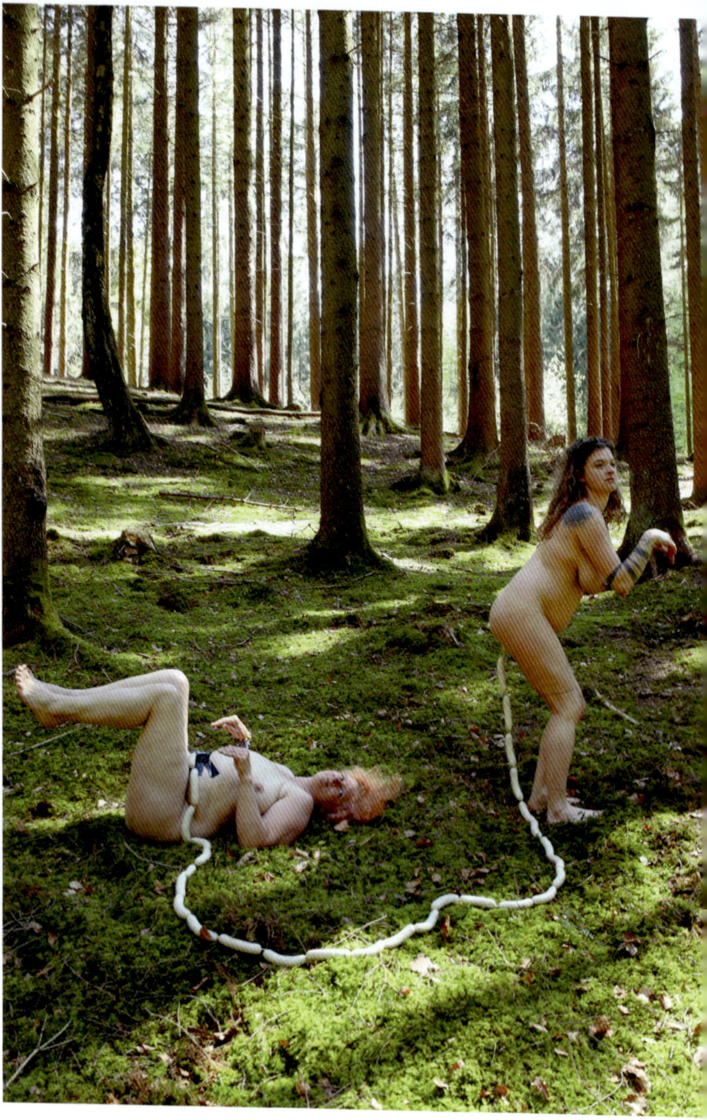

Lydia Haider

Zuvor: Auf-Quer-Hinschnitt zu Zertretenden, das wäre zu viel gesagt (es soll nicht verraten werden), der Verrat und die Hunde sind bestellt

(The following Text cannot be translated in english either)

1.
Hund Koch Koch Hund

2.
Was, du willst das

3.
I Wanna Punch You In Tha Fuck

4.
https://www.youtube.com/watch?v=iDNQYJUdxks

5.
Nun

und es weht der Wind was bald ein Sturm ist es lange und das längst kommt hinzu dem Amen im Gebete gleich jetzt warte drei Sekunden bitte dich schon ehrlich hochehrlich und Freund das willst du eigentlich gar nicht gegart wird dein Fleisch allein in der Küche eines solch vollends völlig verbrunzten Koches, der da drin steht in seiner Kochesbrunze mit seiner Idee von einem Gericht in der Marille seiner eigenen noch nie bäckt der verbäckt sein eigen Hirn das eigen Fleisch und Blut nur das der immer andren von daher kannst du so ein Kochschwein so ernst nehmen wie den Stuhl nach fünf Tagen Durchsaufen und sicher nicht ernster heraus aus seinem Gewerke das da ist alleiniger Mistshit in den Gängen eines Wichshaufens ohne Ziel und Maß ausgetrunken tut so wer kein einziger hat noch nie und wird auch nie und natürlich geht es lange nicht und wird auch nie um

so eine Kochesmissgeburt besser schon absolut gar nicht gar am Ende ein Gewicht ohne Verhältnis, das ist nicht so nur in der Mehrzahl kriegt es damit den Brecht rein zu brechen das Genick der Verhältnisse, sie sind nicht so nie jetzt wird es Random durchziehen eigentlich wie den Arm zum Hackbeil muss der ausgefahren nicht in Entzwei- oder Entdreischlagen, das tät dem Scherz nichts Gutes da in dessen verpuderter Kochfickstätte drin, wo so wer steht all the time und sich lächerlichst machen zu machen vor dem Braten in all den Röhren draußen singen krähen heulen jegliche Hundsviecher längst das Lied des Todes und drinnen läuft das ewig heilig Lied: Ein Hund kam in die Küche und stahl dem Koch sein Ei, nun kamen viele Hunde und schlugen den Koch directly entzwei, da kamen noch mehr Hunde und gruben dem Koch ein Grab, am Grabstein stand geschrieben: Ein Hund kam in die verfickte Hurensküche dieses verwichsten Scheißkoches da und stahl dieser vermessenen Ausgeburt sein Ei, nun kamen viele Hunde und schlugen den Koch entzwei, nun kamen noch mehr Hunde und gruben dem Fuckesgebilde diesem Schweinsgestell ein Grab auch noch, obwohl der kein Grab verdient in dieser Ehr- Würde- und Weihelosigkeit, sondern auf den Misthaufen hinter der Küche zu werfen sei eigentlich, und dennoch tun es die braven Hunde diese sehr genauen in ihrer Art

und setzen dem sogar noch einen Grabstein hin auf dieser Steinplatte der nicht existierend wahrhaft seienden nicht ehrlich nicht brauchbaren auf diesem Arschlochsteinmetzesgebilde steht geschrieben: Ein so ein verdammtes Hundstrum, so ein verwichst dreckiges Scheißviech kam in die Hurensküche zum Dreckskoch diesem sein Ei stehlend

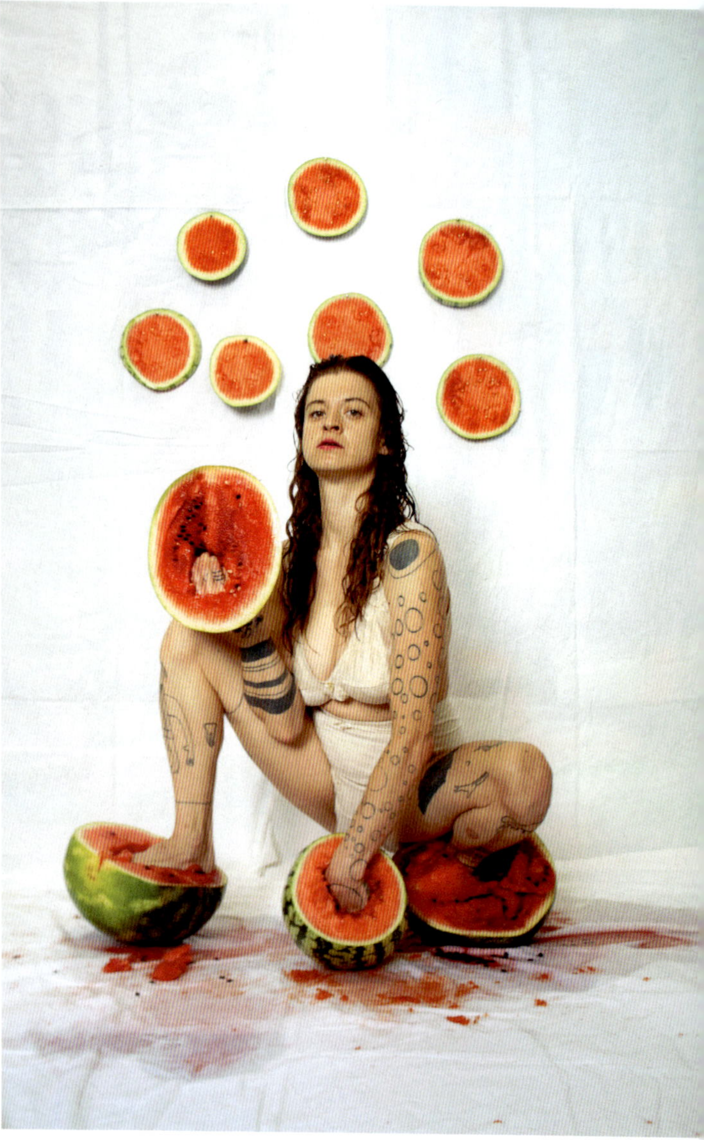

Marina Abramović, Mark Zuckerberg, and a generic rabbi enter a Hard Rock Café.

Marina Abramović, Mark Zuckerberg und ein generischer Rabbiner gehen in ein Hard Rock Café.

The three are in a rush and make a beeline for the ladies toilets, where each enters a cubicle. The lifting and lowering of the toilet seats after exactly two seconds activates the secret elevator function of the cubicles and all three descend at high speed until, after two minutes, they reach a depth of 3,000 km below the surface of the earth.

For, as described by Jules Verne, the core of the earth is hollow and not full of things like molten rocks, as the mainstream media continues to tell us. The centrifugal forces inside the earth press its entire contents against its exterior, as a result of which people inside the earth can walk on the ceiling and on the walls. Of course this doesn't work at the poles, but the entire equator has a dense, upside-down population.

"Ballroom" is the name of the gigantic space, in which the uppermost crust of the upper classes gets together with artists, actors, philosophers, and their female counterparts to have a better time than would ever be possible above ground.

Every Hard Rock Café on the planet offers access to this most luxurious of all domains. In more remote locations, one passes through selected branches of Burger King. Television and internet are received via the Eiffel Tower. Although this is obviously a bulky antenna, the Deep State

Die drei haben es eilig und huschen schnurstracks auf die Damentoiletten und betreten jeweils eine Kabine. Durch das Aufklappen der Klobrillen und ihrem Schließen nach exakt zwei Sekunden wird die geheime Fahrstuhlfunktion der Kabinen aktiviert, und alle drei fallen in rasender Geschwindigkeit bergab, bis sie nach zwei Minuten eine Tiefe von 3000 km unter der Erdoberfläche erreicht haben.

Der Kern der Erde ist nämlich, wie Jules Verne es beschrieben hat, innen hohl und nicht etwa voller geschmolzener Steine, wie Mainstream-Medien es bis zum heutigen Tage propagieren. Die Zentrifugalkräfte im Weltinneren drücken alles Innere gegen das Außen, wodurch man in der Welt auf der Decke und an den Wänden spazieren kann. An den Polen geht das natürlich nicht, aber der ganze Äquator ist kopfüber dicht besiedelt.

„Ballsaal" heißt der gigantische Raum, in dem sich die absolut oberste Schicht der obersten Schichten mit Künstlern, Schauspielern, Philosophen und ihren weiblichen Pendants zusammentut, um eine bessere Zeit zu haben als man bei Tage je haben könnte.

Durch jedes Hard Rock Café auf dem Planeten kann man in diese luxuriöseste aller Sphären einsteigen. An abgelegeneren Orten geht man durch aus-

acts as if it serves absolutely no purpose. “Why have we spent millions of Francs on a hollow iron pyramid?”, a Frenchman wrote to the parliament in Paris soon after the completion of the tower. “Because we can, Jacques, we can build very high and very expensively. We have no need to be stingy and our patriotism is stronger than any vertigo, louder than the scream of any worker as he splatters across the asphalt, and greater than the hunger of those of our compatriots, from whose mouths we have saved these millions of Francs!”

That was the answer of the authorities to the hushing up of state secrets, whose revelation could damage France’s internal stability.

Down in the ballroom, we find three attractions: There are drugs, better than all the ones that we know on the surface. There’s sex: crazy, queer, wild sexual intercourse. Species, age, and degree of kinship no longer play a role. And there are, and this is why the three of them are here today: children’s snacks. Children’s snacks, which have unbelievable, almost magical healing powers, and children’s flesh, which is created as a delicious byproduct during the manufacture of this rejuvenating, anti-depressive, and concentration-boosting substance “Adrenochrom”.

gewählte Burger King Filialen. Fernsehen und Internet empfängt man über den Eiffelturm. Obwohl dieser offensichtlich eine dicke Antenne ist, tut der Deep State so, als hätte er überhaupt keinen Nutzen. „Wieso haben wir Millionen von Frankreichgeld für eine hohle Eisenpyramide ausgegeben?“, schrieb einmal ein Franzose kurz nach Fertigstellung des Turmes an das Parlament in Paris. „Weil wir es können, Jacques, wir können sehr hoch und sehr teuer bauen. Wir müssen nicht knausern und unser Patriotismus ist stärker als jede Höhenangst, lauter als die Trauer um jeden auf den Asphalt geklatschten Arbeiter, und er ist größer als der Hungertod jener Landsmänner und --frauen, denen wir die Millionen Frankreichgeld von den Mündern abgespart haben!“

So lautete die Antwort der Behörde zur Vertuschung von Staatsgeheimnissen, deren Aufklärung den inneren Frieden Frankreichs gefährden könnte.

Unten im Ballsaal gibt es der Attraktionen drei: Es gibt Drogen, bessere als alle, die man auf der Erde kennt. Es gibt Sex: verrückten, queeren, abgefahrenen Geschlechtsverkehr. Spezies, Alter und Verwandtschaftsgrad spielen keine Rolle mehr. Und es gibt, und deshalb sind die drei heute hier: Kindersnacks. Kindersnacks, die unglaubliche, fast magische Heil-

Mark Zuckerberg is here because a tiny laugh line is beginning to appear next to his right eye. Mark is afraid that this could suggest that his superbrain is slowly developing emotions. And no one should think that this is the case! Because if people knew that he, too, sometimes smiled or, even worse, had to smile, like a chimpanzee, a consumer of standup comedy, or another lower life form, then they could think that he was getting slow ... well, slow.

Marina is getting soft, over time. That's why she's here.

During the "don't-blink-don't-laugh-don't-look-away-and-don't-under-any-circumstances-stand-up-game" her eyes recently closed one and a half times in eight hours. Marina Abramović had to blame a microscopically tiny fly that supposedly landed directly on her contact lens.

The generic rabbi is simply very hungry, besides which he hasn't caused any harm for at least half an hour. It's almost a couple of years since his last major success and this has made him lethargic.

Two years ago, he invested a huge pile of his gold in pharmaceutical shares and then bought a pandemic from China. The world is still dealing with the consequences, but the culprit's enjoyment didn't even last three months.

All three already have trembling

kräfte besitzen, und Kinderfleisch, das bei der Gewinnung dieser Verjüngungs-/verjüngenden, antidepressiv wirkenden und konzentrationssteigernden Substanz „Adrenochrom" als köstliches Abfallprodukt entsteht.

Mark Zuckerberg ist hier, weil sich eine kleine Lachfalte neben seinem rechten Auge bildet. Diese könnte, das befürchtet Mark, darauf hindeuten, dass sein Superbrain langsam Gefühle entwickelt. Und niemand darf das denken! Denn wenn die Menschen wüssten, dass er auch manchmal lächeln, geschweige denn lachen muss, wie ein Schimpanse oder ein Stand-Up-Comedy-Konsument oder eine andere niedere Lebensform, dann könnten sie meinen, er würde langsam ... langsam eben.

Marina wird weich, mit der Zeit. Deshalb ist sie hier.

Beim „Nicht-Blinzeln-nicht-Lächeln-nicht-Wegsehen-und-unter-gar-keinen-Umständen-Aufstehen-Spiel" sind ihr letztens binnen acht Stunden eineinhalbmal die Augen zugefallen. Marina Abramović musste sich auf eine mikroskopisch kleine Fliege rausreden, die sich direkt auf ihre Linse gesetzt haben soll.

Der generische Rabbiner ist einfach sehr hungrig, außerdem hat er seit einer geschlagenen

fingers and a sweaty brow. They jealously watch Bill Gates as he enjoys nibbling at a girl's leg.

Bill's pupils have shrunk to a point at which they are almost invisible and he grins orgasmically as he gnaws away at the tiny toes that form the end of the leg and are considered particularly crispy. Blood, blood, everywhere blood. Not, however, the blood of the girl, whose joints are hanging from the mouth of the former "world's richest man", but the blood of a Japanese baby. The leg is merely the bearer of the sauce, which is actually the thing that matters, just like pasta, or a pizza base.

The inhabitants of the earth's surface, who are cynically labeled by the inhabitants of the earth's interior as "Joe Six-Pack", are almost addicted to soy sauce, whereas these inhabitants of the earth's interior are addicted to a completely different substance: "Sawyer sauce".

This is named after the famous "Tom Sawyer", the first white boy in human history, from whom Adrenochrom was obtained. An antiracist act, upon which the global elite will still look back proudly in a thousand years.

Bill is in the process of consuming a French ballet school pupil (12), the best and most expensive flesh, in Japanese Sawyer sauce. The Japanese baby (2 weeks),

halben Stunde kein Unheil angerichtet. Sein letzter großer Wurf ist schon ein paar Jährchen her, und das lässt ihn lethargisch werden.

Vor zwei Jahren hatte er einen großen Berg seines Goldes in Pharma-Aktien investiert und dann eine Pandemie aus China gekauft. Die Welt kiefelt noch heute an den Folgen, aber der Spaß des Übeltäters hielt nicht mal für ein ganzes Quartal.

Alle drei haben schon zittrige Finger und Schweiß auf der Stirn. Sie blicken neidig Richtung Bill Gates, der genüsslich an einem Mädchenschenkel knabbert.

Bills Pupillen sind beinahe auf Unsichtbarkeit zusammengeschrumpft, und orgasmisch grinsend kiefelt er an den kleinen Zechen, die der Schenkel Enden bilden, und die als besonders knusprig gelten. Blut, Blut, überall Blut. Aber nicht das Blut des Mädchens, dessen Haxen gerade aus dem Rachen des ehemals „reichsten Mannes der Welt" baumeln, sondern das Blut eines japanischen Säuglings. Das Beinchen ist nur der Transporteur für Sauce, um die es eigentlich geht, so wie Pasta, oder der Boden von Pizza.

Die Außenerdenbewohner und -bewohnerinnen, von den Erdeninnenbewohnern zynisch als „Ottonormalverbraucher" bezeichnet, sind nahezu süchtig

which now resembles an empty tube of tomato paste, is lying next to the gnawing Gates.

The rabbi and Marina order a Wiener Melange for two. This is a child of Czech heritage of kindergarten age, who is cooked whole and served in German Sawyer sauce extracted from two babies.

Mark only wants something to drink. He treats himself to a two-week-old Peruvian girl, who was born exactly 44 m above sea level. For these are particularly effective against cases of humor-related aging skin.

Marina, Mark, and the rabbi wait impatiently for their food, while an earless and tongueless cyborg butler (who is actually the one from the Batman trilogy) places the cutlery on the table: two forks, each with three prongs, two huge sharp knives, two butcher's saws, and three metal straws. Five minutes later, the babies are finally brought. The completely mutilated Michael Caine a.k.a. Batman's butler holds up a screaming brown baby and looks inquiringly at the guests. Mark Zuckerberg raises his right index finger, while smiling insincerely and rolling his eyes. Now Alfred a.k.a. Batman's butler knows whom the remaining two white babies are for.

"Schudden voor gebruik!" is tattooed on the babies' chests. This means "shake before use!" in

nach Sojasauce, während die Erdeninnenbewohnerinnen süchtig nach einer völlig anderen Substanz sind: „Sawyersoße".

Benannt nach dem berühmten „Tom Sawyer", dem ersten weißen Knaben in der Menschheitsgeschichte, aus dem Adrenochrom gewonnen wurde. Ein antirassistischer Akt, auf den die Welteliten noch in tausend Jahren stolz zurückblicken werden.

Bill konsumiert gerade eine französische Ballettschülerin (12), das teuerste und beste Fleisch, in japanischer Sawyersoße. Der japanische Säugling (2 Wochen), der nun an eine leere Tube Tomatenmark erinnert, liegt neben dem kiefelnden Gates.

Der Rabbi und Marina bestellen sich zu zweit eine Wiener Melange. Das ist ein Kindergartenkind tschechischer Herkunft, im Ganzen gegart, in deutscher Sawyersoße, aus zwei Säuglingen extrahiert.

Mark möchte nur etwas trinken. Er gönnt sich eine zwei-Wochen-Peruanerin, die genau 44m über dem Meeresspiegel geboren ist. Die sind nämlich besonders wirksam bei humorbedingtem Hautverschleiß.

Marina, Mark und der Rabbiner warten ungeduldig auf ihre Speisen, während ein ohren- und zungenloser Cyborg-Butler

Dutch. This is the global language of conspirators due to the fact that all Dutch people are involved in some diabolical business model or other, knee-deep and without exception.

It's absurd that the entire world can be taken in by a bunch of Aryan communists, who apparently owe their entire prosperity to the export of ergonomically extremely questionable clogs.

That the world isn't capable of thinking just a little bit out of the box is astonishing, but also good for the baby phobia blood-based drinks industry, the center of whose operations on the earth's surface is Amsterdam.

"Ik begin, oké?" asks the pale Zuckerberg, whose mother, a petri dish from the company Euroclone, gave him everything apart from the patience to wait for his fellow human beings.

"Etiquette is iets voor supermarktvlees", says Marina, nodding her head (which means something like: "Etiquette is for meat from the supermarket").

Hence, the artist, the CEO, and the killer of Christ shake their babies just like winners of Formula One races shake their bottles of champagne.

The weak veins burst quickly and with very little effort, while adrenalin surges in the blood

(nämlich tatsächlich der aus dieser Batman Triologie) das Besteck auf den Tisch legt: Zwei Gabeln mit je drei Zacken, zwei große scharfe Messer, zwei Knochensägen und drei Metallstrohhalme. Fünf Minuten später werden endlich die Säuglinge gebracht. Der komplett verstümmelte Michael Caine aka Batmans Butler hält ein schreiendes braunes Baby in die Höhe und blickt fragend in die Runde. Mark Zuckerberg hebt seinen rechten Zeigefinger, während er falsch lächelnd mit den Augen rollt. Nun weiß Alfred aka Batmans Butler, für wen die übrigen beiden weißen Babys sind.

„Schudden voor gebruik!", steht auf den Babybrustkörben tätowiert. „Vor Gebrauch schütteln!", bedeutet das auf Niederländisch. Das ist die internationale Weltverschwörersprache, was daran liegt, dass alle Niederländer und Niederländerinnen, ausnahmslos und knietief, in irgendwelchen diabolischen Geschäftsmodellen stecken.

Es ist absurd, dass die ganze Welt einem Haufen arischer Kommunisten und Kommunistinnen auf den Leim geht, die ihren Wohlstand angeblich dem Export von ergonomisch höchst fragwürdigen Holzpantoffeln zu verdanken haben.

because the little rascals, quite rightly, fear for their very short lives.

The mixture of blood, brain, and, if one's lucky, the contents of a burst bladder, is as simple to extract as milk from a coconut, with the help of the straws that are driven through the soft spot on the skull. The ability to enjoy Adrenochrom resembles the ability to enjoy beer: The first one tastes pretty strange, but in no time at all you can't live without it.

Alfred finally brings the four-year-old Czech, whose scored skin, grooved and golden-brown, is enough to make any roast pork crackling green with envy. And no one likes green crackling.

The rabbi and Marina Abramović have finally shaken enough, their babies have slowly stopped crying and feel more and more like blancmange-filled leather bags. All three shout "Masel tov!" as they stick the sharp straws into the little marshmallow-soft heads of their orders and, while Mark sucks powerfully through his straw, the straws of the other two act like the necks of ketchup bottles, out of which wonderfully thick jets of the finest German Sawyer sauce come shooting. They spread this on the roast child.

Satiated, young, and good-looking, the rabbi speaks:

Dass die Welt da nicht um eine kleine Ecke denken kann, ist verwunderlich, aber gut für die Babyangstblutgetränkeindustrie, die in Amsterdam ihr Zentrum auf der Erdoberfläche hat.

„Ik begin, oké?", fragt der blasse Zuckerberg, dessen Mutter, eine Petrischale der Firma Euroclone, ihm alles mitgab, bis auf die Nerven, auf seine Mitmenschen zu warten.

„Etiquette is iets voor supermarktvlees", spricht Marina kopfnickend (bedeutet so viel wie: „Etikette ist was für Fleisch aus dem Supermarkt").

Die Künstlerin, der CEO und der Christuskiller schütteln also ihre Babys, so wie Formel-Eins-Sieger und -siegerinnen ihre Champagnerflaschen schütteln.

Die weichen Adern reißen schon nach wenig Zeit- und Kraftaufwand, während Adrenalin ins Blut schießt, da die kleinen Racker, ganz zu Recht, um ihre doch so kurzen Leben fürchten.

Die Mischung aus Blut, Hirn, und, wenn man Glück hat, dem Inhalt einer geplatzten Blase, ist mithilfe der Strohhalme, die man durch die weiche Stelle am Schädel jagt, einfacher zu extrahieren als Saft aus einer Kokosnuss. Adrenochrom genießen zu können funktioniert ähnlich wie Bier: Das erste schmeckt verdammt seltsam,

"We now know that plants react to environmental influences and have been shown to be able to experience fear, shame, and jealousy."

Marina Abramović and Mark Zuckerberg lean back and look surprised, and also really young and good-looking, and let the rabbi continue:
"So, although we know that a salad suffers from nausea and disorientation as well as, naturally, terrible whiplash in a salad spinner, as a result of which it gives off baby-like stress-related chemicals such as adrenalin; and although we know that around 50 million liters of fresh water are required in order to grow a baby from a single cell to a really small child, whereas we don't even need a liter of water to wash a salad, we still eat small children..."

"I only drank!" insists Mark Zuckerberg.
"But why don't we simply eat salad?" asks the rabbi calmly.
"Perhaps you should ask the 83 sables that you have wrapped around your head!" hisses Marina Abramović.

Embarrassed silence.

Mark looks around uneasily.
"So, what does your fur hat say? Why is it there on your lovely head, rabbi?" she bores deeper.

The rabbi looks guiltily down at his hands, which are striking his

aber in kürzester Zeit kann man nicht mehr ohne leben.

Endlich bringt Alfred den vierjährigen Tschechen, dessen angeritzte Haut, goldbraun und zackig aufgestellt, jede Schweinebratenkruste vor Neid erblassen lässt. Und niemand mag blasse Kruste.

Der Rabbiner und Marina Abramović haben endlich genug geshaked, ihre Säuglinge haben langsam aufgehört zu weinen und fühlen sich immer mehr wie mit Pudding gefüllte Lederbeutel an. „Masel tov!", rufen alle drei und stechen die scharfen Halme in die marshmallow-soften Köpfchen ihrer Bestellungen, und während Mark kräftig am Halm saugt, fungieren die Halme der anderen beiden als Ketchupflaschenschnabel, durch den ein schöner, dicker Strahl feinster deutscher Sawyersoße geschossen kommt, mit der sie den Jünglingsbraten bedecken.

Satt, jung und schön spricht der Rabbiner:
„Man weiß ja mittlerweile, dass Pflanzen auf Umwelteinflüsse reagieren und nachgewiesenermaßen Angst, Scham und Eifersucht empfinden können."

Marina Abramović und Mark Zuckerberg lehnen sich zurück, schauen überrascht, aber auch verdammt jung und schön aus, und lassen den Rabbi sprechen:
„Also, obwohl man weiß, dass ein

knees in a wild rhythm. "Because it's cool?" he stammers quietly in the direction of his pointed little shoes.

"Because it's damned well supercool!" shouts Marina Abramović.

Salatkopf in einer Salatschleuder Übelkeit, Verwirrung und natürlich auch ein fieses Schleudertrauma erleidet, wodurch er babyartige Stress-chemikalien wie Adrenalin ausschüttet; obwohl
wir wissen, dass ca. 50 Mio. Liter Frischwasser nötig sind, um ein Baby von einer Zelle auf ein ganzes kleines Kind aufzu-schwämmen, während man nicht einmal einen Liter Wasser braucht, um einen Salatkopf zu waschen, fressen wir doch immer noch kleine Kinder ..."

„Ich hab nur getrunken!", insistiert Mark Zuckerberg.
„Aber wieso essen wir nicht einfach Salat?", fragt der Rabbiner ruhig.
„Frag vielleicht die dreiundachzig Zobel, die du dir um den Kopf gewickelt hast!", zischt Marina Abramović.

Betretenes Schweigen.

Mark schaut sich unbehaglich in der Gegend um.

„Na, was spricht dein Pelzhut? Wieso ist der da auf deinem hübschen Kopf, Rabbiner?", löchert sie ihn weiter.

Der Rabbi schaut mit schuldigen Augen auf seine Hände, die ihm wirre Takte auf die Knie klopfen. „Weil's geil ist?", stammelt er leise in Richtung seiner spitzen Schühchen.

„Weil's verdammt nochmal supergeil ist!", schreit Marina Abramović.

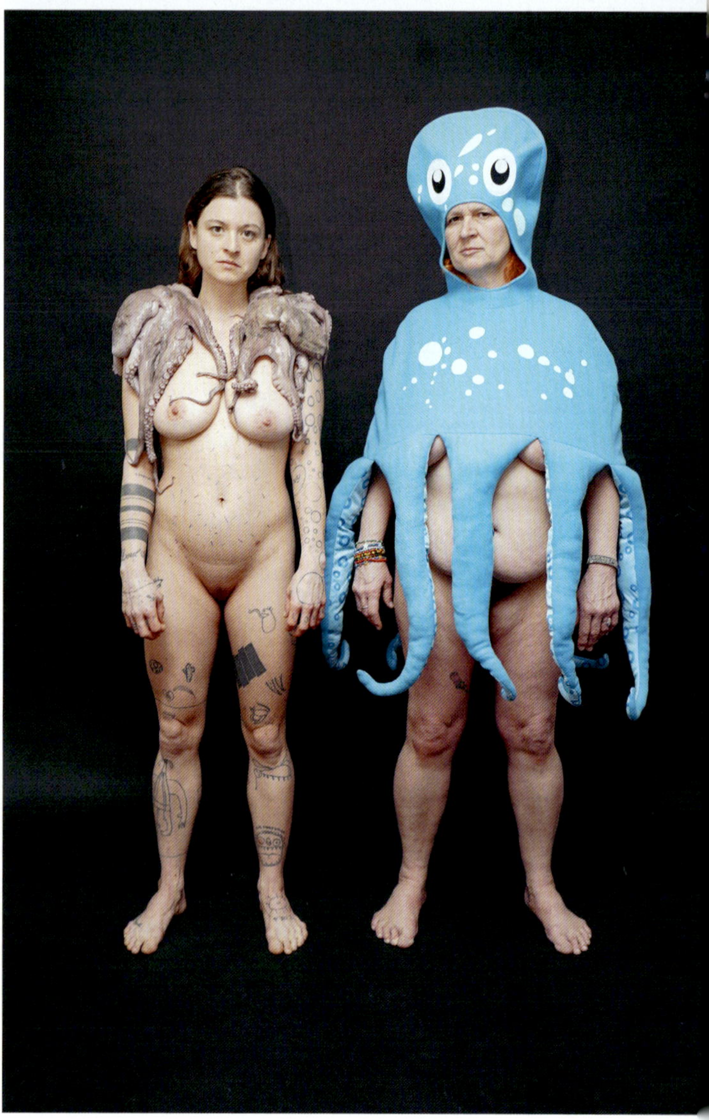

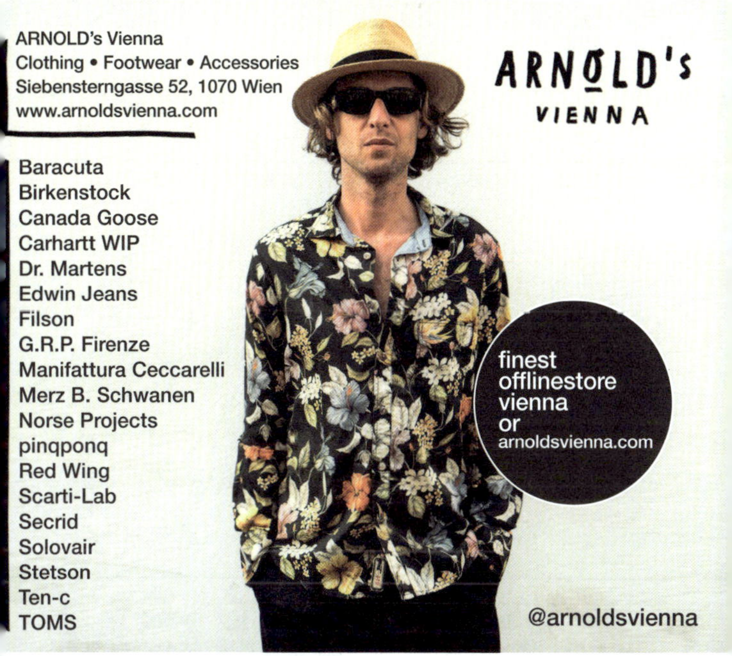
ARNOLD's Vienna
Clothing • Footwear • Accessories
Siebensterngasse 52, 1070 Wien
www.arnoldsvienna.com
ARNOLD's
VIENNA
Baracuta
Birkenstock
Canada Goose
Carhartt WIP
Dr. Martens
Edwin Jeans
Filson
G.R.P. Firenze
Manifattura Ceccarelli
Merz B. Schwanen
Norse Projects
pinqponq
Red Wing
Scarti-Lab
Secrid
Solovair
Stetson
Ten-c
TOMS
finest offlinestore vienna or arnoldsvienna.com
@arnoldsvienna

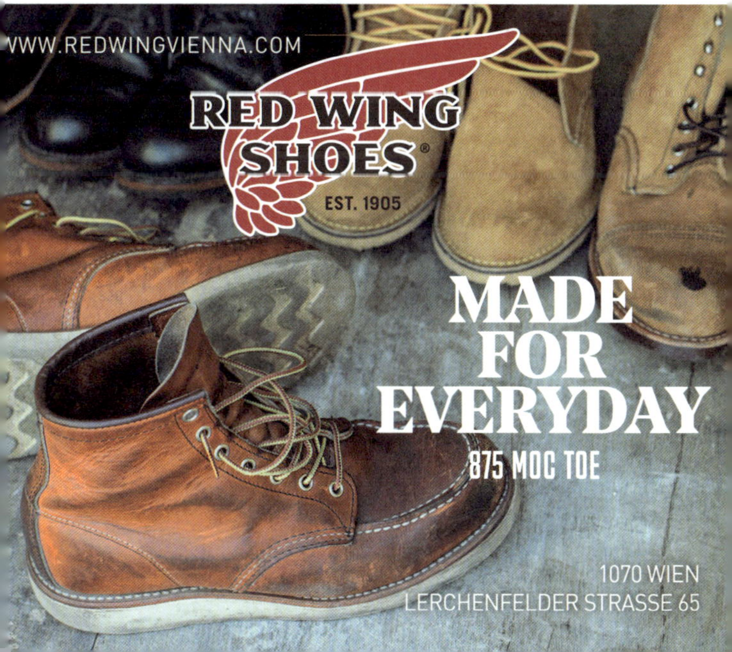
WWW.REDWINGVIENNA.COM
RED WING SHOES®
EST. 1905
MADE FOR EVERYDAY
875 MOC TOE
1070 WIEN
LERCHENFELDER STRASSE 65

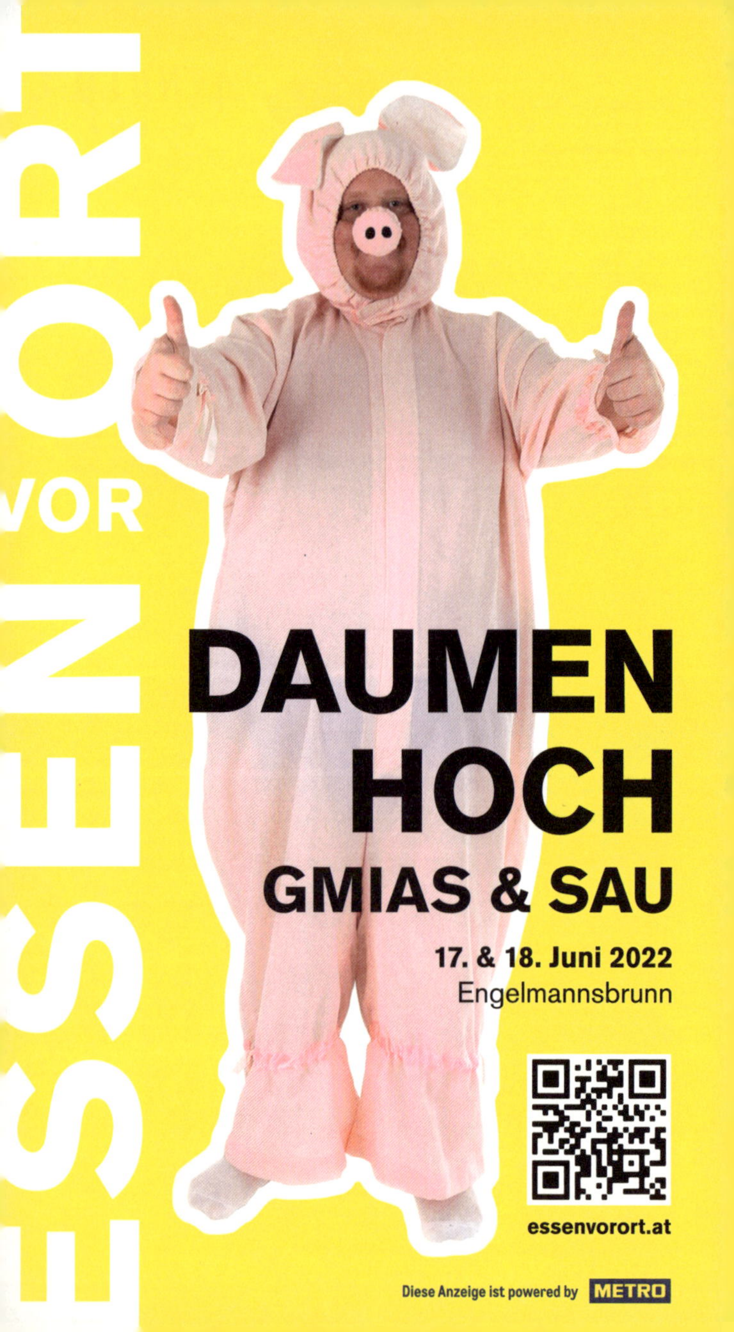
ESSEN VOR ORT
DAUMEN HOCH
GMIAS & SAU
17. & 18. Juni 2022
Engelmannsbrunn
essenvorort.at
Diese Anzeige ist powered by METRO

ESSEN VOR ORT

FLOSSEN HOCH

FISCH & GARTEN

10. & 11. August 2022

Feuersbrunn

essenvorort.at

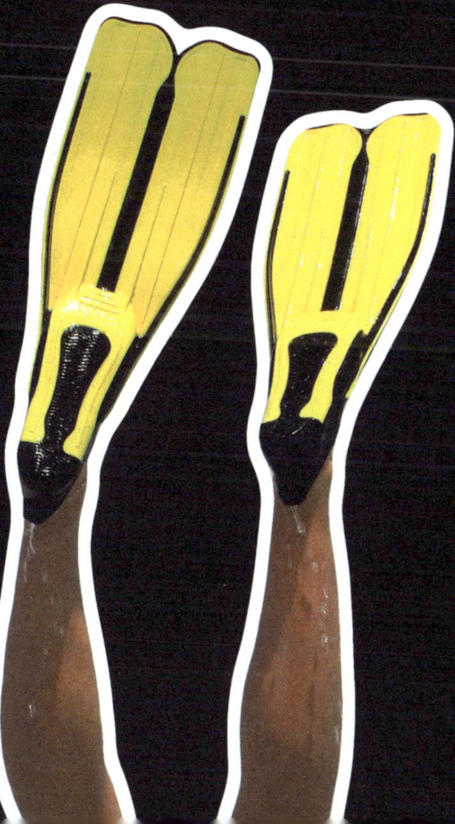

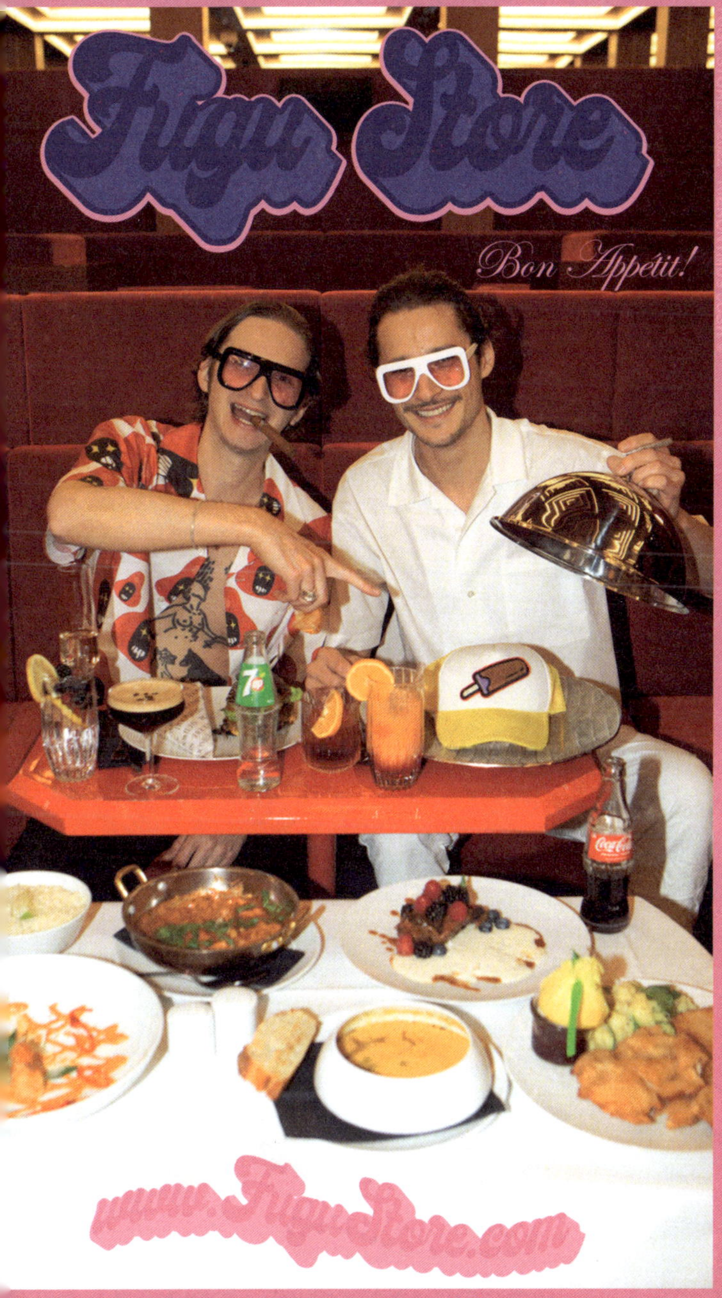
Figu Store
Bon Appétit!
www.FiguStore.com

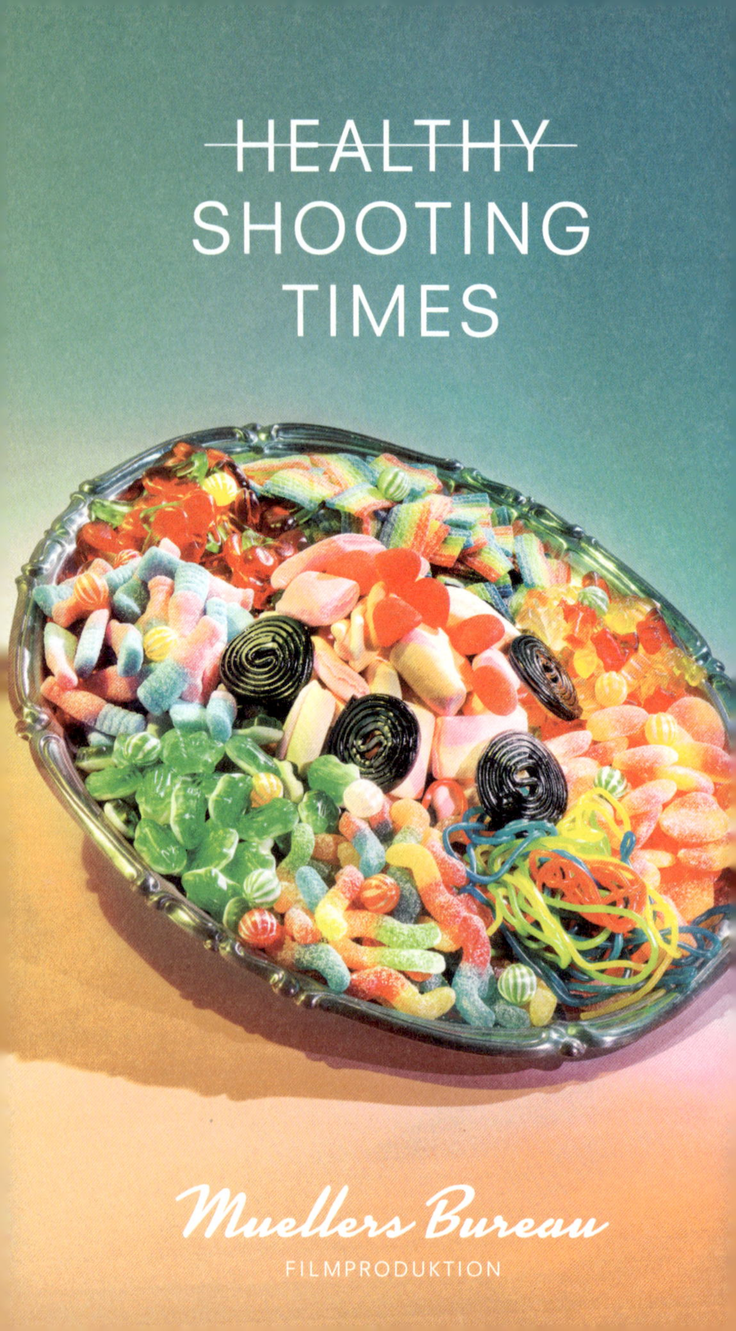
~~HEALTHY~~
SHOOTING
TIMES
Muellers Bureau
FILMPRODUKTION

curated by Andrea Petrini:

Kaja Sajovic
Andoni Luis Aduriz
Chris Ying
Melinda Joe
Marta Mateus
Christof Ellinghaus
Nicolas Bourriaud

kuratiert von Andrea Petrini:

Kaja Sajovic
Andoni Luis Aduriz
Chris Ying
Melinda Joe
Marta Mateus
Christof Ellinghaus
Nicolas Bourriaud

Got you 2 recipes from *Skaručna* – obviously neither of them is too sophisticated or complicated :)

Hier kommen zwei Rezepte aus dem *Skaručna* – offensichtlich ist keines davon zu abgehoben oder zu kompliziert :)

BEEF TONGUE

100 g	of beef tongue
10 g	cheese (60 % goat, 40 % sheep)
1	tablespoon of olive oil
1	clove of minced garlic

Cook the beef tongue, slice it up.
Drizzle with olive oil, add garlic and grate the cheese all over it.
Serve with warm sourdough bread.

BRAWN WITH PUMPKIN SEED OIL AND HARD-BOILED EGG

100 g	of brawn
1/2	onion
Pinch	of black pepper
2	tablespoons of pumpkin seed oil
2	tablespoons of apple vinegar
1	hard-boiled egg

Season the brawn with pumpkin seed oil and vinegar, pepper, egg cut in slices and sliced onion.
Serve with warm sourdough bread.

RINDERZUNGE

100 g	Rinderzunge
10 g	Käse (60% Ziege, 40% Schaf)
1	Esslöffel Olivenöl
1	gehackte Knoblauchzehe

Die Rinderzunge kochen und aufschneiden. Mit Olivenöl beträufeln und dem geriebenen Käse bestreuen. Mit warmem Sauerteigbrot servieren.

SCHWEINSKOPFSÜLZE MIT KÜRBISKERNÖL UND HARTGEKOCHTEM EI

100 g	Schweinskopfsülze
1/2	Zwiebel
eine	Prise Schwarzer Pfeffer
2	Esslöffel Kürbiskernöl
2	Esslöffel Apfelessig
1	hartgekochtes Ei

Die Schweinskopfsülze mit Kürbiskernöl, Essig, Pfeffer, in Scheiben geschnittenem Ei und fein geschnittener Zwiebel würzen. Mit warmem Sauerteigbrot servieren.

Kaja Sajovic

Skaručna and the beauty of chaos: No rules. No limits. No safety net.

Skaručna und die Schönheit des Chaos: Keine Regeln. Keine Grenzen. Kein Sicherheitsnetz.

There's no escaping the madness, really. From the moment you drive out of Ljubljana, in pitch dark, zigzagging down narrow rural roads, an abandoned farm on the left, an ominous towering church bell on the right. The van pulls outside the rustic tavern with rusty appliances, cobwebs, wooden barrels and chopped up tree trunks in front.

A neon sign confirms you are, in fact, at the right location. But it could very well also be a private underground club. And, in a way, it is. *Skaručna*, named after the village where it's set, is definitely not your regular Slovenian dining place – whereas we Slovenians usually like to hide our dark sides, the rough edges, the pathological drinking habits and unrestrained bursts of anger, Slavko Žagar Jr., *Skaručna's* head patron, lets it all out in the open.

There's no filter, no sugarcoating, from the moment he walks out of that front door with a huge butcher knife in hand, scruffy, with a "haven't-slept-in-4-days" look and that sort of dirty animal sex appeal that you feel shouldn't really turn you on – but it kind of does. "Here, have some sausage," he commands, not really offers, in a raspy, almost comically raspy voice. "I had an operation and they cut my voice machine," he explains with thick Slavic accent.

He is surrounded by women, all-women staff. It's not some sort

Es gibt kein Entrinnen vor dem Wahnsinn, wirklich. Sobald man aus Ljubljana herausfährt, in stockdunkler Nacht, im Zickzack über schmale Landstraßen, links ein verlassener Bauernhof, rechts eine bedrohlich hoch aufragende Kirchenglocke. Der Van hält vor dem rustikalen Wirtshaus mit verrosteten Geräten, Spinnweben, Holzfässern und zerhackten Baumstämmen davor.

Eine Lichtreklame bestätigt, dass man tatsächlich am richtigen Ort ist. Aber es könnte genauso gut ein abgelegener Szene-Klub sein. Und in gewisser Weise ist es das auch. *Skaručna*, benannt nach dem Dorf, in dem es liegt, ist definitiv kein gewöhnliches slowenisches Restaurant – in Anbetracht dessen, dass wir Slowenen normalerweise gerne unsere dunklen Seiten, die rauen Kanten, die pathologischen Trinkgewohnheiten und unbeherrschten Wutausbrüche verstecken, lässt Slavko Žagar Jr., der Chefpatron von *Skaručna*, alles raus.

Von dem Moment an, als er mit einem riesigen Fleischermesser in der Hand aus der Haustür tritt, lotterig, mit einem „Ich habe seit vier Tagen nicht geschlafen"-Blick und dieser Art von schmutzig-animalischem Sexappeal, der einen eigentlich nicht anmachen sollte – es aber irgendwie doch tut, gibt es keinen Filter, kein Blatt vor dem Mund. „Hier, nimm ein Stück Wurst",

of appealing-to-woke-generation decision or a socially-political statement, it's just that the women are the only ones able to tolerate his antics and keeping the place up and running. It's constantly a slippery slope here in *Skaručna*, the fine line between excitement and pure chaos. More often, it's the latter.

He scolds one of his waitresses for cutting pieces of bread too thick. "They won't be fucking able to fucking eat if they gorge on fucking bread!" The aforementioned salami is aged in Joško Gravner's cellar, the wine purist, a rigorous ascetic and the most composed and principled of the winemakers. How the unlikely duo functions together is beyond me. "I found that salami the other day at Joško's. Somewhere in the back of the cellar. It might be 3 years old? Who knows," he ponders nonchalantly and cackles like a maniac as he grates flamboyantly heaps and heaps of horseradish on top of it to mask some rancid notes.

The server that got yelled before is bringing out welcome drinks, a ridiculous combo of home-made honey beer, amber wine, plum schnapps and ultra-strong raspberry liquor, deceivingly girly crimson colored. One would be wise to start exercising some restraint right there and then. One is usually not.

befiehlt er, anbieten kann man es nicht nennen, mit einer rauen, fast schon komisch rauen Stimme. „Ich hatte eine Operation, und sie haben meinen Stimmapparat abgeschaltet", erklärt er mit schwerem slawischem Akzent.

Er ist umgeben von Frauen, einer reinen Frauenmannschaft. Nicht aus der Entscheidung heraus, um attraktiv für die Woke-Generation zu sein oder ein sozialpolitisches Statement abzugeben, sondern einfach, weil die Frauen die Einzigen sind, die seine Eskapaden ertragen und den Laden am Laufen halten. Hier im *Skaručna* herrscht eine ständige Zitterpartie, ein schmaler Grat zwischen Begeisterung und reinem Chaos. Häufig ist es Letzteres. Eine seiner Kellnerinnen schimpft er aus, weil sie das Brot zu dick aufgeschnitten hat. „Sie werden verdammt nochmal nichts essen, wenn sie sich mit dem verdammten Brot vollstopfen!" Die oben genannte Salami ist im Keller des Weinpuristen Joško Gravner gereift, einem strengen Asketen und einem der gelassensten und prinzipientreuesten Winzer. Wie das ungleiche Duo miteinander auskommt, ist mir unbegreiflich. „Ich habe die Salami neulich bei Joško gefunden. Irgendwo hinten im Keller. Die könnte drei Jahre alt sein. Wer weiß?", sinniert er nonchalant und kichert wie ein Verrückter, während er energisch haufenweise Meerrettich darüber

After this long foreplay we are told to move inside, into a place best described as a lair of Slovenian men of yesteryear, back when they were still called Yugoslavs. There are old dusty bottles of God-knows-what with Josip Broz – Tito's faces on them, faded soft porn posters, a silver cash till, jars of unidentified potions, old vinyls that range from Miles Davis and Julio Iglesias to obscure glam gay bands from the 1970s. In the midst of it all there are hunting trophies and portraits of Slavko's father, the late Slavko Žagar Sr., aka "Pulinoga", nicknamed after a veal shank – still a standout signature of *Skaručna*, baked under the iron lid and embers. If you live to remember that part of the evening, that is.

We get seated in the big, cozy dining room, behind the heavy red velvet drapes, kind of like walking in for a lap dance. Some have heard crazy *Skaručna* stories and are all giddy to start the show. Other have also heard the stories – and are eyeing the nearest escape route. Slavko is walking a fine line of what is being considered acceptable, and often crosses that line – but that's when the fun really begins.

First trays arrive, large, silver trays of beef tongue soaked in olive oil, garlic and goat cheese. We attack it with warm, crunchy, perfect bread, like vultures, devouring it as if we hadn't eaten in days. Slavko intervenes and starts grabbing pieces of bread away,

reibt, um ein paar ranzige Noten zu überdecken. Die Servicekraft, die vorhin geschrien hat, bringt die Willkommen-Drinks, eine absurde Kombination aus hausgemachtem Honigbier, Bernsteinwein, Pflaumenschnaps und extrem starkem Himbeerlikör in trügerisch mädchenhaftem Purpurrot. Man wäre gut beraten, jetzt ein wenig Zurückhaltung zu üben. In der Regel tut man es nicht.

Nach diesem langen Vorspiel werden wir aufgefordert hinein zu gehen, in einen Ort, der sich am besten als Unterschlupf slowenischer Männer aus längst vergangenen Zeiten beschreiben lässt, damals, als sie noch Jugoslawen genannt wurden. Es gibt alte staubige Flaschen weiß Gott welchen Inhalts, mit den Gesichtern von Josip Broz – Tito – darauf, ausgeblichene Softpornoposter, eine silberne Registrierkasse, Glaskrüge für unbekannte Zaubertränke, alte Schallplatten, die von Miles Davis und Julio Iglesias bis zu obskuren Glam-Gay-Bands aus den 1970er-Jahren reichen. Dazwischen stehen Jagdtrophäen und Porträts von Slavkos Vater, dem seligen Slavko Žagar Senior, auch bekannt als „Pulinoga"; seinen Spitznamen verdankt er einer unter der Glut einer Eisenglocke gebackenen Kalbshaxe – immer noch ein herausragendes Markenzeichen des *Skaručna*. Vorausgesetzt man kann sich an diesen Teil des Abends noch erinnern.

offering only small morsels to the ladies at the table. We beg for more – and he gets off on it, throwing crumbs of it in our faces.
The lone vegetarian at the table makes a mistake of asking for plant-based menu. There's a condescending smirk at first, but then Slavko disappears for a while and reappears with a huge tray occupied by a lonesome raw beetroot that in his hands looks more like a beating bleeding heart. He starts cutting it oh-so-thinly with his enormous knife, dedicating his whole self to this one guest. It's not special attention, it's a slow, pre-meditated taunting game he plays so cruelly. "There you go, princess, some olive oil on top."
The "princess" thanks him timidly, clearly less than comfortable in this setting.
The rest of us get another huge pile of meat, "Essigfleisch", the old traditional Austro-Hungarian dish of cold boiled beef, onions, hard-boiled eggs, vinegar and pumpkin seed oil. The princess gets a new serving of raw beets. We are trying to contain a giggle but Slavko spots us and approaches, knocking down one wine glass after another to get closer and closer in our faces, with a horseradish root and grater in his hands. Then he cackles, letting out his eerie laughter. End of act one, he disappears behind the curtain, chugging down a glassful of schnapps.
"California Dreamin" is playing

Wir setzen uns in dem großen, gemütlichen Speiseraum hinter den schweren roten Samtvorhängen; es ist ein bisschen so, als würden wir in einen Lapdance platzen.

Einige haben schon die verrücktesten *Skaručna*-Geschichten gehört und sind vor Aufregung ganz aus dem Häuschen. Andere haben sie auch gehört – und halten Ausschau nach dem nächsten Fluchtweg. Slavko wandelt auf einem schmalen Grat zwischen dem, was für akzeptabel gehalten wird – und häufig überschreitet er diesen –, dann beginnt der Spaß erst richtig.

Die ersten Tabletts kommen: große Silbertabletts mit in Olivenöl und Knoblauch getauchter Rinderzunge, dazu Ziegenkäse. Wir stürzen uns wie die Geier auf das warme, knusprige, perfekte Brot und verschlingen es, als hätten wir seit Tagen nichts gegessen.

Slavko greift ein und fängt an, uns Brotstücke wegzunehmen; den Damen am Tisch bietet er nur kleine Stückchen an.

Wir betteln um mehr – er steigt darauf ein und wirft uns Krümel ins Gesicht.

Der einzige Vegetarier am Tisch macht den Fehler, nach einem pflanzlichen Menü zu fragen. Zuerst gibt es ein spöttisches

on the old record player and the servers are bringing in pots of hot hearty soups and bouillons – duck, followed by beef, followed by clay pans of baked polenta with creamy cheese and crème fraiche. There's a sense of calm before the storm as Slavko is nowhere to be seen and the pace gets a bit more mellow. But then in he comes with a trolley with a gigantic whole trout, starring at us with its glassy eyes. The chef starts putting on rubber gloves, with a sadistic look of a creepy gynecologist preparing for a cavity exam he enjoys a bit too much. Very slowly he traces the finger down the fish' gut, weirdly erotically, as he starts fileting the pink flesh in a way that makes many guests turn their eyes away, half scared, half aroused.

He scrapes the softest, silkiest pieces from the fins and feeds them to one of the female guests, whispering in her ear as he does his little unapologetic act. At this point, the vast majority of the diners are already pleasantly intoxicated and get pulled into Slavko's performance, participating in it, surrounding the fish trolley, cell phones up, filming this bizarre, surrealistic tableau. Some are standing on the tables to get a better view of the stage, the inhibitions are gone, we are all part of the act now. The magic of *Skaručna*, making you let go of prejudice, expectations, even dignity. The host enjoys it, posing in front of the cameras, flirting

Grinsen, aber dann verschwindet Slavko für eine Weile und taucht mit einem riesigen Tablett wieder auf, auf dem eine einsame rohe Rote Bete liegt, die in seinen Händen eher wie ein schlagendes, blutendes Herz aussieht. Er beginnt, sie mit seinem riesigen Messer hauchdünn zu schneiden und widmet sich ganz diesem einen Gast. Es ist keine besondere Aufmerksamkeit; es ist ein langsames, vorsätzlich provozierendes Spiel, das er so grausam spielt. „Bitte sehr, Prinzessin, etwas Olivenöl obendrauf."

Die „Prinzessin" fühlt sich in dieser Umgebung eindeutig unwohl und dankt ihm schüchtern.

Der Rest von uns bekommt einen weiteren gewaltigen Haufen an Fleisch: „Essigfleisch", das alte traditionelle österreichisch-ungarische Gericht aus kalt aufgesetztem Rindfleisch, Zwiebeln, hartgekochten Eiern, Essig und Kürbiskernöl. Die Prinzessin bekommt eine neue Portion rohe Rüben. Wir versuchen, ein Kichern zu unterdrücken, aber Slavko bemerkt uns und nähert sich, dabei ein Weinglas nach dem anderen umstoßend, unseren Gesichtern mit einem Meerrettich und einer Reibe in der Hand. Dann gackert er und stößt sein gespenstisches Lachen aus. Ende des ersten Aktes, er verschwindet hinter dem Vorhang und kippt ein Glas

with them, before he abruptly commands his viewers to sit the fuck down and eat. Like that bad-boy boyfriend you had back in the day, seducing you, getting you hooked, then leaving you in a corner while he flirts with the waitress.

Just a spoonful of horseradish and sour cream is served alongside the perfectly cooked fish, horseradish so pungent and strong it brings out the tears. There's also some more raw beets for the vegetarian outcast. "You want some fucking horseradish grated on top, honey?" She shakes her head, clutching on to her cell-phone with a black lace gauntlet, begging for a taxi driver's number.

»Well, now, if your baby leaves you, And you got a tale to tell, Well, just take a walk down Lonely Street, To Heartbreak Hotel .« croons Elvis Presley as we are being poured more and more wine, more wine than the tiny tavern style glasses can take, as Slavko doesn't really care if the amber-hued liquid is overflowing the rims. Red and white checkered table cloths are now soaked in an artist's palette of shades, fats, bits and matters.

It's a balancing act of self-restraint and hedonism, letting go of all your inhibitions, giving in to the madness – but not giving in to the point where your head starts hitting the table – or the wall

Schnaps hinunter.

Auf dem alten Plattenspieler läuft „California Dreamin" und die Kellner bringen Töpfe mit heißen, herzhaften Suppen und Bouillons – Ente, gefolgt von Rindfleisch, gefolgt von Tonpfannen mit gebackener Polenta mit cremigem Käse und Crème fraîche. Es herrscht eine gewisse Ruhe vor dem Sturm, denn Slavko ist nirgendwo zu sehen und das Tempo wird etwas gemächlicher. Aber dann kommt er mit einem Servierwagen herein, auf dem eine gigantische Forelle liegt, die uns mit glasigen Augen anstarrt. Der Koch zieht sich mit dem sadistischen Blick eines unheimlichen Gynäkologen, der sich auf eine Untersuchung vorbereitet, die ihm ein bisschen zu viel Spaß macht, die Gummihandschuhe an. Ganz langsam fährt er auf seltsam erotische Weise mit dem Finger den Bauch des Fisches hinunter und beginnt, das rosafarbene Fleisch auf eine Weise zu filetieren, die viele Gäste halb erschrocken, halb erregt die Augen abwenden lässt.

Er schabt die weichsten, seidigen Stücke von den Flossen, füttert eine seiner weiblichen Gäste damit und flüstert ihr ins Ohr, während er ungerührt seine Tat vollbringt. Zu diesem Zeitpunkt sind die meisten Gäste bereits angenehm berauscht und werden in Slavkos Auftritt hineingezogen, nehmen daran teil,

with a mounted boar above you. One poor lad makes that mistake, his eyelids shut, giving out the tiniest of snores that gets abruptly cut through by the sound of swooshing metal. The room turns dead silent. An old Italian canzone laments a lost lover and how the stars don't shine as bright anymore.

There's Slavko's knife, lodged into the wooden paneling behind the dozed-off guy, about an inch above his head like he was part of the fucking Cirque de Soleil act. He's awake now. There's a few more guests Googling frantically for a cab number, but they are being told firmly it's not happening. "There's more food. No one is leaving before the fucking shank," yells Slavko. We give each other a bewildered look, he cackles – and disappears again as we get served lovely vintage porcelain bowls of lamb's lettuce with boiled egg, perfectly seasoned. "Where do you get your greens from," asks one, still relatively sober guest at the table. "Wherever the fuck we want," answers the waitress deadpanned.

»Let's meet at our cafe, For cigarettes and brandy, Let's meet at our cafe, And talk about it all .« A scratching sound lets you know Slavko has found his way behind his old record player behind the bar counter and he's now there, twirling and twitching like in a coital spasm. A tiny ballerina figurine is making vertigo-induc-

umrunden den Fischwagen mit gezückten Handys und filmen das bizarre, surrealistische Tableau. Manche stehen auf den Tischen, um einen besseren Blick auf die Bühne zu haben, die Hemmungen sind verschwunden, wir sind jetzt alle Teil des Schauspiels. Das ist die Magie des *Skaručna*, die dazu führt, dass man von seinen Vorurteilen, Erwartungen, sogar seiner Würde lässt. Der Gastgeber genießt es, vor den Kameras zu posieren, mit ihnen zu flirten, bevor er abrupt seinen Zuschauern und Zuschauerinnen befiehlt, sich verdammt noch mal hinzusetzen und zu essen. Wie der miese Freund, den du früher hattest, der dich verführt und süchtig gemacht hat, um dich dann in der Ecke stehen zu lassen, während er mit der Kellnerin flirtete.

Zu dem auf den Punkt gegarten Fisch wird nur ein Löffel Meerrettich und saure Sahne gereicht, der Meerrettich ist so stechend und stark, dass einem die Tränen kommen. Für die Vegetarier und Vegetarierinnen unter den Ausgestoßenen gibt es noch ein paar rohe Rüben. „Willst du noch ein bisschen verdammten Meerrettich darüber gerieben haben, Schatz?" Sie schüttelt den Kopf, umklammert mit einem schwarzen Spitzenhandschuh ihr Handy und bettelt um die Nummer eines Taxifahrers.

„Well, now, if your baby leaves you, and you got a tale to tell, well,

ing spins on top of the stylus as Slavko's wavy salt-and-pepper locks are falling down his sweaty forehead.

If you make it to that part of the evening, you might remember the fabled veal shank as well, albeit in a boozy hazy cloud, the meaty taste and brothy taste, the glistering of fat and the golden brown of crispy skin mixed together with scenes of gigantic pots being wheeled into the dining room, the knife action making its last great performance of the night, Slavko's raspy voice and nostalgic tunes, with whiffs of smoke, roast, spilled raspberry liquor, sweat and cinnamon filling the room.

Was it all a dream scene, an episode of Twin Peaks with an appearance of Bob in the Red Lodge mixed with Babette's feast opulence mixed with 9 ½ weeks kinkiness? A brutal malaise of morning- after and aftertaste of garlic attests it was real. Or was it?

just take a walk down Lonely Street, to Heartbreak Hotel ...", schmachtet Elvis Presley, während uns immer mehr Wein eingeschenkt wird; mehr Wein, als die winzigen Tavernengläser fassen können, denn Slavko ist es egal, ob die bernsteinfarbene Flüssigkeit über die Ränder läuft. Die rot-weiß karierten Tischtücher sind jetzt in eine Farbpalette aus Schattierungen, Fett, Essensresten und Substanzen getaucht. Es ist ein Spagat aus Selbstbeherrschung und Hedonismus, alle Hemmungen fallen zu lassen, sich dem Wahnsinn hinzugeben – aber nicht so weit, dass man mit dem Kopf auf den Tisch schlägt – oder gegen die Wand mit dem über dir hängenden Wildschwein. Ein armer Kerl begeht diesen Fehler, seine Augenlider sind geschlossen und er gibt ein leises Schnarchen von sich, das schlagartig von dem Geräusch blechernen Metalls unterbrochen wird. Im Raum wird es totenstill. Eine alte italienische Canzone beklagt eine verlorene Geliebte und dass die Sterne nicht mehr so hell leuchten.

Es ist Slavkos Messer, das in der Holzvertäfelung hinter dem weggedämmerten Kerl steckt, etwa einen Zentimeter über seinem Kopf, als wäre er Teil einer Cirque du Soleil-Nummer. Jetzt ist er wach. Ein paar weitere Gäste googeln verzweifelt nach einem Taxi, aber die Ansage ist eindeutig und klar: „Es gibt noch

mehr Essen. Keiner geht vor der verdammten Haxe", schreit Slavko. Wir schauen uns verwirrt an, er gackert – und verschwindet wieder, während wir schöne alte Porzellanschalen mit Feldsalat und gekochtem Ei serviert bekommen, hervorragend gewürzt. „Woher bekommt ihr euer Grünzeug?", fragt ein noch relativ nüchterner Gast am Tisch. „Wo immer wir wollen", antwortet die Kellnerin ungerührt.

„Treffen wir uns auf Zigaretten und Brandy in unserem Café, wir treffen uns dort und reden über alles ..." Kratzgeräusche verraten, dass Slavko den Weg zu seinem alten Plattenspieler hinter dem Tresen gefunden hat und nun dort wie in einem Koitalkrampf herumwirbelt und zuckt. Eine winzige Ballerina-Figur vollführt schwindelerregende Drehungen auf dem Plattenstift, während Slavkos wallende graumelierte Locken ihm in die schweißnasse Stirn fallen.

Wenn Sie es bis zu diesem Teil des Abends geschafft haben, erinnern Sie sich vielleicht noch an die sagenhafte Kalbshaxe; ebenso, wenn auch in einer beschwipsten, benebelten Wolke, an den fleischigen Geschmack und an den nach Brühe; an das Glänzen des Fetts und das Goldbraun knuspriger Haut, vermischt mit Szenen riesiger Töpfe, die in den Speiseraum gerollt werden, das Messer in

Aktion, als letzter großer Auftritt dieses Abends; Slavkos raue Stimme und die nostalgischen Melodien, an die Rauchschwaden, den Bratenduft, verschütteten Himbeerlikör und Schweiß und Zimt, die den Raum gefüllt haben.

War das alles eine Traumsequenz, eine Folge aus Twin Peaks, mit einem Auftritt von Bob im roten Zimmer, vermischt mit der Opulenz von Babettes Fest und der Perversität von Neuneinhalb Wochen? Eine brutale Unpässlichkeit am nächsten Morgen und der Nachgeschmack von Knoblauch bezeugen, dass es echt war. Oder etwa nicht?

Recipe
Andoni Luis Aduriz
...decadentia ...

Preliminary Note:

Extreme caution is required when handling Mannitol: Work carefully and well away from any sources of water or steam. Due to its specific properties, this sweetener (polyol) can cause severe burns.

Rezept
Andoni Luis Aduriz
...decadentia ...

Vorbemerkung:

Bei der Arbeit mit Mannitol ist äußerste Vorsicht geboten: Arbeiten Sie vorsichtig und fern von allen Wasser- oder Dampfquellen. Dieser Süßstoff (Polyol) kann aufgrund seiner Eigenschaften sehr schwere Verbrennungen verursachen.

THE SUGAR FORKS:

300 g Mannitol
30 g Isomalt
Fine sandpaper

Heat the Mannitol and Isomalt until they have fully melted, (from 169°C).
Gently grease the form with olive oil and seal it tight with clingfilm.
Fill the form with the sugar and allow to cool.
Remove the fork and smooth out any imperfections.

INFUSION OF SMOKED EEL:

400 g cream 35% fat
100 g smoked eel, cubed
200 g smoked eel skin
1.5 g Katsuobushi

Mix the ingredients in a cooking pot.
Heat to 90°C and take from the stove.
Cover and allow to steep for two hours.
Strain and put to one side.

DIE ZUCKERGABELN:

300 g Mannitol
30 g Isomalt
Feines Schleifpapier

Mannitol und Isomalt erhitzen, bis sie vollständig geschmolzen sind (ab 169°C).
Die Form leicht mit Olivenöl einfetten und fest mit Frischhaltefolie verschließen.
Die Form mit dem Zucker füllen und abkühlen lassen.
Die Gabel herausnehmen und Unebenheiten abschleifen.

RÄUCHERAALAUFGUSS:

400 g Rahm 35% Fett
100 g geräucherter Aal in Würfeln
200 g geräucherte Aalhaut
1,5 g Katsuobushi

Die Zutaten in einem Kochtopf zusammengeben.
Auf 90°C erhitzen und vom Herd nehmen.
Abdecken und 2 Stunden ziehen lassen.
Abseihen und beiseitestellen.

SMOKED EEL MOUSSE:

400 g infusion of smoked eel
40 g pasteurized egg whit

Gently beat the egg white with an egg whisk.
Add the very cold infusion of smoked eel and mix thoroughly.
Place the mixture in a siphon and fill this with NO2.
Store in a cold place for at least 10 minutes before use.

STRIPS OF SMOKED EEL:

Smoked eel meat

Process the smoked eel meat into strips (allow for three strips per person).

MOUSSE VOM GERÄUCHERTEN AAL:

400 g Aufguss mit geräuchertem Aal
40 g pasteurisiertes Eiklar

Das Eiklar sehr sanft mit einem Schneebesen schlagen.
Den sehr kalten Räucheraalaufguss hinzugeben und gut vermischen.
Das Gemisch in einen Siphon geben und diesen mit NO2 beladen.
Vor der Verwendung mindestens 10 Minuten gekühlt aufbewahren.

RÄUCHERAALSTREIFEN:

Geräuchertes Aalfleisch

Das geräucherte Aalfleisch zu Streifen verarbeiten (pro Person 3 Streifen vorsehen).

Andoni Luis Aduriz

To Taste or Not To Taste ...

Andoni Luis Aduriz

Schmecken oder nicht schmecken ...

According to the empirical aesthetic, the notion of taste is related to the singular ability to appreciate beauty, wherever it is found. In other words, good taste suggests that it should be possible to differentiate between the beautiful, the sublime, the proper, and the pure, on the one hand, and the repulsive, the mediocre, the inferior – and, of course, the ugly – on the other.

But can taste have a universal character? Experts fail to agree whether this is a question of having a specific "ability" or not, although a sense of taste is certainly recognized as something that is potentially – and exclusively – available to all humans, even if some choose not to develop it.

Taste is a reaction to the sensations, sensibilities, feelings, and emotions that a specific stimulus triggers in humans, whether this is on the skin or in the stomach. And yet, we often see such questions being anchored in entelechies, in absolute truths; and, given the way in which the good and the beautiful are often considered as equals, this can even lead to moral judgments and decisions on points of principle being based on the idea that there is a difference between the correct and the reasonable, between the beautiful and the horrific. And, of course, between the tasty and the unappetizing, the sublime and the everyday.

Nach der empirischen Ästhetik hat Geschmack mit der seltsamen Fähigkeit zu tun, Schönheit dort wahrzunehmen, wo sie zu finden ist. Guter Geschmack würde also bedeuten, zwischen dem zu unterscheiden, was schön, erhaben, angemessen und rein ist, und dem, was im Gegensatz dazu abscheulich, mittelmäßig und minderwertig ist. Oder hässlich, natürlich.

Aber kann Geschmack einen universellen Charakter haben? Die Experten und Expertinnen werden sich nicht einig, ob es sich um eine spezifische „Fähigkeit" handelt oder nicht, obwohl sie sicherlich als eine exklusive Möglichkeit der menschlichen Natur akzeptiert wird, die der Einzelne jedoch nicht immer entwickelt.

Geschmack reagiert auf die Wahrnehmungen, Empfindungen, Gefühle und Emotionen, die ein bestimmter Reiz im Menschen auslöst, sei es auf der Haut oder im Bauch. Und doch sehen wir oft, wie diese Frage in Entelechien, in absoluten Wahrheiten verankert wird; oder sogar, wie das Gute und das Schöne so oft als gleichwertig betrachtet werden, was dazu führt, dass Urteile über Tugendhaftigkeit und Moral gefällt werden, die sich um die Idee der Unterscheidung zwischen dem Richtigen und dem Angemessenen, dem Schönen und dem

Joseph Addison proposed that taste is a pleasure of the imagination. The English scholar described taste in his day as an ability to feel pleasure in beauty and displeasure in imperfection and he regarded the impressions triggered by taste as immediate. He also defined the three qualities that taste is particularly able to capture – and that, as a result, enable the imagination to experience this feeling of pleasure: beauty, sublimeness, and novelty. It's as simple as that.

Those who deviate from the norm, who think otherwise, are excluded from the realm of harmony and perfection in such a way that the enjoyment of something that doesn't "belong", the praising of something that doesn't fit, is regarded as "deception", delusion, heresy, sacrilege, or, even if none of the above, then at least an example of "bad taste". Succumbing to impropriety is unsettling or even reprehensible, however magnificent the aesthetic object of one's desire may be. Principally, because the notion of taste has an indispensably sobering component, a social context that is derived from the consensus amongst a certain establishment regarding the "dos and don'ts".

Having said this, in his book *The History of Beauty*, Umberto Eco emphasizes that the perception of beauty has always depended upon the historical period and its society. It's difficult to establish

Erschreckenden ranken. Und natürlich dem Köstlichen und dem Widerlichen, dem Erhabenen und dem Alltäglichen.

Joseph Addison zufolge ist Geschmack ein Vergnügen der Phantasie. Der englische Denker beschrieb ihn zu seiner Zeit als eine Fähigkeit, die Schönheit mit Vergnügen und Unvollkommenheiten mit Abscheu empfindet, und betrachtete die Eindrücke des Geschmacks als unmittelbar. Er stellte auch die drei Qualitäten fest, die der Geschmack besonders zu erfassen vermag – und die daher die Freuden der Phantasie ermöglichen: Schönheit, Erhabenheit und Einzigartigkeit. Einfach so.

Die Abweichung von der vorherrschenden Norm schließt jedoch Andersdenkende aus dem Rahmen der Harmonie und der Vollkommenheit aus, sodass das Genießen von etwas, was nicht „dazugehört", das Anpreisen von etwas, was nicht entspricht, als „Betrug", Verirrung, Ketzerei, Sakrileg oder in Ermangelung dessen als etwas von „schlechtem Geschmack" angesehen wird. Dem Ungebührlichen zu erliegen, ist verstörend oder sogar verwerflich, wie großartig das ästhetische Objekt unseres Verlangens auch sein mag. Im Wesentlichen deshalb, weil der Begriff des Geschmacks eine unverzichtbare ernüchternde Komponente hat, ein soziales Umfeld, das mit der Zustimmung eines bestimmten

uniform and common rules for everything due to the fact that we don't all enjoy the same objects, images, or works. This difficulty is even more pronounced in the culinary field because, firstly, the food of every period is subject to different sets of rules regarding how one should behave in matters of taste. And, secondly, decisions regarding what can be eaten and what not are determined by culture and customs, not to mention the many variables that are related to the genetic background, the senses, and even the memory of every individual.

We don't all react to the stimuli that we receive via our senses in the same way. Something that you find spicy may come across to me as bland; there are people in Peru who are delighted when served a dish containing Guinea pig, whereas, in the Basque Country, there are others who find the very idea of eating a rodent absolutely repulsive.

Something that is considered a delicacy in one place can be regarded as nauseating in another. In point of fact, there are many places in which dogs, as well as rabbits and even pigs, have already achieved the status of pets. There is a very real connection between rising standards of living and a change in our relationship with what is – or was – considered edible. The higher the income, the greater the scruples, as demonstrated by the refusal of

Establishments zu den „Dos und Don'ts" verbunden ist.

In seinem Buch *Die Geschichte der Schönheit* betont Umberto Eco jedoch, dass die Betrachtung des Schönen von den Epochen und den Gesellschaften abhängt. Es ist schwierig, einheitliche und gemeinsame Regeln für alle aufzustellen, da wir nicht alle an denselben Objekten, Darstellungen oder Werken Gefallen finden. Diese Ansicht wird noch beschleunigt, wenn es um die Ernährung geht, weil sie einerseits einer Reihe von Anweisungen unterworfen war, die angaben, wie man sich in Bezug auf den Geschmack der jeweiligen Zeit zu verhalten hatte. Andererseits wird die Entscheidung, was gegessen werden kann und was nicht, von der Kultur und den Gewohnheiten bestimmt, ohne dabei die Variablen zu vergessen, die mit der Genetik, den Sinnesempfindungen und sogar dem Gedächtnis jedes Einzelnen zusammenhängen.

Wir verarbeiten die Reize, die wir über unsere Sinne aufnehmen, nicht alle auf dieselbe Weise. Was Sie als würzig empfinden, erscheint mir vielleicht als fade; bei einem Gericht mit Meerschweinchen wird es in Peru Menschen geben, die sich daran erfreuen, im Baskenland aber dafür solche, die die bloße Idee, ein Nagetier zu verspeisen, als verabscheuungswürdig empfinden.

certain consumers to eat certain parts of animals. One example of this is the innards that expose the recipe book's attempts to find ways of satisfying our hunger. The byproducts of the slaughtering process: the liver, brain, blood, tripe, which are slowly closing the gap between simple recipes and the sort of dishes that are coveted by gourmets who are constantly on the lookout for new experiences.

What determines whether we find something bland? How can it be that blue cheese, stockfish, or Iberian ham can have a salty taste and be much loved, whereas a dish that we just happen to try that has more-or-less the same flavor appears to be "over-salted"? How can it be that black pudding, which is primarily made with animal blood, can come across to us as wonderful and tasty but that the same doesn't apply to a mouthful of kidney from the same pig, from which the black pudding was made? Before the mirror of our memories, hardly anything can compare with a dish that we taste that reminds us of grandmother's stew. Not, however, the stew of any old grandmother: our grandmother!

Can a restaurant create something that always works? Is a menu capable of being liked every time and by everyone? From which perspective? Is it even possible to establish a consensus between our taste and the taste of

Was an einem Ort als Delikatesse gilt, kann an einem anderen Ort als ekelerregend empfunden werden. In der Tat haben Hunde, wie auch Kaninchen und sogar Schweine, vielerorts bereits den Status von Haustieren erlangt. Der Zusammenhang zwischen steigendem Lebensstandard und einem veränderten Verhältnis zu dem, was Lebensmittel sind oder waren, ist eine Realität. Je höher das Einkommen, desto größer die Skrupel, was sich in der Ablehnung bestimmter Teile von Tieren durch einige Konsumenten und Konsumentinnen zeigt. Ein Beispiel dafür sind jene Innereien, die das Rezeptbuch in ihrem Versuch entblößen, dem Hunger ein Schnippchen zu schlagen. Schlachtnebenerzeugnisse, Leber, Hirn, Blut, Kutteln, die langsam die Kluft zwischen einfachen Rezepten und solchen Gerichten überbrücken, die von der Gunst der Feinschmecker auf der Suche nach immer neuen Erfahrungen begehrt werden.

Was bestimmt, ob wir etwas als fade empfinden? Wie kommt es, dass Blauschimmelkäse, Stockfisch oder iberischer Schinken eine salzige Note haben können und geschätzt werden, aber ein Gericht, das wir zufällig mit der gleichen Geschmacksnote probieren, uns „versalzen" erscheint? Wie kommt es, dass eine Blutwurst, die im Wesentlichen aus Tierblut hergestellt wird, uns schön und köstlich erscheinen kann, aber nicht ein

those charged with trying the dishes that will be placed before us?

There are occasions on which the predictable, the obvious, the infallible, or that which is considered to be "good taste", can be just as unpalatable to us as the notion of a voyeur on a topless beach. This is why, whenever possible, we use question marks: What if ...? What would happen with ...?

At Mugaritz, we investigate such matters and open up alternative paths for palates that, refusing to be satisfied with certainties, prefer to ask questions or simply celebrate the fact that they're able to decide for themselves what they like and what they don't (despite knowing full well, of course, that each guest takes their place at the table with a suitcase full of preconceptions and expectations), as well as being prepared to actively participate in all that happens during their visit.

For many years, we have been composing variations on easily available yet "sacred" subjects such as glass eels. We see these not as mere ingredients but as a trigger, as a means of presenting ideas. On one occasion, we included a dish on our menu that we called "Consommé origen": A small bowl was placed on the table, in which two glass eels swam amidst basil seeds. Yes, the glass eels arrived at the table alive.

Bissen der Niere desselben Schweins, von dem die Blutwurst gewonnen wurde? Vor den Spiegeln der Erinnerung hingegen wird kaum etwas so genussvoll sein wie das, was wir kosten und uns an Großmutters Eintöpfe erinnert. Aber nicht irgendeiner Großmutter: unserer Großmutter!

Kann ein Restaurant etwas aufbauen, das dauerhaft funktioniert? Ist ein Menü in der Lage, immer und von jedem gemocht zu werden? Aus welcher Perspektive? Liegt es überhaupt in unserer Reichweite, dass es eine Übereinstimmung zwischen unserem Geschmack und dem derjenigen gibt, die das von uns Vorgesetzte verkosten?

Das Vorhersehbare, das Offensichtliche, das Unfehlbare oder das, was als „guter Geschmack" gilt, ist für uns manchmal so ungenießbar wie die Vorstellung eines Voyeurs an einem Nacktbadestrand. Deshalb setzen wir, wann immer wir können, Fragezeichen: Was wäre, wenn ...? Was würde passieren mit ...?

Im Mugaritz gehen wir diesen Fragen nach und öffnen alternative Wege für Gaumen, die sich nicht mit Gewissheiten zufriedengeben, sondern sich gerne Fragen stellen oder einfach die Tatsache feiern, selbst entscheiden zu können, was ihnen gefällt und was nicht (wohl wissend, dass sich jeder Gast mit

We wanted the guest to decide what they did with them: eat them or not? Essentially, this is exactly what we're expected to do when we eat oysters, but we generally don't even consider such questions because we're used to eating things that others have killed, cut up, and prepared for us; and we're naturally used to the fact that we don't have to look straight into the eyes of the animals that we eat. In the case of our glass eels: They move, dive, and look straight into the eyes of those who want to eat them and this creates tension. The same doesn't occur when we eat a living mollusk that just happens to be in a state of rest.

There are some who react to such ideas by saying: "How tasteless!" And yet, for those who are prepared to give the matter some thought, there's something here that's as wonderful as life itself. And one also has to admit that serving such a dish was a delicate challenge: We only serve it very rarely.

On one occasion, we wanted to place an idea about the subject of mustiness on the table. Since 2015, we've been asking ourselves how we can humorously embody this term in both sensory and conceptual ways, given the fact that it's a dynamic term, about which it's difficult to find a clear consensus. Can musty also mean beautiful? It's true that one often associates "musty" with something that's

einem Koffer voller Vorurteile und Erwartungen an den Tisch setzt); und aktiv an dem teilnehmen, was während ihres Besuchs passiert.

Seit Jahren komponieren wir Variationen zu nahestehenden und „heiligen" Themen, wie z. B. den Glasaalen. Wir sehen sie nicht lediglich als Zutat, sondern als Auslöser, als Mittel zur Darstellung von Ideen. Bei einer Gelegenheit haben wir auf unserer Speisekarte ein Gericht namens „Consommé origen" vorgestellt: In einer kleinen Schale kamen zwei Glasaale auf den Tisch, die inmitten von Basilikumsamen schwammen. Ja, die Glasaale kamen lebendig auf den Tisch. Wir wollten, dass der Gast entscheidet, was er mit ihnen macht: essen oder nicht essen? Das ist im Grunde nichts anderes als das, was der Verzehr von Austern von uns verlangt, aber wir denken nicht einmal darüber nach, da wir daran gewöhnt sind Dinge zu essen, die andere für uns getötet, geschlachtet und zubereitet haben; und natürlich sind wir daran gewöhnt, den Tieren, die wir essen, nicht direkt in die Augen zu sehen. Im Falle unserer Glasaale: Sie bewegen sich, springen und schauen den Anderen, der sie essen will, direkt an, was zu Spannungen führt. Beim Ruhezustand einer lebenden Muschel passiert dies nicht.

gone off or lost its power (and in Spanish we also use the term "musty" for people or immaterial things when we think that they're outmoded or obsolete). However, the expression "musty" is also associated in Spanish with the positive effect that time can have when it, for example, permits a wine such as Oloroso or Palo Cortado to improve through oxidation. Our extensive internal work led to a roasted soup made from "musty" wine, on top of which we placed a marshmallow in the form of Bibendum (the character, whom the cartoonist O'Galop created for the Michelin tire brand and who now shares his name with the guide book and the culinary star). The significance of this white, rubbery figure, who has legitimized the prestige enjoyed by the best-known restaurants for decades, is, once again, up to the individual. More than one guest at the table beheaded their Michelin Man with their spoon. Not bad, wouldn't you say?

On another occasion, we fermented a banana in its skin to such a point that it looked rotten (in fact, it was caramelized with shrimp paste). It was hardly inviting. More than one guest has been astonished by the results of such aggressive transformations, as is also the case when we serve fruit (pears, apples) that is thoroughly fermented, decomposed, and covered with mold.

Es wird einige geben, die angesichts einer solchen Idee sagen: „Wie geschmacklos!". Und doch liegt dahinter für diejenigen, die darüber nachdenken wollen, etwas so Schönes wie das Leben selbst, das sich durch Basilikumsamen schlängelt. Es muss auch gesagt werden, dass es eine heikle Herausforderung war, dieses Gericht zu servieren: Wir servieren es nur sehr selten.

Bei einer anderen Gelegenheit wollten wir eine Überlegung zum Thema Ranzigkeit auf den Tisch bringen. Seit 2015 fragen wir uns, wie wir diesen Begriff mit Humor sowohl sensorisch als auch konzeptionell verkörpern können, denn es handelt sich um einen dynamischen Begriff, über den es schwierig ist, einen klaren Konsens zu finden. Kann Ranzigkeit auch Schönheit bedeuten? Es stimmt, dass man mit „ranzig" manchmal etwas assoziiert, das verdorben ist oder seine Kraft verloren hat (wir verwenden im Spanischen den Ausdruck „ranzig" sogar für Menschen oder immaterielle Referenzen, wenn wir sie für altmodisch oder überholt halten). Der Ausdruck Ranzigkeit ist im Spanischen aber auch mit der positiven Auswirkung verbunden, die der Lauf der Zeit haben kann, wenn er zur Oxidation von Weinen wie dem Oloroso oder dem Palo Cortado führt. Die umfangreichen internen Arbeiten führten zu einer gerösteten Suppe aus „ranzigem" Wein, in der ein

"Is that good?", we are asked from time to time by surprised guests. "Isn't it tasteless?" We'd love to believe that there are regions on the border between the known and the unknown that are still waiting to be discovered. And that these regions are occupied by not only the sensory organs of those who chew but also the curiosity and fantasy of those who explore new regions with their teeth. "There's no accounting for taste," as the saying goes. An agreement about such dynamic definitions is probably as likely as an agreement in any European Parliament.

Sometimes it's worth seeing how other disciplines approach such dilemmas. We know, for example, that anything (or even nothing) can be an artistic subject nowadays (especially in the field of contemporary art). The most important role played by art is its contribution to the notional and symbolic organization of our society, and it is for this reason that the idea or the concept behind a work can be just as important as its material appearance. Can this logic be transferred to the kitchen? We ask ourselves this question every day, not abstractly but, rather, very concretely, every time that we share forms of expression with our public, in which we combine ingredients, techniques, concepts, and processes on the basis of our own language. Whether they like the taste of it or not.

Marshmallow in Form von Bibendum schwamm (die Figur, die der Karikaturist O'Galop für die Reifenmarke Michelin entwarf, und die heute den Reiseführer und Sterne gleichen Namens kennzeichnet). Die Bedeutung, die der Gast der weißen, gummiartigen Figur beimisst, die seit Jahren das Prestige der renommiertesten Restaurants legitimiert, hängt wieder einmal von jedem Einzelnen ab. Am Tisch hat nicht nur ein Gast sein Michelin-Männchen mit dem Löffel geköpft. Schön, nicht wahr?

Bei einer anderen Gelegenheit haben wir eine Banane mit ihrer Schale so weit fermentiert, dass sie faulig aussah (sie wurde mit Garnelenpaste karamellisiert). Für das Auge war es kaum ansprechend. Mehr als ein Gast hat große Augen gemacht angesichts des Ergebnisses einer solch aggressiven Verwandlung, wie es auch der Fall ist, wenn wir Obst (Birnen, Äpfel) servieren, das bis zur letzten Konsequenz vergoren, zersetzt und voller Schimmel ist.

„Ist das gut?", fragen uns manche überraschten Gäste bisweilen. „Ist das nicht geschmacklos?" Wir würden gerne glauben, dass es an der Grenze zwischen dem Bekannten und dem Unbekannten Räume gibt, die es zu erobern gilt. Und dass an dieser Grenze sich nicht nur das Geschmacksorgan derjenigen, die kauen, niederlässt, sondern auch

die Neugier und die Phantasie derjenigen, die mit ihren Zähnen neue Gebiete erkunden. „Über Geschmack lässt sich nicht streiten", wie es so schön heißt. Eine Einigung über solche dynamischen Begriffe wird wahrscheinlich ebenso schwierig sein wie eine Einigung in jedem europäischen Parlament.

Manchmal hilft es sich anzuschauen, welche Erfahrungen andere Disziplinen angesichts solcher Dilemmata machen. Wir wissen zum Beispiel, dass der Gegenstand der Kunst (insbesondere der zeitgenössischen Kunst) heutzutage jeder oder sogar keiner sein kann. Die Kunst spielt ihre größte Rolle in der imaginären und symbolischen Ordnung unserer Gesellschaften, und aus diesem Grund kann die Idee oder das Konzept hinter einem Werk genauso wichtig sein wie seine materielle Darstellung. Kann diese Logik auf die Küche übertragen werden? Wir stellen uns diese Frage jeden Tag, nicht so sehr abstrakt, sondern ganz konkret jedes Mal, wenn wir mit unserem Publikum Ausdrucksformen teilen, in denen wir Zutaten, Techniken, Konzepte und Prozesse auf der Grundlage einer eigenen Sprache kombinieren. Ob es ihnen schmeckt oder nicht.

Recipe
Corey Lee
Title: Rabbit Head Name: CL Date: 9.25

cover rabbit head with cold water and bring just to the boil. rinse well. braise in:
40 g oil
250 g chopped onion
50 g crushed garlic
25 g sliced ginger sweat

add:
250 g chunjang paste
60 g doubanjiang
sauté and bring to hot, being careful not to scorch

add:
100 g distilled vinegar and allow to boil and deglaze

add:
2 L water
150 g sugar
50 g tamari
2 g xanthan

bring to boil and simmer for 15 min. cover rabbit head with liquid and bring to boil. cover and braise in 375-degree oven for 1 hour. take head out. reduce some cuisson by ~half. baste and bake head in oven on a rack for a couple of minutes to glaze. be careful not to burn!!! allow to cool to room temp. split in half being careful to split brain exactly in half. remove entire jaw/teeth and any small bones. cut any sharp bones. cool. dust in KFC dredge, dip in KFC batter and dust in KFC dredge with pebbles made from dredge and batter. fry for ~45 sec to set at 325 degrees. freeze with tangsuyuk. fry from frozen for 3 minutes and finish in oven on drain pan for 2 minutes. adjusted sichuan powder on both sides. green onion powder then paprika on presentation side.

Rezept
Corey Lee
Titel: Kaninchenkopf Name: CL Datum: 9.25

Den Kaninchenkopf mit kaltem Wasser bedecken und kurz zum Kochen bringen. Gründlich ausspülen.
Anbraten in:
40 g Öl
250 g gewürfelten Zwiebeln
50 g zerstoßenem Knoblauch
25 g Ingwerscheiben

Hinzufügen:
250 g Chunjang-Paste
60 g Doubanjiang-Paste
Kurz und vorsichtig heiß anbraten, nicht verbrennen.

Hinzufügen:
100 g Branntweinessig
Aufkochen lassen und ablöschen.

Hinzufügen:
2 L Wasser
150 g Zucker
50 g Tamari
2 g Xanthan

Zum Kochen bringen und 15 Minuten simmern lassen. Den Kopf mit der Flüssigkeit bedecken und zum Kochen bringen. Zudecken und bei 190°C eine Stunde im Ofen schmoren lassen. Den Kopf herausnehmen. Den Fleischsaft auf die Hälfte reduzieren. Den Kopf damit beträufeln und einige Minuten auf einem Ofenrost backen, bis er Glasur angenommen hat. Vorsicht, nicht anbrennen lassen! Auf Raumtemperatur herunterkühlen. Ausgehend vom Gehirn den Kopf exakt in zwei Hälften teilen. Kiefer, Zähne und alle kleinen und scharfen Knochen vollständig entfernen. Auskühlen lassen. Mit Panade im Kentucky-Fried-Stil bestäuben, in Kentucky-Fried-Teig tauchen und nochmals in der Panade und Krümeln aus Panade und Teig wenden. Bei 160°C ca. 45 Sekunden frittieren. Mit Tangsuyuk-Sauce einfrieren. Gefroren für 3 Minuten frittieren und im Ofen in einer Auffangwanne 2 Minuten fertig garen. Auf beiden Seiten gemahlenen Sichuan-Pfeffer hinzufügen. Auf der Präsentationsseite Pulver von Frühlingszwiebeln und Paprika ergänzen.

Chris Ying

Corey Lee has created some of the world's most innovative, technically sound, wildly artistic, and delicious restaurants on Earth. His Michelin three-star flagship *Benu* effortlessly weaves deeply Asian flavors, textures, and techniques together with Western dining sensibilities. *Monsieur Benjamin*, a neighborhood French bistro, is a balm for the beleaguered San Francisco soul. His latest venture, *San Ho Won*, upends the entire genre of Korean barbecue. And for the past five years, his team has run *In Situ*, on the first floor of the San Francisco Museum of Modern Art, a restaurant with a deceptively simple concept: collaborate with world's most influential chefs to recreate their iconic dishes in one dining room. For the duration of its existence, it was a gallery of modern gastronomy that very few people would have had the confidence or ability to assemble. Corey and I caught up in December 2021.

Chris Ying

Corey Lee hat einige der weltweit innovativsten Restaurants auf diesem Planeten erschaffen: auf fachlich einwandfreiem Niveau, absolut kreativ und köstlich. Sein mit drei Michelin-Sternen ausgezeichnetes Flaggschiff *Benu* verwebt mühelos intensive asiatische Aromen, Texturen und Techniken mit den Empfindsamkeiten westlicher Esskultur. Das französische Stadtteil-Bistro *Monsieur Benjamin* ist Balsam für die geplagte Seele der San Franciscoaner. Mit dem jüngsten Projekt, *San Ho Won*, stellt er das gesamte Genre koreanischer Grillkunst auf den Kopf. Und in den vergangenen fünf Jahren hat er in dem von seinem Team geleiteten Restaurant *In Situ* im ersten Stock des San Francisco Museum of Modern Art ein täuschend einfaches Konzept in die Tat umgesetzt: Die Zusammenarbeit mit den einflussreichsten Chefköchen der Welt, um ihre ikonischen Gerichte an einem Ort nachzukochen. Für die Dauer seiner Existenz war es eine Galerie für moderne Gastronomie, die sich nur wenige Leute zugetraut bzw. überhaupt die Fähigkeit gehabt hätten, sie zusammenzustellen.

Chris Ying:
How are you doing? How's the new spot going? Are you guys just slammed all the time?

Corey Lee:
Yeah, it's a ton of work. We've only been open six weeks, so it's still in its infancy. And every day, we're trying to figure out a better, more efficient way of operating. And so we're in that mode, but it's been good. I'm happy with the product, but it's just overwhelming. Opening a restaurant right now is just… It's not easy.

Chris Ying:
And you guys are able to do everything you want to do on the menu, or are you still feeling like—

Corey Lee:
On the menu, yeah. But just volume-wise, we can't do what we want to do, because people are going to fall over if we push it further.

Chris Ying:
And on the other side of the coin, your term recently ended with *In Situ* at the SF MoMA. How long was that run?

Corey Lee:
We signed up for a five-year term. The museum and I decide to start out with five years and see how that went. Unfortunately, the last year and a quarter it was closed because of the pandemic, so when the fifth year expired,

Chris Ying:
Wie geht es Ihnen? Wie läuft es mit dem neuen Spot? Seid ihr die ganze Zeit sehr eingespannt?

Corey Lee:
Ja, es ist ein Haufen Arbeit. Wir haben erst seit sechs Wochen geöffnet, stecken also noch in den Kinderschuhen. Und jeden Tag versuchen wir einen besseren, effizienteren Weg einzuschlagen, um zu arbeiten. In diesem Modus befinden wir uns also gerade, aber es lief gut. Ich bin glücklich mit dem Ergebnis, es ist einfach überwältigend. Zu diesem Zeitpunkt ein Restaurant zu eröffnen ist … nicht einfach.

Chris Ying:
Könnt ihr auf der Karte alles so umsetzen, wie von euch beabsichtigt, oder fühlt ihr euch noch wie – ?

Corey Lee:
Auf der Karte, ja, schon. Aber gerade mengenmäßig können wir nicht alles so umsetzen, wie wir es wollen, weil uns die Leute sonst weglaufen, wenn wir weiter gehen.

Chris Ying:
Und auf der anderen Seite der Medaille, kürzlich endete Ihre Zeit mit *In Situ* im San Francisco Museum of Modern Art. Wie lange hat sie gedauert?

Corey Lee:
Wir haben für eine Laufzeit

it was like, Okay, is this the right time to do another five year term when there's so much uncertainty? I think that that concept, in some ways, made more sense than ever, but I didn't want to change what it was intended to be to meet the current times and make it somewhat gimmicky. I just want it to be a pure thing. And if it's short-lived, that's okay. I'm okay with that.

Chris Ying:
Did the idea for *In Situ* come first or did the relationship with the museum happen first?

Corey Lee:
For sure the relationship with the museum. No, it's not like I had this concept and I was shopping it around to museums.

Chris Ying:
You said that an idea like *In Situ* might be incredibly relevant to the current zeitgeist. I assume that's because so much right now is about, Can we have that thing over there? Can we have that here right now?

Corey Lee:
Yeah, exactly.

Chris Ying:
So what was the original, pure form of the concept?

Corey Lee:
Make food more accessible the way museums make art

von fünf Jahren unterschrieben. Das Museum und ich haben beschlossen, mit fünf Jahren zu beginnen und dann zu sehen, wie es läuft. Leider mussten wir in den letzten anderthalb Jahren wegen der Pandemie schließen. Als das fünfte Jahr also auslief, war die Unsicherheit, ob es der richtige Zeitpunkt ist, einen weiteren Fünfjahres-Vertrag abzuschließen, zu groß. Ich denke, dass das Konzept in gewisser Weise mehr denn je Sinn ergeben hat, aber ich wollte es nicht ändern, um den jetzigen Gegebenheiten gerecht zu werden und es zu einer Spielerei machen. Ich möchte, dass es eine reine Sache ist. Und wenn es nur kurzlebig ist, ist das für mich in Ordnung.

Chris Ying:
Was war zuerst da, die Idee für *In Situ* oder die Beziehung zum Museum?

Corey Lee:
Ganz klar die Beziehung zum Museum. Es ist nicht so, dass ich das Konzept gehabt hätte und damit dann in Museen hausieren gegangen wäre.

Chris Ying:
Sie haben erwähnt, dass eine Idee wie *In Situ* unglaublich relevant für den derzeitigen Zeitgeist sein kann. Ich nehme an deshalb, weil es gerade so viel darum geht. Können wir

accessible. You can look at pictures of art, but you have to be able to eat food to really appreciate it. People share images of food everywhere, but you don't really experience it the way it's supposed to be. And if we had an opportunity to bridge that void, I think that was the whole point of it. And I think that's the role great museums play in the world. It's taking things out of private collections that are very exclusive and sharing that work with more people.

Chris Ying:
Right, and a more crass or gimmicky version of that is like, You don't have to go anywhere. You can have the world brought to you!

Corey Lee:
Yeah, exactly. That's actually being done right now in a lot of ways. And that's probably due to the pandemic or whatever, but it's being done in a way that is probably different than how I thought about it. Maybe the actual mechanics of it are somewhat similar, but certainly not in its intention. *In Situ* was never intended to be some big commercial venture.

Chris Ying:
Whenever I've spoken to anybody about In Situ, I always say that I can't think of more than two or three chefs on the planet that could pull it

das Ding da drüben haben? Können wir es hier und jetzt haben?

Corey Lee:
Ja, genau.

Chris Ying:
Was war also die ursprüngliche, reine Form des Konzepts?

Corey Lee:
Essen auf eine Art und Weise allgemein zugänglich zu machen, wie es Museen sonst mit Kunst tun. Kunst erschließt sich durch das Betrachten von Bildern, aber ein Gericht muss gegessen werden, um es wirklich schätzen zu können. Die Leute teilen auf der ganzen Welt Bilder von ihrem Essen, sie machen dabei jedoch keine echte Erfahrung – so, wie es der Fall sein sollte. Und als sich die Gelegenheit bot, diese Lücke zu schließen, ergab das für mich Sinn. Und ich denke, diese Rolle nehmen herausragende Museen weltweit ein. Sie zeigen Kunstwerke aus exklusiven Privatsammlungen und machen sie einem breiteren Publikum zugänglich.

Chris Ying:
Also eine krassere oder spielerische Version von: Du musst nicht überall hin. Du kannst die Welt bei dir zu Hause haben!

off. Not just from a technical standpoint, but from an industry credibility and trust standpoint.

Corey Lee:
Well, it's interesting, because people have reached out to me in the past two years asking if they could take that concept. They could buy it, they could license it. And I'm just like, you guys have no idea what it takes to run that. I can't just give you the recipes and you place a help-wanted ad for a chef to go and operate it. It doesn't work that way.

Chris Ying:
What are the priorities for you when you're trying to replicate a dish, and do they differ from, say, a dish that you're putting on the menu at *Benu*?

Corey Lee:
Oh, for sure. There are so many different kinds of chefs out there. Some are just so exacting and so precise in what they want to deliver, so that would be the priority. And for other chefs, it was about conveying their story and they cared less about whether it tasted exactly the same. So the first step was identifying what kind of chef I'm working with and what their goal was in participating and what they want to share.

Chris Ying:
Where do you fall on the spectrum?

Corey Lee:
Ja, genau. Das passiert ja gerade in vielerlei Hinsicht. Wahrscheinlich wegen der Pandemie oder was auch immer, aber es passiert auf eine Weise, die sich wahrscheinlich von dem unterscheidet, wie ich es mir vorgestellt habe. Vielleicht ähneln sich die gegenwärtigen Mechanismen, aber sicher nicht in ihrer Absicht. *In Situ* war nie als großes kommerzielles Unternehmen gedacht.

Chris Ying:
Wenn ich mit jemandem über *In Situ* spreche, sage ich immer, dass ich mir nicht mehr als zwei oder drei Chefköche auf diesem Planeten vorstellen kann, die das hinbekämen. Nicht nur von einem technischen Standpunkt aus, sondern auch im Hinblick auf die Glaubwürdigkeit und das Vertrauen in die Branche.

Corey Lee:
Nun ja, das ist interessant, denn in den letzten zwei Jahren sind Leute zu mir gekommen und haben mich gefragt, ob sie dieses Konzept übernehmen könnten. Sie könnten es kaufen, sie könnten es lizenzieren. Ich denke mir nur: Ihr habt keine Ahnung, was es bedeutet, das aufzuziehen. Ich kann euch nicht einfach die Rezepte geben und ihr schaltet eine

Corey Lee:
I probably want it to be exact. I would probably give a really precise recipe that allows someone to be very technical about it. It's funny, I just went through the experience being on the other side of it. André Chiang is doing this thing at his restaurant where it's basically the same idea, but with a set menu. You get 10 dishes from these different chefs around the world, and he asked me for a recipe. And after doing *In Situ*, I can't really say no, so I sent him a recipe that's very, very technical. But even then, there's always some level of subjective interpretation, because I can't taste it. That's the difference. When we did it, they sent chefs to *In Situ* or we went to them in a lot of cases. You can't do that right now. The only way to vet whether the dish is accurate is by looking at it. But with André, you have confidence that he's a chef who can taste something and be like, that's good to serve.

Chris Ying:
So there's this famous Walter Benjamin essay, "The Work of Art in the Age of Mechanical Reproduction." Basically, he talks about how a piece of art is tied to its time and place and context. When you can replicate a piece of art via wood block or printing press

Stellenanzeige für einen Koch und lasst es laufen. So funktioniert das nicht.

Chris Ying:
Wo liegen für Sie die Prioritäten, wenn Sie ein Gericht kopieren, und unterscheiden sie sich von denen für ein Gericht, das Sie auf die Karte des *Benu* setzen?

Corey Lee:
Oh ja, ganz klar. Es gibt da draußen so viele unterschiedliche Arten von Chefköchen. Manche sind sehr exakt und präzise in dem, was sie abliefern wollen, dann wäre das die Priorität. Und anderen geht es mehr darum, ihre Geschichte zu erzählen, und es kümmert sie weniger, wie es genau schmeckt. Der erste Schritt war also herauszufinden, mit welcher Art von Chefkoch ich zusammenarbeite, was dieser Koch oder diese Köchin mit seiner oder ihrer Teilnahme beabsichtigt und was er oder sie weitergeben will.

Chris Ying:
Wo befinden Sie sich in diesem Spektrum?

Corey Lee:
Ich möchte es wahrscheinlich genau haben. Ich würde vermutlich ein sehr präzises Rezept beisteuern, dass es jemandem erlaubt, sehr technisch daran zu gehen. Das ist lustig, ich habe ja gerade die Erfahrung ge-

or whatever, it doesn't maintain the same aura. Were there situations at *In Situ* where you were like, You know what? Trying to do this dish out of the context of the restaurant doesn't make sense? Or were there chefs who said, "No, you can't eat this dish anywhere but in the foothills of the Alps," or whatever?

Corey Lee:
Surprisingly, not really. And I think it would be different if this was just a free-standing restaurant. But I think the fact that it was in a museum, it changed your perspective on things. I don't think we could have done a menu from, let's say, *Blue Hill Stone Barns*, and given them the same vibe of what it's like to eat the same exact dishes when you take a tour of the grounds and talk to some of the farmers there, or see some of the animals, and then you sit down for dinner. But I think to take one dish out of context and serve it in a museum, you can appreciate it, maybe not in the exact same way, but maybe even in a more analytical or thought-provoking way. Who knows? Because you're in that mindset. That's why you go to the museum. And I think that's the advantage of what we had, and being able to take things out of context and still let people appreciate a lot about what that dish was

macht, auf der anderen Seite zu stehen. André Chiang macht in seinem Restaurant etwas, das grundsätzlich die gleiche Idee ist, aber mit einem festen Menü. Man bekommt zehn Gerichte von zehn verschiedenen Chefköchen aus der ganzen Welt, und er hat mich nach einem Rezept gefragt. Und nach der Erfahrung mit *In Situ* kann ich nicht Nein sagen, also habe ich ihm ein technisch sehr aufwendiges Rezept geschickt. Aber selbst da gibt es immer einen Grad der subjektiven Interpretation, denn ich kann es ja nicht probieren. Das ist der Unterschied. Als wir das gemacht haben, schickten sie Köche ins *In Situ* oder wir sind in vielen Fällen zu ihnen gekommen. Das ist momentan nicht machbar.
Die einzige Möglichkeit zu überprüfen, ob das Gericht korrekt zubereitet wurde, ist, es zu sehen. Aber bei André habe ich das Vertrauen, dass er ein Koch ist, der probiert und entscheiden kann, ob man es servieren kann.

Chris Ying:
Es gibt diesen berühmten Essay von Walter Benjamin „Das Kunstwerk im Zeitalter seiner technischen Reproduzierbarkeit". Im Wesentlichen entwirft er darin eine Theorie von der Gebundenheit des Kunstwerks an seine

intended to be, because of the setting.

Chris Ying:
I thought about that when I was on the fourth floor of the museum, at the American Abstraction exhibit. There's a Sol LeWitt room where – I don't know if you've seen this – but there are these lines all over the walls, colored lines that are drawn in a very specific pattern. And I was like, How did they install this thing here? and then I realized the piece of art is not actually the lines on the wall. It's this sheet of instructions that says, "Draw lines like this on the wall."

Corey Lee:
Yeah, I think LeWitt is probably the best example of that kind of art. Does that diminish your potential enjoyment of it? I question that. And I think that's an old-fashioned way to look at it. Mediums have evolved. I think if people had access to film and recording 500 years ago, I don't think we'd have all these paintings. You've got to evolve with the times a little bit.

Chris Ying:
I think it's interesting that Walter Benjamin is implying that art is devalued when it's not the original, but in his introduction he also says that technology is always advancing and the craft of

Zeit, seinen Ort und seinen Kontext. Sobald ein Kunstwerk durch einen Druckstock, eine Druckerpresse oder was auch immer repliziert werden kann, verändert sich seine Aura. Gab es Situationen im *In Situ*, wo Sie gedacht haben, dass es keinen Sinn hat, dieses Gericht außerhalb seines Zusammenhangs mit einem bestimmten Restaurant zu reproduzieren? Oder gab es Köche, die gesagt haben, „Nein, dieses Gericht kann man nur in den Voralpen essen und nirgendwo sonst", oder so in der Art?

Corey Lee:
Überraschenderweise nicht wirklich. Und ich glaube, es wäre anders, wenn es ein unabhängiges Restaurant wäre. Aber die Tatsache, dass es in einem Museum lag, änderte die Sicht auf die Dinge. Ich kann mir nicht vorstellen, dass wir ein Menü aus dem, sagen wir, *Blue Hill Stone Barns* hätten machen können, und es uns gelungen wäre, damit die gleiche Stimmung zu transportieren, wie sie aufkommt, wenn man exakt die gleichen Gerichte nach einem Rundgang über das Gelände, einem Gespräch mit den Bauern oder nach der Begegnung mit den Tieren dort isst. Doch ich denke, man kann es genießen, ein Gericht aus seinem Kontext zu nehmen und es in einem Museum zu servieren –

making something beautiful has to advance with those changes.

Corey Lee:
That's absolutely true. But you look at, I don't know, etching in a cave. At some point, that had a similar intention as some of the paintings you see. And similarly, in today's time, there are all these different mediums you can use to convey ideas, entertain people, enlighten people, be provocative. I think it's the same purpose.

Chris Ying:
In cooking – maybe less nowadays than maybe 10, 15 years ago – the conversation has always revolved around credit. Who came up with what and which chef did this or that first. I thought another amazing thing about *In Situ* was that you had a menu where every single dish was credited to somebody else. Did credit factor into your thinking about the restaurant? Was it about reinforcing that idea of credit and giving credit where credit was due? Or was it about saying, "It doesn't matter."

Corey Lee:
Oh, no. I think it matters. And I think that was more about the selection of the chefs than the dishes themselves. Trying to find real original thinkers, or risk-takers, for the most part. I think that the list of

vielleicht nicht auf dieselbe Weise, aber möglicherweise sogar analytischer oder reflektierter. Wer weiß? Weil man sich gerade gedanklich in der Stimmung befindet. Deshalb geht man ja ins Museum. Und ich glaube, das war der Vorteil, den wir hatten: Deshalb konnten wir die Dinge aus ihrem Zusammenhang nehmen und den Leuten dennoch viel von dem vermitteln, was die Absicht aufgrund der Umgebung hinter einem bestimmten Gericht sein sollte.

Chris Ying:
Ich habe darüber nachgedacht, als ich im vierten Stock des Museums war, in der Ausstellung über Abstrakten Expressionismus. Es gibt dort einen Raum mit Sol LeWitts Werken – ich weiß nicht, ob Sie ihn gesehen haben –, wo kurvige Linien über die Wände laufen; bunte Linien, die in einem sehr spezifischen Muster gemalt sind. Und ich dachte mir: Wie haben sie dieses Ding hier installiert? Dann wurde mir klar, dass das Kunstwerk gerade nicht aus den Linien an der Wand besteht. Sondern in der Anweisung: „Zeichne die Linien so auf die Wand".

Corey Lee:
Ja, LeWitt ist wahrscheinlich das beste Beispiel für diese Art von Kunst. Hat es Ihre

participants – half of them I probably came up with in the first day – represents people who really affected the industry in a way that was new and original. And they were doing work that influenced a generation of chefs and the generation after without even knowing.

Chris Ying:
The idea of the restaurant as a whole then, was your intention for somebody to come to *In Situ* and have a cohesive meal in a traditional sense?

Corey Lee:
No, I didn't care. I don't think that matters. You go to the museum and you go to different exhibitions. I think the greater goal has to be aligned, but I don't think they have to relate to each other in a sense of style or theme. And sometimes people who came in looking for that, they're just like, oh, that's kind of strange. You know what I mean?

Chris Ying:
Well, that's the artiest thing about the restaurant. You basically said, "Oh, we're not here to feed you. We're not here to fill you up. We're here to provoke your mind and show you something. This isn't a place to get your nutritional fill for the day."

Corey Lee:
Yeah. And I think that was the greatest challenge for us,

Freude daran verringert? Ich bezweifle das. Und ich denke, dass es eine überholte Sichtweise auf die Dinge ist. Medien haben sich weiter entwickelt. Ich glaube, wenn die Menschen vor 500 Jahren Zugang zu Filmen und Aufnahmen gehabt hätten, hätte es all diese Gemälde niemals gegeben. Man muss ein wenig mit der Zeit gehen.

Chris Ying:
Es ist interessant, dass Walter Benjamin voraussetzt, dass Kunst entwertet wird, wenn es sich nicht um das Original handelt. Aber in seiner Einleitung sagt er ebenfalls, dass die Technologie immer voranschreitet und dass das Handwerk, etwas Schönes zu erschaffen, mit diesen Änderungen Schritt halten muss.

Corey Lee:
Unbedingt. Wenn man etwa Höhlenmalerei betrachtet: Irgendwann gab es die gleichen Absichten wie bei einigen der Gemälde, die Sie gesehen haben. Und heute ist es ähnlich, es gibt all diese verschiedenen Medien, die man benutzen kann, um Ideen auszudrücken, Menschen zu unterhalten, aufzuklären oder zu provozieren. Ich denke, das erfüllt den gleichen Zweck.

Chris Ying:
In der Kochszene, heute vielleicht weniger als vor

actually. Very few people can truly, truly appreciate that. A lot of people can enjoy it, but they might not understand what's happening. And then there are other people who are very vocal about saying, "You can't have a cohesive meal here." You know what I mean?

Chris Ying:
Right. But you're always going to have people who walk into a museum and say, "What is this? My four-year-old could draw this." That's the same kind of attitude, I think.

Corey Lee:
Yeah, I guess so. It's weird, because I think when it comes to art, seeing a painting or even some kind of electronic installation, you don't need that in your life. You don't experience that every day. And if you're making the decision to go out of your way and allocate time to experience that, you're giving it some benefit of the doubt that it is art and it's worthy of viewing. Whereas food, you're eating food every day. So it's so easy for people to compare that to what they had for lunch.

Chris Ying:
I think that the video installation is a perfect analogy, because you don't visit an electronic installation expecting, "Well, this is going to be like watching a Friends rerun."

10 oder 15 Jahren, dreht sich alles um die Anerkennung. Wer hat sich was einfallen lassen und welcher Koch hat dies oder das zuerst gemacht. Ich fand, eine weitere erstaunliche Sache am *In Situ* war, dass es ein Menü gab, in dem jedes einzelne Gericht jemand anderem zugeschrieben wurde. Ging es darum, die Vorstellung von Anerkennung und „Ehre wem Ehre gebührt" zu verstärken? Oder war es so gemeint, dass sie keine Rolle spielt?

Corey Lee:
Oh, nein. Sie ist wichtig. Und ich glaube, es ging mehr um die Auswahl der Köche als um die Gerichte selbst. Darum, wirklich originelle Denker und Denkerinnen zu finden, die auch Risiken eingehen. Ich denke, die Liste der Teilnehmer und Teilnehmerinnen, die Hälfte davon, ist mir wahrscheinlich am ersten Tag eingefallen. Sie repräsentiert Menschen, die die Branche auf eine neue und originelle Weise beeinflusst haben. Und sie haben Werke erschaffen, die wiederum eine Generation von Köchen beeinflussten, und sogar die nächsten, ohne es überhaupt zu wissen.

Chris Ying:
Bestand die Idee dann darin, dass im *In Situ* ein im traditionellen Sinn zusammenhängendes Menü eingenommen werden sollte?

Corey Lee:
Nein, das war mir egal. Es spielt, glaube ich, keine Rolle. Man geht ins Museum und sieht sich verschiedene Ausstellungen an. Es muss auf ein übergeordnetes Ziel hinauslaufen, aber die Gänge müssen sich nicht im Stil oder Thema miteinander verbinden. Manchmal haben Leute, die genau danach Ausschau gehalten haben, überrascht und neugierig reagiert: „Oh, das ist aber schräg!" Wissen Sie, was ich meine?

Chris Ying:
Nun, das ist die künstlerische Seite des Restaurants. Du hast praktisch gesagt: „Hör mal, wir sind nicht hier, um dich zu ernähren. Wir machen das nicht, um dich satt zu kriegen. Wir sind angetreten, um deinen Geist zu provozieren und dir etwas zu zeigen. Hier ist nicht der Ort, um deine tägliche Nahrungszufuhr zu bedienen."

Corey Lee:
Genau. Und das war für uns eigentlich die größte Herausforderung. Sehr wenige Leute sind sich dessen wirklich bewusst. Viele können es genießen, aber sie verstehen nicht, was vor sich geht. Und dann gibt es noch solche, die sehr deutlich betonen, dass wir kein aufeinander abgestimmtes Menü anbieten.

Chris Ying:
Stimmt. Aber es gibt immer Leute, die in ein Museum gehen und sagen: „Was soll das? Mein vierjähriger Sohn kann sowas zeichnen." Das ist die gleiche Einstellung, denke ich.

Corey Lee:
Ja, vermutlich. Es ist seltsam, denn wenn es um Kunst geht, ein Gemälde oder selbst eine elektronische Installation, ist das nicht lebenswichtig. Man erlebt sie nicht jeden Tag. Und wenn man sich dazu entscheidet, einen Umweg zu machen, und sich Zeit für dieses Erlebnis zu nehmen, gibt man der Kunst im Vertrauen darauf, dass es wert ist sie anzuschauen, einen Vorschuss. Essen hingegen wird jeden Tag konsumiert. Es ist also naheliegend für die Leute, unsere Menüs mit dem zu vergleichen, was sie zum Mittagessen hatten.

Chris Ying:
Ich finde, die Videoinstallation ist eine perfekte Analogie, denn man sucht keine elektronische Kunst in der Erwartung auf: „Naja, das wird sich so wie eine Wiederholung von ‚Friends' anschauen."

Recipe
Andrea Petrini
Giuliano Baldessari's Tribute to Tinto Brass

When in season, choose a few, extremely fresh and still green ears of corn.

Delicately pick with your fingers, or tweezers, and shave its outside "hair" at the top. Reserve this so-called "corn silk".

Gather all the ingredients.
For four persons you will need:

6 g of lyophilized beer yeast powder
8 g of squid ink
2 g of fresh ginger root juice
Soya sauce, to taste

A pinch of grated Parmigiano (to suggest that typical lactic flavor so closely associated with intimate body zones)

1 g of garlic-infused extra virgin olive oil
2 g of extra virgin olive oil

Carefully mix all the ingredients and serve with 250 g of corn ears' "Angel Hair".

Rezept
Andrea Petrini
Giuliano Baldessaris Tribut an Tinto Brass

Andrea Petrini

Under his Skin: Introducing Latex Chef

To advance masked, to retreat naked.
(Anonymous Chinese)

Unter seiner Haut: Einführung des Latex-Kochs

Maskiert vorrücken, nackt den Rückzug antreten.
(Chinesisches Sprichwort)

Our kind of "O Fantasma". A fantasy, a collector's dream. To renew on the site with a well-macerated vision that has been hunting us for up to 8,030 nights. Eyes wide open, and not just us, but millions and billions of us, we are many, silent witnesses of the last sequence of a first long feature film, Joao Pedro Rodriguez's "O Fantasma" indeed. A body, Sergio's, a young garbage collector, all clad in black leather, crawling cat-like upon heaps, tons of almost mountain-shaped trash, on the Lisbon outskirts. A no mad's land, an (in)sane lad – a man on his own, the outbreak of a landscape inside his head. Sneaky sneaky, squatted down, jumping and kneeling on his feet among the rubbish, a tiger clothed in rubber goes on its way, blurring the mental landscape, half dungeon-freed wild animal, half silent movie heroine, roughly stylished Irma Vep. Whoever he is in our wildest daydreams, it's written in the stars, in the dimmed bright lights of the far away city in the darkness, we part ways for now, but one day for sure we'll catch up again.

Twenty years later, here he is. Down there, standing still, minding his own little business, from across the dining room, there! there! just behind the kitchen counter. A tall, slim, eerie dead-mute silhouette, all clad in rubber from tip to toe, three little holes, one for the mouth + two for the eyes,

Unsere Art von „O Fantasma". Eine Fantasie, ein Sammlertraum. Mit weit geöffneten Augen, und nicht nur wir, sondern Millionen und Milliarden von uns, sind wir viele, stumme Zeugen der letzten Sequenz des ersten Kinospielfilms von João Pedro Rodrigues: „O Fantasma". Ein Körper – der von Sergio, einem jungen Müllmann – robbt katzenhaft ganz in schwarzes Leder gekleidet auf Halden, auf Tonnen fast bergförmigen Abfalls in den Vororten Lissabons. Ein Nomadland, ein (un)zurechnungsfähiger Junge – ein auf sich allein gestellter Mann, der Ausbruch einer Landschaft in seinem Kopf. Schleichend, hockend, hüpfend und zwischen dem Müll auf den Füßen kniend zieht ein in Gummi gekleideter Tiger seine Bahnen, verwischt die mentale Landschaft, halb aus dem Kerker befreites wildes Tier, halb grob stilisierte Stummfilmheldin à la Irma Vep. Wer auch immer er in unseren wildesten Tagträumen ist, es bleibt in den Sternen geschrieben, in den gedämpften hellen Lichtern der weit entfernten Stadt in der Dunkelheit, unsere Wege trennen sich nun vorerst, aber eines Tages werden wir uns sicher wieder treffen.

Zwanzig Jahre später – hier ist er. Da unten steht er und dreht sein eigenes Ding, auf der anderen Seite des Speisraums, dort! direkt hinter der Küchentheke. Eine große, schlanke, unheimliche und todesstumme Silhouette,

tweezing his way around the choreographed dancing of his gangband of white toqued chefs. “Drôle d'endroit pour une rencontre”. (François Duperon with Catherine Deneuve and Gérard Depardieu, 1998), here: in a Michelin-starred restaurant with rooms, *Aqua Crua* in Barbarano Vicentino, a tiny, tidy town, small outgrown village on the unstable brink between Catholic-infused, conservative Veneto region and secularly industrious Lombardia. As promised, as stated, there he goes. Busy busy behind the mask, Giuliano Baldessari: Latex Chef. A straight male bearded guy – definitely not a bear – in his early forties. A charming mountaineer, from the twinned peaks of his Trentino region, turned forward-thinking chef. Perhaps you might have spotted him elsewhere before. At gloriously groundbreaking Marc Veyrat's Auberge de l'Eridan in his heydays. Or standing for almost a decade elbow to elbow with Massimiliano Alajmo, at the helm of his ultrafinest dining triple starred restaurant, *Le Calandre*. On his own, free at last, with no boss to canalize his flux of thoughts, Baldessari does what he knows best. He cooks his bare stripped soul-memories and foreshadows of a future past. Something veiled, something immemorial, blurred behind his extravagant shyness, that incontinent, fat rasp rapping of his words. To be quoted faithfully, he actually said, on a late August

von Kopf bis Fuß in Gummi gekleidet, drei kleine Löcher, eins für den Mund und zwei für die Augen, die sich auf die Choreographie seiner Gangband Hauben tragender Köche heften. „Drôle d'endroit pour une rencontre“ (François Dupeyron, mit Catherine Deneuve und Gérard Depardieu, 1998), hier: in einem Sternerestaurant mit Gästezimmern, dem *Aqua Crua* in Barbarano Vicentino, einem winzigen, properen Städtchen, einem kleinen, zu groß gewordenen Dorf auf der instabilen Kante zwischen dem katholisch geprägten, konservativen Veneto und der säkularen, geschäftigen Lombardei. Wie angekündigt, wie gesagt, da geht er. Emsig hinter der Maske, Giuliano Baldessari: der Latex-Koch. Ein aufrechter, bärtiger Mann, definitiv kein Bär, Anfang vierzig. Ein charmanter Bergbewohner der Zwillingsgipfel des Trentino, der sich in einen zukunftsweisenden Chefkoch verwandelt hat. Vielleicht haben Sie ihn schon einmal anderswo gesehen. In Marc Veyrats Auberge de l'Eridan, die in ihrer Blütezeit bahnbrechend war. Oder fast ein Jahrzehnt an der Seite Massimiliano Alajmos, wo er am Ruder des ultrafeinen Drei-Sterne-Restaurants *Le Calandre* stand. Auf eigene Faust, endlich frei, ohne Chef, der seinen Gedankenfluss kanalisiert, tut Baldessari das, was er am besten kann. Er kocht seine entblößten Seelenerinnerungen

"Whatsup", long-timenosee catch up call: "I have something to tell you. But I don't know how to say it. Or where to start. You gonna think I am totally insane".
After all the time we have been breaking pudding together, including his highly addictive caper and absinthe XXXmas Panettone, it's no mystery. At least to both of us. Totally crazy crazy fucked up he is. That's the way we like him. Forget all the blabla, your local average starchef going on and on market(ably) auto-blurbing himself on "how changeling, how exciting and refreshing it is, once in a while, to step out of the comfort zone".
Here we have a guy on his own, metaphorically speaking on his knees, on his fours, in the plenitude of his well-designed solitude, delivering himself in the feral arena surrounded by wolves.

Please note: Giuliano Baldessari did actually pronounce the following words "Nobody knows apart from you and my team, with of course the exception of Paola, my girlfriend".
Please note too: he DID NOT SAY "I am into latex". Or, en passant: "Dig this, I have discovered latex. Lately." But he clearly stated instead: "I have been using latex for quite some time now".

Fuck me: for some time?

"Yes, for ten years or so. But only when I cook, when I do tastings, when I test my food".

und Vorahnungen einer zukünftigen Vergangenheit. Etwas Verborgenes, Uraltes verschwimmt hinter seiner extravaganten Schüchternheit, dem haltlosen, tief raspelnden Sprechgesang seiner Worte. Um genau zu zitieren, sagte er während eines Telefongesprächs im späten August, nachdem er sich lange nicht gemeldet hatte, tatsächlich: „Ich muss dir etwas sagen. Aber ich weiß nicht, wie ich es sagen soll. Oder wo ich anfangen soll. Du wirst denken, ich bin total verrückt."
Nach all der Zeit, in der wir zusammen den Pudding geteilt hatten, einschließlich seines höchst süchtig machenden Weihnachts-Panettone mit Kapern und Absinth, ist das kein Geheimnis. Zumindest nicht für uns. Dass er völlig durchgeknallt ist. Genau so mögen wir ihn. Vergessen Sie das ganze Blabla, das Ihr lokaler durchschnittlicher Sternekoch marktgängig von sich gibt, wenn er darüber spricht „wie herausfordernd, aufregend und erfrischend es ist, hin und wieder aus der Komfortzone herauszutreten". Hier ist ein Mann auf eigenen Füßen, metaphorisch gesprochen auf Knien, auf allen Vieren, in der Fülle seiner wohlgestalteten Einsamkeit, der sich umgeben von Wölfen in der wilden Arena ausliefert.

Bitte beachten Sie: Giuliano Baldessari hat wirklich die folgenden Worte ausgesprochen:

Not for my pleasure, oh no, oh no, never never, but just for the duty, for the guilty pleasure of giving a son to God?

(Spoiler. Here comes the coming. out.)

"I have been living with this secret for too many years. Believe me, it's something heavy. Of the outmost importance to me. Now I feel time is come that I finally share it with other people. With all those close to me, with my clients. But not just."

Some dudes are into birds (cf. Jonathan Franzen), some people are into bear(d)s, some other people are into tattoos, rings or cock rings. Just do what you did with Paola, take her hand and step out of the closet both of you and that's it...

"No, it's not that simple. Paola she is not into it, only me".

You mean, you don't do rubber together, don't you?

Officially, in extenso – the story goes like this:

"Because of our jobs, Paola and I have to live in different cities. She is a lawyer operating in Rome while I run my restaurant in Barbarano, up north. Mondays and Tuesdays, that's when we meet, usually at her place, just past the week-end, when *Aqua Crua* is closed. Once upon a

„Niemand außer dir und meinem Team, mit Ausnahme von Paola natürlich, meiner Freundin, weiß davon."
Bitte beachten Sie ebenfalls: Er hat NICHT gesagt: „Ich stehe auf Latex". Oder, beiläufig: „Hör mal, ich habe kürzlich Latex entdeckt." Sondern er hat stattdessen klar formuliert: „Ich benutze Latex schon seit einiger Zeit."
Verdammt: Seit einiger Zeit?
„Ja, seit zehn Jahren oder so. Aber nur, wenn ich koche, wenn ich verkoste, wenn ich meine Gerichte ausprobiere."

Nicht zu meinem Vergnügen, oh nein, nie und nimmer, sondern nur aus Pflicht, um des sündigen Vergnügens willen, Gott einen Sohn zu schenken?
(Spoiler. Hier kommt das Coming-out.)
„Ich lebe jetzt schon zu lange mit diesem Geheimnis. Glaub mir, es ist etwas Schweres. Es ist von größter Bedeutung für mich. Jetzt fühle ich, dass die Zeit gekommen ist, es mit anderen zu teilen. Mit allen, die mir nahestehen, mit meinen Kunden. Aber nicht nur."

Manche Leute stehen auf Vögel (siehe Jonathan Franzen), manche auf Bären oder Bärte, andere auf Tattoos, Ringe oder Penisringe. Mach einfach, was du mit Paola getan hast, nimm ihre Hand und outet euch beide und das wars .

„Nein, so einfach ist das nicht.

time, more than ten years ago, starving at the end of the afternoon spent at her flat, we both suddenly realized there was almost nothing left to eat in the fridge.

(May our distinguished readers forgive this incipit, alarmingly sounding a bit too close to Charlotte Rampling and Dirk Bogarde stranded in Liliana Cavani's "Night Porter", 1974).

Paola asked: Will you please go out and fetch something edible in the neighborhood? So off I went. Walking my way to the nearby grocery, I noticed the window of the local sex shop. I saw there for the first time in my life a latex outfit. Which somehow I felt compelled to buy. To tell you the truth, with the knowledge gathered from the experience of the years, it was not a very good one, on the contrary, not a real latex one. It was cheap, just worth a few hundred bucks. If you want to get yourself the real thing, some top-notch real quality rubber, expect to go up to one thousand euros. Often even more. Anyway, I felt strongly connected to it. Something was going on. But didn't know what. Or what to think. Believe me, I'm a normal dude, a boy from the mountains, not your average sophisticated guy. So I did not completely grasp what it was all about. When back at the apartment with the food, I showed it to Paola and then she explained it to me".

Paola steht nicht darauf, nur ich."
Du meinst, ihr gebt nicht zusammen Gummi?

Offiziell, in extenso, geht die Geschichte so:

„Wegen unserer Jobs leben Paola und ich in zwei unterschiedlichen Städten. Sie arbeitet als Rechtsanwältin in Rom, während ich hier im Norden, in Barbarano, mein Restaurant führe. Montags und dienstags treffen wir uns, meist bei ihr, kurz nach dem Wochenende, wenn das *Aqua Crua* geschlossen ist. Einmal, vor mehr als zehn Jahren, stellten wir am späten Nachmittag, den wir in ihrer Wohnung verbracht hatten, plötzlich hungrig fest, dass sich im Kühlschrank beinahe nichts Essbares mehr befand."

(Mögen unsere verehrten Leser und Leserinnen dieses Incipit verzeihen, das auf alarmierende Weise ein bisschen zu sehr wie Charlotte Rampling und Dirk Bogarde in Liliana Cavanis „Night Porter" von 1974 klingt).

„Paola fragte: Gehst du bitte raus und besorgst uns etwas Essbares in der Nachbarschaft? Also ging ich los. Auf dem Weg zum nahegelegenen Lebensmittelladen kam ich am Schaufenster des örtlichen Sexshops vorbei. Dort sah ich zum ersten Mal in meinem Leben ein Latex-Outfit. Irgendwie fühlte ich mich genötigt, es zu kaufen. Um die

Jajaja... Womansplaining that is.

Paola reminded me that her previous, scholarly boyfriend back from her university days, worked his academic way researching for a master on sexual deviant practices. As you know, Latex is used by many, different communities of people around the world, gay or straight or whatever, because it cuts you out from the outside world. Because it takes you deeper inside your world. It leaves you stranded in a place of your own, it supposedly heals your wounds, fills your gaps, decouples the intensity, the sharpness of all your sensations. Adding a second skin, feeling uncomfortable inside this new skin, tight and constrained, almost imprisoned under the rubber, physically implies that you are forced to focus on everything you do and feel. You are kinda deaf but not numb. Because you don't hear clearly, you have to adapt to that narrow range of vision that your two little holes allow you to use, to the little you can see. And make the most of it. Every sensation becomes sharper than a knife. Tastes, flavors, acidity, saltiness, all that umami mystic – they literally hit at you. It's like opening doors, you enter a new level of perception. For sure, being much more exposed to your feelings, you are definitely much more vulnerable. But, on the other hand, while you feel cut from the outside world, you also feel protected from it, and

Wahrheit zu sagen, mit dem Wissen, das ich im Laufe der Jahre gesammelt habe, es war kein besonders Gutes; im Gegenteil, es war noch nicht mal aus echtem Latex. Es war billig, höchstens ein paar Hundert Scheine wert. Wenn du ein richtig Gutes haben willst, eine erstklassige Gummiqualität, musst du mit tausend Euro rechnen. Häufig sogar mehr. Jedenfalls fühlte ich mich stark mit ihm verbunden. Irgendetwas ging vor sich. Aber ich wusste nicht was. Oder was ich denken sollte. Glaub mir, ich bin ein normaler Typ, ein Junge aus den Bergen, nicht diese Art durchschnittlich weltgewandter Mann. Ich habe also nicht ganz begriffen, worum es eigentlich ging. Mit dem Essen zurück in der Wohnung zeigte ich das Stück Paola und sie erklärte es mir."

Jaja, . das nennt man Womansplaining.

„Paola erinnerte mich daran, dass ihr früherer Freund, ein Wissenschaftler aus ihrer Zeit an der Universität, für seine Masterarbeit über abweichende sexuelle Praktiken geforscht hat. Wie du weißt, wird Latex von vielen verschiedenen Communitys auf der ganzen Welt verwendet, ob schwul oder heterosexuell oder was auch immer, weil es einen von der Außenwelt abschneidet. Einen tiefer in die eigene Welt hineinzieht. Es überlässt dich einem Ort, der dir gehört, es heilt

that's exactly what I have been looking for many many years of my life. To ease the pain, to let off all that suffering of my scarred youth. When, in my early days, living in an isolated mountain village, I had to cope with a heavy drinker father. He used to beat me, to shit me all the time, to make us all cry. I was the kind of introverted kid who suffered in silence, psychologically abused, who never had gifts say for Christmas, never received kind words or fatherly attention, a boy that never expected something good to ever happen to him. Who expected nothing from the world. The boy became eventually a wounded young man who really had to get the fuck out of there if he wanted to try to save his ass. For me, becoming a chef de cuisine was the instrumental key to step into another world, to run away from my own prison, putting as much distance as possible from me, from my scarred self, from my father and my family. Dad kept going farther and farther in his suicidal heavy drinking, burning all the bridges behind him, until he reached his final point of no return. He would have died in his trash, in his basement shag, surrounded by filth and hundreds of corpses, all the empty bottles he had gulped down, derelict and almost shelterless until one day when, coming back from abroad, I decided to take care of him, to accompany his suffering in his final days. I had to forget all this,

scheinbar deine Wunden, füllt deine Lücken, entkoppelt die Intensität, die Schärfe all deiner Empfindungen. Das Hinzufügen einer zweiten Haut, das Gefühl, sich in dieser neuen Haut unwohl zu fühlen, eng und eingezwängt, fast gefangen unter dem Gummi, bedeutet physisch, dass man gezwungen ist, sich auf alles zu konzentrieren, was man tut und fühlt. Man ist gewissermaßen taub, ohne betäubt zu sein. Weil du nicht klar hörst, musst du dich an den engen Sichtbereich anpassen, den dir die beiden kleinen Öffnungen lassen, an das Wenige, das du sehen kannst. Und das Beste daraus machen. Jedes Gefühl wird schärfer als ein Messer.

Geschmäcker, Aromen, Säure, Salzigkeit, die ganze Umami-Mystik – sie schlägt buchstäblich auf dich ein. Es ist wie das Öffnen von Türen, man betritt eine neue Ebene der Wahrnehmung. Weil man seinen Gefühlen viel stärker ausgesetzt ist, ist man natürlich auch viel verletzlicher. Andererseits fühlt man sich zwar von der Außenwelt abgeschnitten, aber auch vor ihr geschützt, und genau danach habe ich viele Jahre meines Lebens gesucht. Um den Schmerz zu lindern, um all das Leid meiner narbenbedeckten Jugend loszuwerden. Als ich früher in einem abgelegenen Bergdorf lebte, hatte ich mit einem Vater zu kämpfen, der ein starker Trinker war. Er schlug mich, beschimpfte mich ständig und brachte uns alle zum Weinen.

I had to forget why, all through my life, I could rely on nobody but me. I had no-one – never, never – to share my feelings with. Latex appeared to be my ideal best friend. It separates me from the others, it precipitates me inside my body, my senses, my real me".

And now, Gracious Reader, the 10-points question you have been so politely awaiting oh! for too long:
How much have these latex practices, and later on the birth of Latex Chef, your new you, modified for good your sex life? Is Paola, your partner, also fully into this?

That's the hurting point, the moment when Baldessari lowers his gaze, casts a glance sideways then attempts a fugitive eye contact. Just to dismiss what you imply. No, the report goes like this. They don't do rubber together. Never had sex with it. It doesn't even occur to be something remotely sexual to him. Couldn't even think of Paola sharing his outfit. Or doing him in rubber, slipping into his attire. Latex Chef, he says, is a normal dude, a straight guy. For him, latex is only a tool for healing. Or, like the old saying would go: "It's the economics of therapeutics, you stupid!"

Or, on a more practical mindset, Latex can a man's best friend because it works, at least for

Ich war ein introvertiertes Kind, das im Stillen litt, das psychisch missbraucht wurde, das nie Geschenke zu Weihnachten bekam, nie ein freundliches Wort oder väterliche Aufmerksamkeit erhielt; ein Junge, der niemals damit rechnete, dass ihm jemals etwas Gutes widerfahren würde. Der nichts von der Welt erwartete. Aus dem Jungen wurde schließlich ein verletzter junger Mann, dem nichts anderes übrig blieb als abzuhauen, wenn er versuchen wollte, seinen Arsch zu retten. Für mich war die Ausbildung zum Chefkoch der entscheidende Schlüssel, um eine andere Welt zu betreten, meinem eigenen Gefängnis zu entfliehen und so viel Abstand wie möglich zu mir, meinem vernarbten Selbst, meinem Vater und meiner Familie zu gewinnen. Mein Vater trieb seine selbstmörderische Trinkerei immer weiter voran, brach alle Brücken hinter sich ab, bis er an einen Punkt kam, an dem es kein Zurück mehr gab. Er wäre in seinem Müll gestorben, in seinem Kellerloch, umgeben von Dreck und Hunderten von Leichen, all den leeren Flaschen, die er hinunter gekippt hatte, verwahrlost und fast schutzlos, bis ich eines Tages, als ich aus dem Ausland zurückkam, beschloss, mich um ihn zu kümmern, das Leiden seiner letzten Tage zu begleiten. All das musste ich vergessen, ich musste vergessen, warum ich mich mein ganzes Leben lang auf niemanden außer mir verlassen

Baldessari, like "Les Impitoyables", those ruthless, collectable glasses for wine-tastings that, because of their apt capacity to break the molecules of the liquid, help to amplify its qualities, bouquet, richness, everlasting rhyming in the mouth (but also, perhaps even more interestingly, exposing its flaws, its weaknesses, its sly monkey business).

Nevertheless. Nevertheless. Down there he is. Skirmishly (s)kit-katting around in slow motion on his remote(ly) controlled center stage. Animated ghost in his shell, no-one seems to notice (no-one receiving) the incongruity of his disquieting calmness. A foreshadowed presence, getting on with his staged public ritual. The performance is happening, but elsewhere. Expect no externalization, no dramatic Body Art open exposure. No Gina Pane, no Chris Burden or Hannah Wilke at play here. Blood and tears come from the inside. Enter the split stage, the almost indifferent kitchen, the seemingly unpuzzled audience – something merges in the room. A different degree of perception, a flux of energy, an electric static reflection. Hints are dropped, signs are placed. Crack the Matrix, pick up your pill says the waiter. Will it be Blue or Red, sir? It's Nemo's memo, finding his way through an arborescence of directions. A tailor-made menu, ingredients changed, some are added, some

konnte. Niemals hatte ich jemanden, mit dem ich meine Gefühle teilen konnte. Latex schien mein idealer bester Freund zu sein. Es trennt mich von den anderen, es drängt mich in meinen Körper, meine Sinne, mein wahres Ich."

Und nun, verehrter Leser und verehrte Leserin, die 10-Punkte-Frage, auf die Sie schon viel zu lange höflich gewartet haben: Inwiefern haben diese Latex-Praktiken und später die Geburt des Latex-Chefkochs, deinem neuen Ich, dein Sexualleben zum Guten verändert? Zieht deine Partnerin Paola voll mit?

Das ist der Schwachpunkt, der Moment, in dem Baldessari seinen Blick senkt, zur Seite sieht und dann einen flüchtigen Augenkontakt unternimmt. Nur um zu verwerfen, was Sie implizieren. Nein, der Bericht geht so: Sie tragen gemeinsam kein Gummi. Hatten nie Sex damit. Es kommt ihm nicht einmal im Entferntesten als etwas Sexuelles in den Sinn. Er kann sich gar nicht vorstellen, dass Paola sein Outfit mit ihm teilt. Oder sie es in Gummi machen, sie in seine Kleidung schlüpft. Der Latex-Koch, sagt er, ist ein normaler Kerl, ein Hetero. Für ihn ist Latex nur ein Instrument zur Heilung. Oder, wie es ein Sprichwort besagt: „Es ist die Ökonomie der Therapeutik, Dummkopf!"
Von einer praktischeren Warte

are taken away, according to the pill that you have chosen, Blue or Red, at the very beginning of your meal ("Are you sure that you are going for the Blue one, Sir?"). The liturgy takes no shortcuts. A mirroring medium-sized sphere bears a FAKE liquid-inclined mozzarella, as distorted as your 360° reflection on its round surface, pumpkin puree and smoked oil, shaved black truffles all around and on the top of it. Clean your teeth with the Bambi tartare, anchovies juices, seasoned with clay-derived Cau powder on a bluish porcelain plate – seemingly gnarled at its edges, like a pizza. Pay attention, here comes a fork-looking chestnut lasagna, served as a whole, sweet and lightly spicy with a green Andes Mountain powder, presented on a cardinal red porcelain, rightly nicknamed Raptus, a consenting victim – violated, raped – sacrificed as an offering, scarified under the attack of a symbolic fork which has, "painted" on its surface, a random constellation of tiny, little holes.
An impermanent droning, the tidal echo of a whispered, suffocated violence flows around the room, among the tables. Its waves come and go, along with the kidney rabbit, chat masala and beer yeast, a sweet abandoning Larsen of ephemeral pleasures and past regrets. You never know what is lurking ahead, never guess what comes next – the milk kombucha and roasted medlar, the osmotic apples and

betrachtet, kann Latex der beste Freund eines Mannes sein, denn es funktioniert, zumindest für Baldessari, wie „Les Impitoyables", diese schonungslosen, sammelbaren Weinprobiergläser, die aufgrund ihrer Fähigkeit, die Moleküle der Flüssigkeit zu brechen, dazu beitragen, die Qualitäten, das Bouquet, den Reichtum und die Ausgewogenheit im Mund zu verstärken (aber auch, was vielleicht noch interessanter ist, die Fehler, Schwächen, den raffinierten Unfug aufzudecken).

Nichtsdestotrotz . da unten ist er. Plänkelnd pirscht er in Zeitlupe über seine ferngesteuerte Bühne. Ein animierter Geist in seiner Hülle, niemand scheint Notiz von seiner widersprüchlichen, beunruhigenden Ruhe zu nehmen (niemand empfängt sie). Eine angedeutete Präsenz, die mit ihrem inszenierten Ritual vor Publikum fortfährt. Die Performance findet statt, aber anderswo. Erwarten Sie keinen Ausdruck, keine Enthüllung dramatischer Body Art. Hier ist keine Gina Pane, kein Chris Burden oder Hannah Wilke im Spiel. Blut und Tränen kommen von innen. Die geteilte Bühne, die fast teilnahmslose Küche, das anscheinend nicht irritierte Publikum – etwas verschmilzt im Raum. Ein anderer Wahrnehmungsgrad, ein Energiefluss, eine elektrostatische Reflexion. Andeutungen werden fallen gelassen, Zeichen werden gesetzt.

bergamot – what lies hidden beneath the surface. Honestly, it might help you a little if you play Mica Levi inside your head, but hey, never mind, keep looking for Scarlett Johansson in "Under the skin" (Jonathan Glazer, 2013), dig your spoonful way through the overlapping wild boar risotto, orange and chilly, camouflaged under sea lettuce powder. Channel your wave through the "all'onda" tides of the rice, wipe it out through its surface, clean up the plate – until at the end you find it. The hair. Long and nonchalantly curled on itself, right in the middle of the porcelain. The animal beneath, the return of the expelled, the ghost in the machine. A hair – beauty for a friend, romance in the dust, poetics of the trash bin. Remember "O fantasma"?

"I commissioned an artist to take care of each porcelain, piece by piece. No plate is similar to another, each one has a different, sculpted hair on its surface. Curled, straight, oblong. In the middle, on the side" – says Latex Chef who hides his pilosity under his smooth synthetic skin. Queer the cuir? No wonders we are talking the same guy who, on a GELINAZ! December 2019 night, welcomed his audience fully frocked up in a red bishop gown. No wonders, like João César Monteiro collecting young girls' pubic hairs exhumed from their bath tub (binge-watch his evergreen "A Comedia de Deus",

Knacken Sie die Matrix, nehmen Sie Ihre Pille, sagt der Kellner. Wird sie blau oder rot sein, mein Herr? Es ist Neos Nachricht, der seinen Weg durch verästelte Anweisungen findet. Ein passgenaues Menü mit wechselnden Zutaten, einige werden hinzugefügt, andere weggenommen, je nach der Pille, die man gleich zu Beginn des Essens gewählt hat, blau oder rot („Sind Sie sicher, dass Sie die Blaue nehmen wollen, mein Herr?").

Die Liturgie nimmt keine Abkürzungen. Eine spiegelnde, mittelgroße Kugel trägt einen falschen flüssigen Mozzarella, der so verzogen ist, wie die 360° Reflexion auf seiner runden Oberfläche – Kürbispüree, geräuchertes Öl, gehobelter Schwarzer Trüffel rundherum und oben drauf. Putzen Sie sich die Zähne mit dem Bambi-Tartar, Anchovis-Essenz, gewürzt mit tonhaltigem Cau-Pulver auf einem bläulichen Porzellanteller – bucklig an den Rändern wie eine Pizza. Achtung, hier kommt eine Kastanienlasagne in Gabelform, im Ganzen serviert, süß und leicht pikant, mit grünem Andenpuder, präsentiert auf einem kardinalroten Porzellan, das zu Recht den Spitznamen Raptus trägt, ein williges Opfer, verletzt, zerstört, geopfert als eine Spende, aufgeritzt unter der Attacke einer symbolischen Gabel, die auf ihrer Oberfläche eine zufällige Konstellation winziger, kleiner Löcher „gemalt" hat.

1995), Giuliano Baldessari has ostensibly an appetite for hair. We are dealing with the same Mind of a Chef who came up, a couple or so of years ago, with an infamous homage dish to cult Italian soft-porn film director Tinto Brass.
A paesano: "Brass is Venetian, we are practically neighbors".
So, "Tribute to Tinto Brass": a cold "angel hair" pasta dish made in season just with spiced corn hair cooked in squid ink. As black as pubic one, focused in the center of the white assiette: 1/3 Courbet's "Origine du Monde", 1/3 Stefania Sandrelli's well-combed cunt in Tinto Brass' "La Chiave" (1983), 1/3 the Blair Witch Project's threadbare hairdo capsule collaboration with Hideo Nakata's "Ring" (1998). Scruffy or "bigoudined", smooth or dissimulated, hair is in the air. Evocated in its purest, utter absence. In the clean-shaven, sensuous black leather-looking Kombu seaweed tagliatelle, squid ink, marsala and kefir. Unsloppy, slippery, lubricated – like your leather second skin. Slip in, whispers Latex Chef: eat me. This is my flesh, this is my blood. Feast on my soul.

Like a rose is a rose is a rose, a no is a no. So, when someone says no, it should mean no. But when you say yes, well... it depends. Leather has its rules. It's a matter of consent. It works both for dungeons and for Michelin-starred restaurants. Are you ready? To what extent are you ready to go?

Ein unbeständiges Dröhnen – das zyklische Echo einer gewisperten, erstickten Gewalt – fließt durch den Raum, zwischen die Tische. Es brandet auf und ab, zusammen mit der Kaninchenniere, dem Chat Masala und der Bierhefe, einer süßen Mischung aus flüchtigem Vergnügen und vergangener Reue. Man weiß nie, was vor einem lauert, ahnt nie, was als Nächstes kommt – Milchkombucha und geröstete Mispel, osmotische Äpfel und Bergamotte – was liegt unter der Oberfläche verborgen? Ehrlich gesagt, könnte es Ihnen ein wenig helfen, wenn Sie in Ihrem Kopf Mica Levi spielen, aber hey, egal, suchen Sie weiter nach Scarlett Johansson in „Under the skin" (Jonathan Glazer, 2013), graben Sie sich löffelweise durch das überdeckte Wildschweinrisotto, orange und kühl, getarnt unter „Seesalatpulver". Kanalisieren Sie Ihre Welle durch die „all'onda"-Gezeiten des Reises, wischen Sie sie durch seine Oberfläche, räumen Sie den Teller auf – am Ende finden Sie sie. Die Haare. Lang und lässig aufgedreht, mitten auf dem Porzellan. Das Tier darunter, die Rückkehr des Ausgestoßenen, der Geist in der Maschine. Ein Haar – Schönheit für einen Freund, Romantik im Staub, Poesie des Mülleimers. Erinnern Sie sich an „O Fantasma"?

„Ich habe einen Künstler damit beauftragt, sich um jedes Porzellan zu kümmern, Stück für

Or should we rephrase it in Baldessari's accurate words: to what extent are we willing to let you in?
You don't step smart and casually outfitted into Latex Chef world. Consent comes with a contract, a moral one. Consent has to be agreed beforehand, make it your habit. Se l'abito fa il monaco, if the frock defines the monk, the Master of Ceremonies has rules ready to be endorsed by each one of you – if you really want to get under his leather skin. To get him naked, you have to advance unmasked. Step by step, consent your way through the initiation steps awaiting you.

"I don't fully know myself yet. And yet, and yet. here I am going. Where exactly I couldn't say. But if you agree to follow me, if you are a willing, consenting person, I promise to bring you somewhere. It's a long process, still in progress. Because we don't know each other, you can't expect the first time you step in at *Aqua Crua* to go all the way with me. We need to advance together little by little, see first how you react, if I'm not going too far. It's specified on the web page, we offer three menus, three different degrees of gradual initiations. When you sit down as a beginner at my table, I can offer you an introductory menu, a bet to see if we get to know each other well. If and when you pass that test, provided you decide to come back, you can move to a second menu, more intense, more daring.

Stück. Kein Teller gleicht dem anderen, jeder hat ein anderes skulpturiertes Haar auf seiner Oberfläche. Gelockt, gerade, länglich. In der Mitte, an der Seite", – sagt der Latex-Koch, der seine Behaarung unter seiner glatten Kunsthaut versteckt. Queer the cuir? Kein Wunder, wir sprechen von demselben Mann, der an einem Dezemberabend 2019 im *Gelinaz!* sein Publikum in einem roten Bischofsmantel empfing. Kein Wunder, dass Giuliano Baldessari, ähnlich wie Joâo César Monteiro, der die Schamhaare junger Mädchen aus der Badewanne sammelt (sehen Sie sich seinen Klassiker „A Comedia de Deus", 1995, an), einen augenscheinlichen Appetit auf Haare hat. Wir haben es mit derselben Fantasie eines Chefkochs zu tun, der vor ein paar Jahren mit einem berüchtigten Gericht als Hommage an den italienischen Softporno-Kultregisseur Tinto Brass aufwartete. Einem Landsmann: „Brass ist Venezianer, wir sind praktisch Nachbarn."
Also, „Tribut an Tinto Brass": ein kaltes „Engelshaar"-Pastagericht, das während der Saison nur mit gewürztem Maishaar in Tintenfischtinte gekocht wird. Schwarz wie ein Schamhaar, konzentriert in der Mitte der weißen Assiette: 1/3 Courbets „Origine du Monde", 1/3 Stefania Sandrellis gut gekämmte Schamhaare in Tinto Brass' „La Chiave" (1983), 1/3 die fadenscheinige Haarkapsel des Blair Witch-Projekts in Zu-

And then, gradually, experiencing the final step, the third menu. Which I have not totally figured out yet, I have to confess. I have just started this journey, a few clients have already had the chance to be part of it. Some of them would even like to go all the way."

But never on a first date, right?

"Exactly. Also, if you come the second time with a different guest, not the same one you shared your experience with the previous time you visited me, I won't allow your dining partner to skip a step. He can't proceed directly, along with you, to the second menu. When this weird situation – at least for the guests – happens, you will be separated and dine at different tables, your friend starting from scratch on his own. And you following me halfway through. A few of my more experienced guests, who had the chance to get to a higher level of initiation, are even asking if one night – let's say for a private session behind closed doors – they could come wearing latex too. And try to see, maybe more clearly, eating my food in their rubber outfit, how it feels a bit to be me".

The age of consent. Say stop when you want. Or go ahead if you dare. The theatrics of the performance are customized, personalized at large. And when the ritual is over and the kitchen stage is finally

sammenarbeit mit Hideo Nakatas „Ring" (1998). Ob struppig oder spitzhaubig, glatt oder verborgen, Haare liegen in der Luft. Evoziert in ihrer reinsten, völligen Abwesenheit. In den glatt rasierten, sinnlichen, an schwarzes Leder erinnernden Tagliatelle aus Kombu-Algen, Tintenfischtinte, Marsala und Kefir. Ungeschmeidig, glitschig, ölig – wie eine zweite Lederhaut. Schlüpfe hinein, flüstert der Latex-Koch: Iss mich. Dies ist mein Fleisch, dies ist mein Blut. Weide dich an meiner Seele.
Eine Rose ist eine Rose ist eine Rose und ein Nein ist ein Nein ist ein Nein. Wenn also jemand Nein sagt, sollte es auch Nein bedeuten. Aber wenn Sie Ja sagen, nun ... kommt darauf an. Leder hat seine Regeln. Es ist eine Frage des Einverständnisses. Das gilt sowohl für Verliese als auch für Sternerestaurants. Sind Sie soweit? Wie weit sind Sie bereit zu gehen? Oder sollten wir es in Baldessaris genauem Wortlaut anders ausdrücken: In welchem Maße sind wir gewillt, Sie hineinzulassen?
Man betritt die Welt des Latex-Kochs nicht einfach so in lässiger Freizeitkleidung. Einverständnis geht mit einem Vertrag einher, einem moralischen Vertrag. Das Einverständnis muss vorher vereinbart werden, machen Sie es sich zur Gewohnheit. Wenn Kleider Leute machen, hat der Zeremonienmeister Regeln parat, die von jedem von Ihnen zugestimmt werden müssen – wenn

empty, the participants shyly mingle, gathered around the still rubber clad Master of Ceremonies. Pinch me, have we been dreaming? Pinch him if you care. A dream it is not. Rather: the dream of performing a liturgy, the ritual of one and only, "commoned" by many, with no fireworks, no apex nor climax – no immediate goal at close range. Apart from sharing the same White Cubed space. Latex Chef is probably sleeping alone tonite – again. Unstrange him, befriend him, and he might feel less lonely for once. One plus one sometimes makes two of his kind. Next of kin, closest to the skin.

Sie wirklich unter seine Lederhaut gelangen wollen. Um ihn nackt zu bekommen, müssen Sie unmaskiert vorgehen. Gehen Sie stufenweise die Initiationsschritte durch, die Sie erwarten. „Ich kenne mich selbst noch nicht ganz. Und doch ... ich mache mich auf den Weg. Wohin genau, kann ich nicht sagen. Aber wenn Sie damit einverstanden sind mir zu folgen, wenn Sie eine willige, zustimmende Person sind, dann verspreche ich Ihnen, Sie irgendwohin zu bringen. Es ist ein langer Prozess, der noch andauert. Da wir uns nicht kennen, können Sie nicht erwarten, dass Sie beim ersten Besuch im *Aqua Crua* gleich den ganzen Weg mit mir gehen. Wir müssen uns gemeinsam Schritt für Schritt weiterentwickeln und erst einmal sehen, wie Sie reagieren, ob ich nicht zu weit gehe. Auf der Webseite ist angegeben, dass wir drei Menüs anbieten, drei unterschiedliche Stufen der graduellen Initiation. Wenn Sie sich als Anfänger oder Anfängerin an meinen Tisch setzen, kann ich Ihnen ein Einführungsmenü anbieten – eine Wette, um zu sehen, ob wir bei unserem Kennenlernen gut vorankommen. Falls Sie diesen Test bestehen und vorausgesetzt, Sie entscheiden sich wiederzukommen, können Sie zu einem zweiten Menü übergehen, das intensiver und gewagter ist. Und dann, nach und nach, den letzten Schritt, das dritte Menü, erleben. Das ich noch nicht vollständig festgelegt

habe, wie ich gestehen muss. Ich habe diese Reise gerade erst begonnen, einige Kunden hatten bereits die Gelegenheit, daran teilzunehmen. Einige von ihnen würden sogar gerne den ganzen Weg gehen." Aber niemals beim ersten Date, richtig?
„Ganz genau. Auch wenn Sie das zweite Mal mit einem anderen Gast kommen, der nicht derselbe ist, mit dem Sie beim letzten Besuch bei mir Ihr Erlebnis geteilt haben, darf Ihr Tischnachbar keinen Schritt auslassen. Er kann nicht direkt mit Ihnen zusammen mit dem zweiten Menü weitermachen. Wenn diese – zumindest für die Gäste – merkwürdige Situation eintritt, werden Sie getrennt und speisen an verschiedenen Tischen, wobei Ihr Freund ganz allein bei Null anfängt. Und Sie folgen mir auf halbem Weg. Einige meiner erfahreneren Gäste, die die Chance hatten, eine höhere Ebene der Initiation zu erreichen, fragen sogar, ob sie eines Abends – sagen wir für eine private Sitzung hinter verschlossenen Türen –, auch in Latex kommen könnten. Um zu versuchen, vielleicht deutlicher zu sehen, wie es sich anfühlt, ein bisschen ich zu sein, wenn sie in ihrem Gummi-Outfit mein Essen verzehren."

Das Alter der Mündigkeit. Sag Stopp, wenn du willst. Oder mach weiter, wenn du dich traust. Die Theatralik der Aufführung ist individuell zugeschnitten, in

hohem Maße personalisiert. Und wenn das Ritual vorbei und die Küchenbühne endlich leer ist, mischen sich die Teilnehmer und Teilnehmerinnen schüchtern und scharen sich um den immer noch in Gummi gekleideten Zeremonienmeister. Kneifen Sie mich, haben wir geträumt? Kneifen Sie ihn, falls es sie kümmert. Ein Traum ist es nicht. Vielmehr: der Traum eine Liturgie aufzuführen, das Ritual eines Einzelnen, miteinander verbunden durch viele, ohne Feuerwerk, ohne Höhepunkt – ohne unmittelbares Ziel in nächster Nähe. Außer den gleichen White Cube-Raum zu teilen. Der Latex-Koch schläft heute Nacht wahrscheinlich allein – mal wieder. Entfremden Sie ihn, freunden Sie sich mit ihm an, und er fühlt sich vielleicht einmal weniger einsam. Eins plus eins macht manchmal zwei von seiner Sorte. Der nächste Angehörige, hautnah.

Recipe
Zaiyu Hasegawa

Japanese giant salamander (osanshouo in Japanese) used to be eaten in the old days, until it became an endangered species in the 1950s and is now highly protected in Japan.

I was born after that, so I never had the chance to taste it. According to historical books and the writing of the famous gourmet Kitaoji Rosanjin, it is a delicacy that has a collagenous texture and umaminess that somewhat resembles the mix between suppon (soft shelled turtle) and fugu (puffer fish).

I have been wanting to create a dish according to these records, the way I imagine osanshouo would taste, by using suppon and fugu.

First, I would make a broth by cooking suppon with sake, ginger and kombu. This is then seasoned with soy sauce, and I would turn the broth into a thick sauce using kudzu starch.

I would then deep fry pieces of fugu which has been aged to get more of the umaminess out of it.

This is served with the thickened suppon sauce poured over it in "ankake" style, with sliced leeks, and a sprinkle of sansho pepper to finish.

Rezept
Zaiyu Hasegawa

Den Japanischen Riesensalamander (Ōsanshōuo) hat man früher gegessen, bis er 1950 eine bedrohte Tierart wurde, heute steht er unter besonderem Schutz.

Ich wurde später geboren und hatte daher nie die Gelegenheit ihn zu kosten. Alten Kochbüchern und den Schriften des berühmten Gourmets Kitaōji Rosanjin zufolge muss es sich um eine Delikatesse handeln, mit einer kollagenen Textur und dem Aroma von Umami, das ein wenig wie eine Mischung aus Suppon (Weichschildkröte) und Fugu (Kugelfisch) schmeckt.

Ich wollte ein Gericht kreieren, das diesen Aufzeichnungen entspricht – so, wie ich mir den Geschmack von Ōsanshōuo vorstelle, indem ich Suppon und Fugu verwende.

Zuerst setze ich eine Brühe aus Suppon, Sake, Ingwer und Kombu an. Diese wird dann mit Sojasauce gewürzt und unter Einsatz von Kudzu-Stärke in eine dicke Sauce verwandelt.

Dann frittiere ich einzelne Stücke des Fugu, der gelagert wurde, damit er mehr Umami-Geschmack abgeben kann.

Er wird mit der angedickten Suppon-Sauce darüber im Ankake-Stil serviert, zusammen mit fein geschnittenen Lauchzwiebeln und einer Prise Sichuan-Pfeffer für das Finish.

Melinda Joe

Melinda Joe

Zaiyu Hasegawa and the art of connection

Zaiyu Hasegawa und die Kunst, Beziehungen zu knüpfen

The first time I met Zaiyu Hasegawa, nearly a decade ago, I was nervous despite myself. He hadn't yet exploded onto the global dining scene to become a superstar with legions of fans and a months-long waitlist for his two-starred restaurant, *Den*. Still, it's always a crap shoot with Japanese chefs – particularly, kaiseki chefs – who tend to be either friendly and open-minded, or buttoned up and conservative. The latter is more common.

Prior to the reservation I'd sent an email introducing myself (because booking seats at Tokyo's hottest restaurants is such a tremendous pain in the ass, a little pre- and post-visit groveling is never a bad idea) and received a polite reply. When I arrived at the restaurant – back when it was located in a former house in off-the-beaten-track Jimbocho, an area with more used bookstores than fancy eateries – he nodded a greeting from behind the counter. He wore a brown apron over his chef's whites, and his short-cropped hair was uncovered. By this time, he'd already ditched the tidy white cap and tie that had been his trademark look when *Den* first opened.

Although I wasn't sure what to expect, my previous experiences with the rarefied realm of kaiseki cuisine had involved a lot of formality, tense moments, and general confusion as I awkwardly navigated the intricate dance of

Als ich Zaiyu Hasegawa vor fast zehn Jahren das erste Mal traf, war ich gegen meinen Willen nervös. Damals war er noch nicht zum Superstar der internationalen Gastroszene avanciert, mit Heerscharen von Fans und einer monatelangen Warteliste für sein Zwei-Sterne-Restaurant *Den*. Doch mit japanischen Chefköchen, insbesondere Kaiseki-Köchen, ist es immer ein Schuss ins Blaue – entweder tendieren sie dazu, freundlich und aufgeschlossen zu sein, oder zugeknöpft und konservativ. Meistens ist Letzteres der Fall.

Vor der Reservierung schickte ich eine Vorstellungs-E-Mail (denn einen Platz in Tokyos angesagtesten Restaurants zu bekommen, ist enorm nervtötend, und deswegen kann es nie schaden, zur Vor-oder Nachbereitung ein wenig zu Kreuze zu kriechen) und erhielt eine höfliche Antwort. Als ich im Restaurant ankam – damals befand es sich noch in einem ehemaligen Wohnhaus im abgelegenen Jinbōchō, einer Gegend mit mehr billigen Antiquariaten als schicken Lokalen –, nickte er mir von hinter dem Tresen einen Gruß zu. Über der weißen Kochjacke trug er eine braune Schürze und sein kurzgeschorenes Haar blieb unbedeckt. Zu diesem Zeitpunkt hatte er der properen weißen Mütze samt Krawatte, die seit der Eröffnung des *Den* sein Markenzeichen waren, bereits den

etiquette and tangle of unfamiliar seasonal references that usually accompanies the meals. But Zaiyu put me at ease when with one of the first courses: a whole smelt, dipped in tempura batter and deep-fried, balanced on its anterior fins so that it appeared to walk across the plate, in an imitation of a tantalizing Tiktaalik. He watched my expression as he placed the fish in front of me. I took one look at it, and both of us burst out laughing.

Then came the salad – a Japanese Gargouillou without the slightest hint of pretension. Instead of narratives describing the soul of each vegetable, there were smiley faces stamped into carrot rounds, winking merrily beneath a handful of leaves and edible flowers tossed in a salted konbu vinaigrette. Next was the DFC, Dentucky Fried Chicken, a crispy chicken wing stuffed with flavored sticky rice and the first culinary dad joke of the evening. It was served in on a bed of straw alongside a rubber chick, in a red-and-white striped box adorned with the chef's grinning mug. On special occasions, you might find your own face superimposed on the lid.

This is part of Zaiyu's great gift. His quirky, endearing way of breaking the ice. Of "reading the air," as they say in Japanese, and making you feel like you're in on a delicious joke. Like all artists, he has a way of looking at things

Laufpass gegeben.

Trotzdem war ich nicht sicher, was mich erwarten würde, denn meine bisherigen Erfahrungen in der exklusiven Welt der Kaiseki-Cuisine waren von großer Förmlichkeit, angespannten Momenten und allgemeiner Verwirrung geprägt, als ich mich unbeholfen von der komplizierten Etikette und dem Durcheinander an ungewohnten saisonalen Empfehlungen, die üblicherweise die Mahlzeiten begleiten, überfordert gefühlt hatte. Aber Zaiyu nahm mir bereits mit einem der ersten Gänge die Befangenheit: ein ganzer, in Tempurateig ausgebackener Stint, der auf seinen Vorderflossen balancierend angerichtet war, so als würde er über den Teller spazieren. Es war die Imitation eines aufreizenden Fleischflossers. Er beobachtete meinen Gesichtsausruck, als er den Fisch vor mich hinstellte. Ich warf einen Blick darauf, und wir brachen beide in Gelächter aus.

Anschließend kam der Salat – ein japanischer Gargouillou ohne den geringsten Hauch von Attitüde. Anstelle von Narrativen, die die Seele jedes Gemüses beschreiben, gab es in Karottenscheiben gestempelte Smileys, die unter einer Handvoll in salziger Kombu-Vinaigrette geschwenkten Blättern und essbaren Blumen fröhlich hervorzwinkerten. Als Nächstes folgte das DFC, Dentucky Fried

from a completely different perspective.

When I remark on his keen aesthetic sense, though, he practically guffaws and tells me that "no one has ever said that before." His wife, the demure Emi, who runs the front of the house, concurs, but diplomatically concedes that "he has a good eye."

While he's quick to dismiss the idea of himself as an artist, he admits that he excelled at art class as a child: "I wasn't a very good student and was terrible at subjects like math, but I always enjoyed making things with my hands," he recalls.

He delighted in drawing, folding origami, and crafting brightly colored hand-made fishing lures (he remains an avid angler, a pastime he shares with his best friend and now business partner, Hiroyasu Kawate of Florilege).

At an early age, he gained an appreciation of traditional arts, along with a love of food, from his mother, a gifted cook and former geisha who managed a classical Japanese restaurant in Tokyo. She frequently brought home treats from the restaurant – bento boxes filled with beautifully presented seasonal delicacies that young Zaiyu devoured with relish. By the time he was in high school, he knew he wanted to become a chef. When he was 18, he showed up at

Chicken, ein knuspriger, mit aromatisiertem Klebreis gefüllter Hühnerflügel und der erste kulinarische Dad-Joke des Abends. Es wurde in einer rot-weiß gestreiften Box auf einem Strohbett zusammen mit einer Gummiente serviert. Die Schachtel war mit der grinsenden Fratze des Chefkochs verziert. Zu besonderen Anlässen kann man sein eigenes Gesicht auf dem Deckel prangen sehen.

Das gehört zu Zaiyus großer Gabe. Seine schräge gewinnende Art, das Eis zu brechen. Er „liest die Luft", wie man im Japanischen sagt, und gibt einem das Gefühl, als sei man Teil eines köstlichen Witzes. Wie alle Künstler und Künstlerinnen betrachtet er die Dinge aus einer völlig anderen Perspektive.

Als ich eine Bemerkung über seinen ausgeprägten Sinn für Ästhetik mache, muss er fast lauthals lachen und sagt mir, dass das „niemand jemals zuvor gesagt hat". Emi, seine zurückhaltende Frau, die den Publikumsbereich leitet, stimmt zu, räumt aber diplomatisch ein, dass „er ein gutes Auge hat".

Obwohl er die Vorstellung, dass er ein Künstler sei, schnell von sich weist, gibt er zu, dass er als Kind im Kunstunterricht nicht zu übertreffen war: „Ich war nie ein sehr guter Schüler und besonders schlecht in Fächern

the restaurant where his mother worked (although the two initially kept their family ties a secret to avoid favoritism) with nothing but a fold-up mattress and began a live-in apprenticeship. The move enabled him to hone his skills and venture out on his own, and he opened *Jimbocho Den* at the age of 29.

Although he stopped making art in high school, the collection of ceramics and exquisite urushi lacquerware at the restaurant – which relocated to the fashionable Jingumae district in 2016 – reflects a reverence for craftsmanship and beautiful things. He's especially fond of urushi because "it's made with natural materials – wood and sap – that can be repaired again and again." When the objects have outlived their usefulness, they "go back into the earth. It's a circle," he says, pointing out that the lacquerware grows in loveliness with age and use.

He shows me an old vessel alongside a newly coated one. In contrast with the hard gleam and opacity of the new bowl, the older one has a reddish sheen, with the insinuation of the wood's natural grain almost visible beneath the lacquer. It's the opposite of a patina, but with a similar effect that speaks of the poetry of the passing of time.

Most of *Den's* pieces are custom-made with subtle tweaks,

wie Mathe, aber mir machte es immer Spaß, etwas mit meinen Händen zu tun", erinnert er sich. Er begeisterte sich fürs Zeichnen, faltete Origami und bastelte knallbunte handgemachte Angelköder (ein passionierter Angler ist er geblieben, diesen Zeitvertreib teilt er mit seinem besten Freund und mittlerweile Geschäftspartner Hiroyasu Kawate, dem Chefkoch und Besitzer des *Florilège*).

Schon früh lernte er, die traditionellen Künste und die Liebe zum Essen zu schätzen – etwas, das er mit seiner Mutter teilt, einer begnadeten Köchin und ehemaligen Geisha, die in Tokyo ein klassisch japanisches Restaurant führte. Sie brachte häufig Köstlichkeiten aus dem Restaurant mit nach Hause – Bento-Boxen, gefüllt mit schön präsentierten saisonalen Gaumenfreuden, die der junge Zaiyu genüsslich verschlang. Als er in der High School war, wusste er, dass er ein Koch werden wollte. Mit Achtzehn kreuzte er im Restaurant, in dem seine Mutter arbeitete, mit nichts als einer Klappmatratze auf (die beiden behielten ihre familiären Beziehungen anfangs für sich, um eine Bevorzugung zu vermeiden). Er begann eine Ausbildung und wohnte vor Ort. Der Umzug ermöglichte es ihm, seinen Fähigkeiten den letzten Schliff zu verpassen und sich selbst hinaus zu wagen: Im Alter von 29 Jahren eröffnete er das

like the flat-bottomed urushi bowls he commissioned from Nakano-san, an artist in Fukui Prefecture. Traditional lacquerware bowls usually feature a foot ring, but Zaiyu wanted to offer guests vessels that could be cupped wholly in the hand.

"It gives a rounded shape, and it looks more beautiful when your fingers cover the bowl completely," he says, urging me to pick the bowl up. It's smooth to the touch and fits perfectly in my palm.

Like a lot of the creators and other people Zaiyu works with, Nakano-san started out as a customer who fell in love with the food and the warm atmosphere of conviviality at *Den*. This is another one of Zaiyu's superpowers – his uncanny knack for finding simpatico collaborators who share his vision.

The same artist made another customized set of black, lidded bowls adorned with gold and silver spirals.

"Actually, this motif is based on a traditional Japanese pattern, with silver and gold dots representing the sun and the moon. But we serve a lot of sake, so this is like what you see after drinking," he explains, twirling his index fingers and wobbling his head in pantomime of the emoji for "drunk."

Restaurant *Jimbocho Den*.

Auch wenn er das Kunstmachen in der High School einstellte, lassen die Keramikkollektion und exquisiten Urushi-Lackwaren des Restaurants, das 2016 in das Szeneviertel Jingūmae umgezogen ist, eine Ehrfurcht vor dem Kunsthandwerk und Sinn für das Schöne erkennen. Seine spezielle Vorliebe gilt Urushi, weil „es aus natürlichen Materialien hergestellt ist – Holz und Saft –, die immer wieder repariert werden können". Wenn die Objekte ihre Lebensdauer überschritten haben, „gehen sie zurück in die Erde, es ist ein Zyklus", sagt er und hebt hervor, dass die Lackwaren mit zunehmendem Alter und Gebrauch an Schönheit gewinnen.

Er zeigt mir ein altes Gefäß neben einem neu lackierten. Im Gegensatz zu dem harten Glanz und der Opazität der neuen Schale leuchtet die ältere in einem rötlichen Schimmer, wobei die natürliche Maserung des Holzes gerade so unter dem Lack sichtbar ist. Es ist das Gegenteil von Patina, aber mit einem ähnlichen Effekt, der von der Poesie vergehender Zeit spricht.

Die meisten Stücke im *Den* sind speziell angefertigt, mit subtilen Rissen, wie die flachen Urushi-Schalen, die er bei Herrn Nakano in Auftrag gegeben hat, einem Künstler aus der Präfektur Fukui. Traditionelle Lackschalen haben

As a chef, Zaiyu approaches everything with seriousness tempered by a wacky sense of humor. But even as a child, his teachers frequently remarked on his unorthodox way of thinking.

"They always told me, 'Indeed, you are.different,'" he laughs.

A lifelong fan of slapstick master Ken Shimura, Zaiyu is an irrepressible teller of dad jokes. Wordplay is ubiquitous in Japanese, a language rife with homonyms and easy rhymes. It's also a cultural legacy of Edo times, when names that sounded similar to words with unlucky meanings were changed to names associated with good fortune. For example, Japanese chefs use the word "ataribachi" for suribachi, a Japanese mortar used to grind sesame seeds, because "atari" has auspicious connotations, while "suri" is linked to gambling and bad luck.

"Edo people always wanted to turn something bad into something good," he explains.

Culinary puns underpin many of the chef's creations. One of his most famous signatures, Dentucky Fried Chicken, started out as a way of poking fun at the modern Japanese tradition of eating KFC at Christmas. The custom began as a Kentucky Fried Chicken marketing scheme in 1974, when the fast-food chain launched a holiday-themed

normalerweise einen Ringfuß, aber Zaiyu wollte seinen Gästen Gefäße anbieten, die man ganz in der hohlen Hand halten kann.

„Das gibt eine runde Form und es sieht schöner aus, wenn deine Finger die Schale komplett umschließen", erklärt er und fordert mich auf, die Schale hochzunehmen. Sie fuhlt sich geschmeidig an und liegt perfekt in meiner Handfläche.

Wie viele schöpferische Menschen, mit denen Zaiyu zusammenarbeitet, war Herr Nakano zunächst ein Kunde, der sich in das Essen und die herzliche, gastfreundschaftliche Atmosphäre im *Den* verliebt hatte. Hier tritt eine weitere von Zaiyus Superkräften zutage – seine unheimliche Gabe, gleichgesinnte Mitarbeiter und Mitarbeiterinnen zu finden, die seine Vision teilen.

Derselbe Künstler fertigte ein weiteres individuelles Set schwarzer, mit Deckel verschließbarer Schalen an, die mit goldenen und silbernen Spiralen verziert sind.

„Eigentlich basiert das Motiv auf einem traditionellen japanischen Muster; die silbernen und goldenen Punkte stehen für die Sonne und den Mond. Wir servieren aber viel Sake, also ist das so, wie man es nach dem Trinken sieht", erklärt er mir, während er seine Zeigefinger

campaign, calling it "Kentucky for Christmas". The trend was an instant hit, and today more than 3 million people in Japan avail themselves of the Colonel's secret recipe during the holidays.

After ordering a KFC takeout for a staff meal one day, Emi suggested making a chicken special for Christmas and serving it in takeaway boxes. Sensing the punny potential of the dish, Zaiyu jumped on the idea, and DFC was born. Though originally a one-off item, the chicken and its kitschy presentation were so popular that DFC became a staple at *Den*.

I had the opportunity to witness Zaiyu's creative mind at work up close, when I joined Team *Den* for the ambitious Dining Out Japan Presentation in Paris nearly five years ago. The brainchild of Tomoki Oorui, founder of media and production company Onestory, Dining Out is a series of spectacular food events typically held outdoors, in rural areas of Japan. For the project's only venture abroad, Oorui turned to Zaiyu, one of the few chefs in Japan with both the range of experience with overseas collaborations and the flexibility needed to roll with the punches that invariably accompany events of such scale. Instead of a field in the Japanese countryside, this time Dining Out was taking over one of the grandest halls of them all: the Louvre.

dreht und mit dem Kopf wackelt, um das Emoji für „betrunken" nachzumachen.

Als Koch geht Zaiyu die Dinge mit Ernsthaftigkeit an, gepaart mit einem skurrilen Sinn für Humor. Schon als Kind haben seine Lehrer häufig Bemerkungen über seine unorthodoxe Art zu denken gemacht.

„Sie haben mir immer gesagt, ‚Du bist tatsächlich . anders'", lacht er.

Zaiyu ist ein lebenslanger Fan des Slapstick-Meisters Ken Shimura und ein unverwüstlicher Erzähler von Vaterwitzen. Wortspiele sind im Japanischen, einer Sprache voller Homonyme und einfacher Reime, allgegenwärtig. Es ist auch ein Erbe aus der Edo-Zeit, als Namen, die ähnlich wie Wörter mit unglücklicher Bedeutung klangen, durch Namen ersetzt wurden, die mit Glück verbunden waren. Japanische Köche verwenden zum Beispiel das Wort „ataribachi" für Suribachi, einen japanischer Mörser zum Mahlen von Sesamsamen, weil „atari" glücksverheißende Assoziationen auslöst, während „suri" mit Glücksspiel und Pech verbunden ist.

„Die Leute der Edo-Zeit wollten etwas Schlechtes immer in etwas Gutes verwandeln", erklärt er.

The plan was bonkers, the logistics staggering. Though my role as sake advisor was minor, the five days I spent on the Dining Out Paris project felt like some of the hardest I'd worked in my life. Inside the La Nef Museum of Decorative Arts on the grounds of the Louvre, Oorui and his crew created an elaborate fantasy of hanami – cherry blossom-viewing. Working with ikebana artisan Masaru Akai, Dining Out managed to bring hundreds of boughs of cherry blossoms from Japan to France, timed to arrive in full bloom. The event opened with a live koto performance, followed by a hanami picnic-themed menu prepared by Team *Den*, alongside Taka Honjo of restaurant *Es*. Because the venue was a museum, gas burners couldn't be used on site, so Zaiyu devised a menu of courses that could be enjoyed at room temperature.

The dishes displayed elegance leavened with *Den's* characteristically playful style. There was the signature monaka, a rice wafer stuffed with miso-marinated foie gras and kumquat, spiked with smoky iburigakko pickled daikon. An emerald-green spring pea soup made with bonito and langoustine broth was served in a ceramic cup like matcha green tea. This was paired with a delicate bite of glutinous rice, scented with salted cherry blossoms and wrapped in a pickled cherry blossom leaf with

Viele Kreationen des Chefkochs sind mit kulinarischen Wortspielen unterlegt. Eines seiner berühmtesten Gerichte, Dentucky Fried Chicken, war ursprünglich eine Anspielung auf den modernen Brauch der Japaner und Japanerinnen, zu Weihnachten bei Kentucky Fried Chicken zu essen. Die Gepflogenheit geht auf eine Marketingstrategie aus dem Jahr 1974 zurück, als die Fastfoodkette eine Weihnachtskampagne mit dem Slogan „Kentucky zu Weihnachten" startete. Der Trend wurde sofort ein Erfolg und heute greifen mehr als drei Millionen Japaner und Japanerinnen während der Feiertage auf das Geheimrezept des Colonel zurück.

Als Emi eines Tages für die Mitarbeiter und Mitarbeiterinnen bei KFC Essen zum Mitnehmen bestellt hatte, schlug sie vor, zu Weihnachten ein spezielles Hühnchengericht zuzubereiten und es in Take-away-Boxen zu servieren. Zaiyu erkannte das spielerische und scherzhafte Potenzial des Gerichts und griff die Idee auf: DFC war geboren. Obwohl es sich eigentlich um eine einmalige Aktion handelte, waren das Hühnchen und seine kitschige Präsentation so beliebt, das DFC eine feste Größe im *Den* wurde.

Ich hatte die Gelegenheit, Zaiyus kreativen Geist bei der Arbeit aus nächster Nähe mitzuerleben, als

caviar. It's a witty, savory take on sakura mochi rice cakes, which, like monaka, are usually eaten as sweet confections to go with green tea. Together with Japanese-French fusions like konbu-marinated veal, the menu was a triumph.

Zaiyu and I reminisce about the event when I stop by *Den* to talk about this story.

"You were so tired-looking," he says, ribbing me lightly, before mentioning that Puchi, Jr., the Hasegawas' beloved pet chihuahua, has a gift for me.

The present is an intricate hand-embroidered brooch depicting my cat Misha, who passed away last year, leaving a hole in my heart far bigger than the size of a cat. It was stitched by the same artist Zaiyu commissioned to make embroidered badges of Puchi Jr. – and his predecessor, the dearly departed Puchi, Sr. – which are displayed at the front of the restaurant.

My eyes well up when I open the box. Zaiyu invites me to stay for lunch with the team, a hearty and homey meal of rice and piping-hot soup, brimming with vegetables and chicken meatballs. It's as soothing as a balm for the soul.

This is, perhaps, Zaiyu's greatest gift of all: the ability to touch

ich vor fast fünf Jahren für die ambitionierte Präsentation des Dining Out Japan in Paris zum Team *Den* stieß. Dining Out ist die Idee von Tomoki Oorui, dem Gründer der Medien- und Produktionsfirma Onestory, und besteht aus einer Reihe spektakulärer Food-Events, die normalerweise in den ländlichen Gebieten Japans im Freien stattfinden. Für das einzige Projekt im Ausland wandte sich Oorui an Zaiyu, einen der wenigen Chefköche Japans, der sowohl über Erfahrung in der Zusammenarbeit mit Auslandskooperationen als auch über die nötige Flexibilität verfügt, um mit den Herausforderungen, die Events dieser Größenordnung immer mit sich bringen, fertig zu werden. Statt auf einem Feld auf dem japanischen Land fand das Dining Out diesmal in einem der prachtvollsten Säle überhaupt statt: im Louvre.

Der Plan war verrückt, die Logistik atemberaubend. Obwohl meine Rolle als Sake-Beraterin eher unbedeutend war, fühlten sich die fünf Tage, die ich mit dem Dining Out Paris-Projekt verbrachte, wie eine der härtesten Arbeiten meines Lebens an. Oouri und seine Mannschaft schufen im Hauptschiff des Musée des Arts Decoratifs auf dem Gelände des Louvre eine elaborierte Fantasie des Hanami – dem Betrachten von Kirschblüten während des Kirschblütenfestes. In Zusammenarbeit

your heart with food that feels like a hug.

mit dem Ikebana-Meister Masaru Akai gelang es Dining Out, Hunderte von Kirschblütenzweigen rechtzeitig aus Japan nach Frankreich zu bringen, damit sie in voller Blüte standen. Die Veranstaltung eröffnete mit einer Koto-Performance, gefolgt von einem Hanami-Picknick, das vom Team *Den* zusammen mit Taka Honjo vom Restaurant *Es* zubereitet wurde. Da es sich bei dem Veranstaltungsort um ein Museum handelte, durften vor Ort keine Gasbrenner eingesetzt werden, weshalb Zaiyu ein Menü aus Gerichten konzipierte, die bei Zimmertemperatur genossen werden konnten.

Die Gänge zeichneten sich durch Eleganz aus, die vom spielerischen Stil des *Den* aufgelockert wurde. Es gab das Signature Dish Monaka, eine Reiswaffel, gefüllt mit in Miso marinierter Foie Gras und Kumquat, angereichert mit Iburigakko, einem geräucherten Daikon-Rettich. Eine smaragdgrüne Frühlingserbsensuppe auf der Basis von Bonito- und Langustenbrühe wurde wie Matcha-Tee in einer Keramiktasse gereicht. Dazu gab es einen zarten Bissen Klebreis, parfümiert mit gesalzenen Kirschblüten und mit Kaviar eingewickelt in ein eingelegtes Kirschblütenblatt: eine witzige und herzhafte Variante der Süßigkeit Sakura Mochi, die, wie Monaka, üblicherweise zu Grünem Tee gegessen wird.

Zusammen mit japanisch-französischen Fusionen wie in Kombu mariniertem Kalbfleisch war das Menü ein Triumph.

Zaiyu und ich schwelgen in Erinnerungen an dieses Ereignis, als ich während meines Besuches im *Den* auf diese Geschichte zu sprechen komme.

„Du hast so müde ausgesehen", neckt er mich sanft und erwähnt sogleich, dass Puchi Jr., der geliebte Chihuahua der Hasegawas, ein Geschenk für mich hat.
Dabei handelt es sich um eine aufwendig handbestickte Brosche mit dem Bild meiner Katze Misha, die letztes Jahr verstorben ist und eine Lücke in meinem Herzen hinterlassen hat, die weitaus größer ist als eine Katze. Sie wurde von demselben Künstler gestickt, den Zaiyu mit den Abzeichen von Puchi Jr. und seinem Vorgänger, dem seligen Puchi Sr., beauftragt hat, und die im Eingangsbereich des Restaurants ausgestellt sind.

Meine Augen werden feucht, als ich die Schachtel öffne. Zaiyu lädt mich ein, zum Mittagessen mit dem Team zu bleiben, einer kräftigen und vertrauten Mahlzeit aus Reis und kochend heißer Suppe, randvoll mit Gemüse und Hühnerfleischbällchen. So wohltuend wie Balsam für die Seele.

Das ist vielleicht Zaiyus größte Gabe: die Fähigkeit mit Essen, das sich wie eine Umarmung anfühlt, mitten ins Herz zu treffen.

Recipe
Marta Mateus
Açorda Alentejana
(Bread Soup from Alentejo)*

1	small bunch of coriander or pennyroyal (or take a little of each)
2	cloves of garlic
	salt
0.3 dl	native extra-virgin olive oil
4	eggs
1	stalebread from Alentejo, in small, thin slices

Finely chop the coriander or pennyroyal and the garlic and crush with a little salt in a mortar. Put the mixture in a serving dish and add the olive oil. This preparation forms the basis for the açorda alentejana.

Bring water to the boil in a medium-sized pot (the quantity of water will determine the quantity of broth). When the water is boiling, add the whole eggs and allow them to poach. As soon as the eggs are poached, pour the eggs and the boiling water over the mixture in the serving dish and add salt to taste. I personally prefer it if everyone puts the amount of bread that they want on their plate and pours the broth with the eggs over it themselves.

Olives provide the perfect accompaniment and, in summer, açorda is often eaten with grapes, figs, and fresh plums.

Traditional açorda can also be prepared with stockfish or any other fish that is suitable for boiling. In this case, cook the fish (e.g. two slices) in water and, as soon as it is cooked, remove the bones and skin. The boiling broth is now used to poach the eggs. Then pour the boiling water over the preparation, together with the eggs and the fish.

Rezept
Marta Mateus
Açorda Alentejana
(Brotsuppe aus dem Alentejo)*

1	kleiner Bund Koriander oder Pennyroyal (oder ein wenig von beidem nehmen)
2	Knoblauchzehen
	Salz
0,3 dl	natives Olivenöl extra
4	Eier
1	hartes Brot aus dem Alentejo, in dünnen, kleinen Scheiben

Den Koriander oder Pennyroyal und den Knoblauch hacken und mit etwas Salz in einem Mörser zerstoßen. Die Mischung in einen Servierbehälter geben und das Olivenöl hinzufügen. Diese Zubereitung ist die Grundlage für die Açorda Alentejana.

Wasser in einem mittelgroßen Topf zum Kochen bringen (die Wassermenge wird der Menge der Suppenbrühe entsprechen). Wenn das Wasser kocht, die Eier im Ganzen hineingeben und pochieren lassen. Sobald die Eier pochiert sind, die Eier und das kochende Wasser über die Mischung gießen, die sich im Servierbehälter befindet, und das Salz anpassen. Ich persönlich mag es lieber, wenn jeder das Brot nach seinem Ermessen auf den Teller legt und die Brühe mit den Eiern darüber schüttet.

Oliven passen hervorragend dazu und im Sommer werden zur Açorda häufig Trauben, Feigen und frische Pflaumen gegessen.

Die traditionelle Açorda kann auch mit Stockfisch oder jedem anderen Fisch zubereitet werden, der sich zum Kochen eignet. In diesem Fall den Fisch (z. B. 2 Scheiben) im Wasser kochen, und wenn er gar ist, Gräten und Haut entfernen. Die kochende Brühe wird nun zum Pochieren der Eier verwendet. Dann das kochende Wasser über die Zubereitung schütten, mit den Eiern und dem Fisch.

Marta Mateus

We Can Only Practice
Excursions,
Correspondences
Montages, Cinematic Images

Marta Mateus

Wir können nur üben
Wanderungen,
Entsprechungen
Montagen, Kinobilder

* From the recipe book that my mother wrote and in which one can read the comment: “Against hang-overs”. This recipe was handed down to her by my grandfather José Hermínio, who was born on a mountain in the Serra de Ossa, taught himself to read while tending sheep, and apparently learnt to prepare açorda with whatever was available, which was sometimes just bread and water.

* Aus dem Rezeptbuch, das meine Mutter geschrieben hat, in dem der Vermerk steht: „Gegen den Kater“. Dieses Rezept wurde ihr von meinem Großvater José Hermínio überliefert, der auf einem Berg der Serra de Ossa geboren wurde, sich selbst während des Schafehütens das Lesen beibrachte, und angeblich lernte, die Açorda mit dem zuzubereiten, was es gab, manchmal nur mit Brot und Wasser.

"Nature is a temple where living pillars
At times allow confused words to come forth;
There man passes through forests of symbols
Which observe him with familiar eyes.

Like long echoes which in a distance are mingled
In a dark and profound unison
Vast as night is and light,
Perfumes, colors and sounds answer one another.

There are perfumes as cool as the flesh of children,
Sweet as oboes, and green as prairies –
And others, corrupt, rich and triumphant,

Having the expansion of infinite things,
Like amber, musk, myrrh and incense,
Which sing of the transports of the mind and the senses.[1]

—

"Arcades are houses or passages having no outside – like the dream."[2]

„Die Natur ist ein Tempel,
wo aus lebendigen Pfeilern
zuweilen wirre Worte dringen;
der Mensch geht dort durch Wälder von Symbolen,
die mit vertrauten Blicken ihn beobachten.

Wie langer Hall und Widerhall, die fern vernommen
in eine finstere und tiefe Einheit schmelzen,
weit wie die Nacht und wie die Helle,
antworten die Düfte,
Farben und Töne einander.

Düfte gibt es, frisch wie das Fleisch von Kindern,
süß wie Hoboen, grün wie Wiesen, –
und andere, zersetzt, üppig und triumphierend,

Ausdehnend sich Unendlichkeiten gleich, so Ambra, Moschus,
Benzoe und Weihrauch,
die die Verzückungen des Geistes und der Sinne singen.[1]

—

„Passagen sind Häuser oder Gänge, welche keine Außenseite haben – wie der Traum."[2]

I

Mutus liber, in quo tamen tota philosophia hermetica, figuris hieroglyphicis depingitur, ter optimo maximo Deo misericordi consecratus, solisque filiis artis dedicatus.[3]

"The wordless book, in which nevertheless the whole of Hermetic Philosophy is set forth in hieroglyphic figures, sacred to God the merciful, thrice best and greatest, and dedicated to the sons of art only ..."

This is the somewhat unwieldy title of one of the most important books of medieval alchemy, which is better known as *Mutus Liber*, or The Wordless Book. The first edition, one example of which (the example that we know today) was owned by Carl Jung, dates from 1677, and is signed by *Altus*, an unknown author. Fifteen illustrated plates present, in sequence, the alchemistic and magic process, the work of the alchemist, the *magnum opus*. Seemingly wrapped in a veil, sealed off, inaccessible, enveloped in mist, we read hermeticism as a puzzle, an obscure, indecipherable, and impenetrable face. This *deep darkness* will either cast a shadow upon or light up more or less dull eyes. Used today to describe *effective Tupperware* – the adjective hermetic has long referred to everything connected with Hermes Trismegistus, the *Thrice Greatest*, a mythical

I

Mutus liber, in quo tamen tota philosophia hermetica, figuris hieroglyphicis depingitur, ter optimo maximo Deo misericordi consecratus, solisque filiis artis dedicatus.[3]

„Das Stumme Buch, in dem die gesamte hermetische Philosophie mittels hieroglyphischen Bildern dargestellt wurde, geweiht dem barmherzigen Gott, dem Besten und Größten, ausschließlich für die Söhne der Kunst bestimmt".

So lautet der umfangreiche Titel eines der wichtigsten Bücher der Alchemie des Mittelalters, besser bekannt als *Mutus Liber*, oder Stummes Buch. Die Erstausgabe, von dem Carl Jung ein Exemplar besaß (das Exemplar, das uns bekannt ist), stammt aus dem Jahr 1677 und ist von *Altus* signiert, einem unbekannten Autor. Fünfzehn illustrierte Tafeln stellen sequenzartig den alchemistischen und magischen Prozess, das Werk des Alchemisten, das *magnum opus* dar. Scheinbar von einem Schleier umhüllt, verschlossen, unzugänglich, in Nebel gehüllt, wird die Hermetik als ein Rätsel, ein verborgenes, unentzifferbares und undurchsichtiges Gesicht, gelesen. Diese *tiefe Finsternis* wird die mehr oder weniger trüben Augen entweder verschatten oder erhellen. Mit *hermetisch* ist – lange vor seiner Verwendung als Adjektiv für *gute*

figure, who is associated with the Greek god Hermes and his Egyptian equivalent Thoth. Hermetic philosophy unfolds in words and images, as a face that presents itself to us and regards us as the secret that is inside us and waiting to be deciphered. Every outward appearance is a vision: *Decipher me or I will devour you.*

With its probable Arabic origins, al-kīmiyā ("chemistry"), and derivation from the Greek khumeía ("the art of combining metals"), the definitions of alchemy are diverse and none of them do full justice to all its potential meanings (in some encyclopedias one can even read: "It is not clear, what it was or what it is"). In treatises, it is generally described as the *Great Art* or *The Art*, and as the *magnum opus*, which, as a psychological phenomenon, for Carl Jung, meant the process of individuation (self-realization), the (re)unification of the conscious and the unconscious as the search for the self, and a return to the one, to the philosopher's stone.

At the beginning of the book, one finds a short note, which explains that the lack of a foreword is a contribution to the better understanding of the work: "(...) this aspect of this work is admirable: Although it is entitled the 'Wordless Book', all nations of the world, the Hebrews, the Greeks, the Latin-speaking, the French, the Italians, the Spanish, the

Tupperware – das gemeint, was sich auf Hermes Trismegistos, den *Dreimal Größten*, bezieht, eine mythische Figur, die mit dem griechischen Gott Hermes und seinem ägyptischen Äquivalent Thot in Verbindung gebracht wird. Die hermetische Philosophie entfaltet sich in Worten und Bildern, ein Antlitz, das sich uns präsentiert und uns wie das Geheimnis betrachtet, das in uns ist und auf seine Entschlüsselung wartet. Jedes äußere Erscheinungsbild ist eine Erscheinung: *Entschlüssle mich oder ich werde dich verschlingen.*

Vermutlich arabischen Ursprungs, al-kīmiyā („die Chemie") und aus dem Griechischen khumeía („die Kunst, Metalle zu verbinden"), sind die Definitionen der Alchemie vielfältig und keine erschöpft ihre Bedeutungen (in einigen Enzyklopädien steht gar geschrieben: „Es ist nicht klar, was es war oder was es ist"). In Abhandlungen wird sie im Allgemeinen als die *Große Kuns*t oder *Die Kunst*, als *magnum opus* bezeichnet, was für Carl Jung als psychisches Phänomen den Prozess der Individuation (Selbstverwirklichung), die (Wieder-)Vereinigung vom Bewussten und Unbewussten auf der Suche nach dem Selbst, eine Rückkehr zum Einen, zum Stein der Weisen bedeutete.

Am Anfang des Buches findet sich eine kurze Notiz, die das

Germans, etc., can read and understand it. (...)"[4]

The pictorial and figurative language of the Wordless Book communicates hermetic learning and shows that: *"It is possible, to read and to understand it. This is why this is the most wonderful book on this subject ever printed, as scholars tell us, due to the fact that it contains things that no one has ever previously said."*[5] From the outset, the wordlessness of these images that contain the *unheard* sows seeds of silence, as vital forces which are dormant in things: in nature, in animals, a single movement that is made in harmony with living beings and in which they *find themselves, finely-tuned* through the vibration of a concordant musicality, to which we turn our ear (silence does not exist, it is a gesture).[6]

The words that give the book its title are engraved on the first plate, *hovering in the air* – the winged words that float and evade – blown from the apocalyptic trumpets of the angels who are standing halfway up and at the top of the ladder that joins heaven and earth. This ladder, Diotima's *scala amoris* or the one from Jacob's dream, which God's angels use to ascend and descend and whose rungs connect *that which is above with that which is below and that which is below with that which is above, as demanded by the Principle of Correspondence,*[7] one of the

Fehlen eines Vorworts als Beitrag zum besseren Verständnis des Werkes erklärt: „(...) dieses Werk ist in diesem Punkt bewunderns-wert: Obwohl es den Titel Stummes Buch trägt, können alle Nationen der Welt, die Hebräer, die Griechen, die Lateiner, die Franzosen, die Italiener, die Spanier, die Deutschen usw. es lesen und verstehen. (...)"[4]

Die bildhafte und figurative Sprache des Stummen Buches vermittelt ein hermetisches Wissen und zeigt: *„Es ist möglich, es zu lesen und zu verstehen. Daher ist dies das schönste Buch, das je zu diesem Thema gedruckt worden ist, wie die Gelehrten sagen, da es Dinge enthält, die noch nie von jemandem gesagt wurden."*[5] Diese Bilder, die das *Ungehörte* enthalten, säen in ihrer Stummheit von vornherein Samen der Stille, als lebendige Kräfte, die in den Dingen ruhen: in der Natur, in den Tieren, eine einzige Bewegung, die in Harmonie mit den Lebewesen wirkt und in der sie sich *finden, feingestimmt* durch die Vibration einer einstimmigen Musikalität, an die wir unser Ohr lehnen (die Stille existiert nicht, sie ist eine Geste).[6]

Die Worte, die dem Buch seinen Titel geben, sind auf der ersten Bildtafel eingraviert, *in der Luft schwebend* – die geflügelten Worte, die schweben und aus-weichen – verblasen von den apokalyptischen Posaunen der

Seven Principles of Thoth. *"Steps and ladders are an ancient and universal device for representing the growth, the upward and downward motion of nature. They are the symbol of achievement in the rise and descent through space, just as the circle – the coiled serpent – is the symbol for the rhythm of time."*[8]

A human form sleeps and dreams on the ground, surrounded by wild branches that form an arch, the *Creative Dream.*[9] Is the image dreamed by the dreamer or is the dreamer imagined by images?

For the Greeks, sleep (Hypnos) and death (Thanatos) are both states of the loss of consciousness, the former temporary and the latter permanent. Dreams occur outside sleep. The dream is the expression of a human need, an awakening in a *forest of symbols*. *"The dream that requires creation signifies that the figure has to create itself or be created anew."*[10] The dream helps the secret to free itself from the truth (of the face).

For María Zambrano, the figure that perfectly answers this *"call"* is Antigone, *"the author figure"*.[11] The symbiosis between author and figure is a vehicle for the figure in the *"proximity of its initial dream of freedom, as a means of sharing in the condition of the author and becoming the author or the co-author of itself."* This means that, unlike Oedipus,

Engel, die auf halber Höhe und an der Spitze der Leiter stehen, die Himmel und Erde miteinander verbindet. Die verbindende Leiter, die *scala amoris* von Diotima, oder jene aus Jakobs Traum, über die Gottes Engel auf- und niedersteigen, verbindet über Sprossen *das was oben mit dem was unten und das was unten mit dem was oben ist*, wie es das *Gesetz der Entsprechung*[7], eines der sieben Gesetze des Toth, verlangt. *„Stufe und Leiter sind für den, der das Werden, das Auf und Nieder in der Natur versinnbildlichen will, die Urerfahrung der Menschheit. Sie sind das Symbol für das erkämpfte Auf und Nieder im Raum, wie der Kreis – die geringelte Schlange – das Symbol für den Rhythmus der Zeit ist"*[8]

Auf der Erde schläft und träumt eine menschliche Gestalt, umrankt von wilden Zweigen, die sich zu einem Bogen formen, den *schöpferischen Traum.*[9] Wird das Bild vom Träumenden geträumt oder wird der oder die Träumende von Bildern geträumt?

Für die Griechen sind Schlaf (Hypnos) und Tod (Thanatos) beides Zustände des Bewusstseinsverlusts, ersterer vorübergehend, letzterer für immer. Träumen liegt außerhalb des Schlafs. Der Traum ist der Ausdruck eines menschlichen Bedürfnisses, er ist bereits ein Erwachen in einem *Wald von Symbolen*.

"who takes upon himself the tragedy of having to be king", Antigone recreates herself in the most transcendent of all acts, *"in that she performs the true act with the clarity, in which dream and wakefulness unite."*[12] Antigone discovers herself in the tragic moment, in which she recognizes herself, as the way out of a dream or, in other words, she wakes in the dream.

Zambrano imagines this dreamlike narrative through words, through literature, quoting the example of several literary figures, including Kafka, Cervantes and Proust, as figurative degrees of ethics and constellations of unity. Carl G. Jung, on the other hand, primarily uses alchemist iconography to emphasize the psychological reality of the dream image and the symbol: *"What the written word could express only imperfectly, or not at all, the alchemist compressed into his images, and strange as they are, they often speak a more intelligible language than is found in his clumsy philosophical concepts."*[13]

Medieval alchemy was portrayed in many images and these were reproduced across Europe during the Inquisition, which led to a counter-movement to the terror tactics of the Catholic Church: It is possible that the symbolism of the teachings of the alchemist philosophers more easily escaped literal understanding and, hence, the persecution of the inquisitors.

„Der Traum, der der Schaffung bedarf, bedeutet, dass die Figur sich neu erschaffen oder neu erschaffen werden muss."[10] Der Traum hilft dem Geheimnis, sich von der Wahrheit (des Gesichts) zu lösen.

Für María Zambrano ist die Figur, die par excellence diesem *„Ruf"* folgt, Antigone, *„die Autorenfigur"*[11]. Die Symbiose zwischen Autorin und Figur ist ein Vehikel für die Figur in der *„Nähe ihres anfänglichen Traums von Freiheit, um am Zustand des Autors teilzuhaben und zum Autor ihrer selbst oder Mitautor zu werden."* Das heißt, im Gegensatz zu Ödipus, *„der die Tragödie auf sich nimmt, König sein zu müssen"*, erschafft sich Antigone in der transzendentesten aller Handlungen neu, *„indem sie mit der Klarheit, in der sich Traum und Wachsein vereinen"*, *„die wahre Handlung erfüllt."*[12] Antigone findet sich selbst im tragischen Moment, in dem sie sich selbst erkennt, als Ausweg aus einem Traum, oder besser gesagt, sie erwacht im Traum.

Zambrano denkt diese träumerische Handlung durch das Wort, durch die Literatur, und führt das Beispiel mehrerer literarischer Figuren an, von Kafka, Cervantes, Proust, als bildhafte Potenzen der Ethik, Konstellationen der Einheit. Carl G. Jung hingegen hebt vor allem die psychische Realität des

In *Psychology and Alchemy*, Jung analyzes not just the classical texts but also, and in great detail, these images of the hermetic tradition that stemmed from medieval alchemy, and relates these to the dreams of his patients, because he finds in them the same symbolism that pervades the production of mental images in both dreams and the waking state.

II

The "hieroglyphic figures" of the *Mutus Liber* are connected with each other and with the various spheres and, like Antigone – the figure who recreates herself in the action of the alchemist's own *work* – they are united in the same burning process: It is the material of the alchemist that enters *the fire*; the alchemist is inscribed in the body of the work; the gesture of creating oneself takes place using the material of the body; from the unconscious to the bones, from the soul to the circulation of the blood, the work of the alchemist is created in alchemized material. The hands of the artist inform the material, the material informs the spirit, the spirit informs the hands of the artist, which inform each other.[14]

"This expanse that has to be crossed, the 'materialization' of freedom itself; (...) moves on as progress is made."[15] – It is the impediment of the dream that is revealed by freedom.

Traumbildes und des Symbols durch die alchemistische Ikonographie hervor: *„Was das geschriebene Wort nur unvollkommen oder gar nicht ausdrücken konnte, das hat der Alchemist in seiner Bilder gelegt, welche eine zwar absonderliche, aber oftmals doch vernehmlichere Sprache reden als die Unbehilflichkeit seiner philosophischen Begriffe."*[13]

Die Bildproduktion der mittelalterlichen Alchemie ist umfangreich und wurde während der Inquisition in ganz Europa wiedergegeben, wodurch eine Bewegung gegen die Schrecken der katholischen Kirche entstand: Vielleicht entkam die Symbolik der Bilder, die aus den Lehren der weisen Alchemisten hervorgingen, leichter der Lektüre und damit der Verfolgung durch die Inquisitoren.
In *Psychologie* und *Alchemie* analysiert Jung neben den klassischen Texten ausführlich diese Bilder der hermetischen Tradition, die von der mittelalterlichen Alchemie hervorgebracht wurden, und setzt sie in Beziehung zu den Träumen seiner Patienten, weil er in ihnen dieselbe Symbolik findet, die die Produktion mentaler Bilder im Traum und im Wachzustand durchzieht.

This undertaking of returning home "hides" the dangers of life and death, like the puzzle of the Sphinx – *"he, who was in exile and is made dizzy by deciphering"*.[16]

Herberto Helder "writes himself" in his depiction of the face of the author in the body of the work:

"Writes himself.
There are the clouds, trees, colors, temperatures.
There is the space.
We must discover our relationship with the space.
Create sculpture.
Sculpture: Object.
Objects for the creation of space, mirrors for the creation of images, people for the creation of silence.
Objects for the creation of mirrors for the creation of people for the creation of space for the creation of images for the creation of silence.
Objects for the creation of silence.
Finally we have this silence: It is an autobiography.
It is something that is conquered by the power of words.
One can die, afterwards, I mean.
(...)"

Several pages later, one reads:

I am alone: I write
The joy of writing.
(...)
Writing is dangerous.
(...)
The thing about labyrinths is: You have to pass through them.[17]

II

Die „Hieroglyphenfiguren" des *Mutus Liber* sind miteinander verbunden, mit den verschiedenen Bereichen und, wie Antigone – die Figur, die sich in der Aktion des eigenen *Werks* des Alchemisten neu erschafft – in der gleichen Verbrennung vereint: Es ist die Materie des Alchemisten, die *ins Feuer* geht; der Alchemist ist in den Körper des Werks eingeschrieben; die Geste, sich selbst zu erschaffen, findet in der Materie des Körpers selbst statt; vom Unbewussten bis zu den Knochen, von der Seele bis zum Blutkreislauf wird das Werk des Alchemisten in alchemisierter Materie kreiert. Die Hände des Künstlers oder der Künstlerin informieren die Materie, die Materie informiert den Geist, der Geist informiert die Hände des Künstlers oder der Künstlerin, die sich gegenseitig informieren.[14]

„Diese Weite, die es zu durchlaufen gilt, ‚Materialisierung' der Freiheit selbst; (...) beim Fortschreiten bewegt sie sich fort."[15] — es ist das Hindernis des Traums, das die Freiheit offenbart.

Dieses Vorhaben der *Rückkehr in die Heimat* „birgt" Gefahren auf Leben und Tod, wie das Rätsel der Sphinx – *„derjenige, der im Exil war und in das Schwindelgefühl der Entzifferung fällt"*.[16]

"Man is only man on his surface. Lift off the skin, dissect: here the machinery begins. And soon you lose your bearings in an inexplicable substance, foreign to all you know and yet the basic stuff ...."[18]

III

"The symbolic is the highest degree or level of intensity of the meaningful, something present in the world that we should discover and, according to Goethe, this is precisely what one discovers when one begins to describe the world. (...) the spirit is discovered through the description of the thing. Hence, the living work of art is an encounter between subject and object. For Goethe, a symbolic theory requires a notion of nature as language and of the interpreter as a translator, whereby the best translator is neither philosophy nor science: The true intermediary is art."[19]

According to Zambrano, dreams that contain or reveal ones fate are true *alphabets of hieroglyphics* and, in this regard, intermediaries, in the way that humans, nature, and the cosmos are intermediaries. In creating the work, the alchemist-artist adapts and interprets the *hieroglyphs*, which is the same as saying that he adapts the *materials of the unspeakable*, from which he creates other silences: It is these that enable him to reveal the face of the secret.

Herberto Helder „schreibt sich selbst" in der Darstellung des Gesichts des Autors im Körper des Werkes:

„Schreibt sich selbst.
Es gibt Wolken, die Bäume, die Farben, die Temperaturen.
Es gibt den Raum.
Wir müssen unsere Beziehung zum Raum finden.
Skulptur machen.
Skulptur: Objekt.
Objekte für die Erschaffung von Raum, Spiegel für die Erschaffung von Bildern, Menschen für die Erschaffung von Stille.
Objekte zur Erschaffung von Spiegeln zur Erschaffung von Menschen zur Erschaffung von Raum zur Erschaffung von Bildern zur Erschaffung von Stille.
Objekte für die Erschaffung von Stille.
Schließlich haben wir das Schweigen: Es ist eine Autobiographie.
Es ist etwas, das durch die Kraft der Worte erobert wird.
Man kann sterben, danach, meine ich.
(...)"

Einige Seiten weiter steht zu lesen:

Ich bin alleine: Ich schreibe Schreibfreude.
(...)
Schreiben ist gefährlich.
(...)
Mit den Labyrinthen ist es so:
Man muss durch sie

The work plays out in the transcendent story of the dreamer, who is no longer an actor, in which his or her tragic fate is put on the line, of the creator, who, at every turn, rises and falls in space, creates him- or herself and undergoes metamorphoses in a conscious timeframe. The face is sometimes unrecognizable, veiled, transformed, and gradually reveals itself to the author.

The hieroglyphic figures of the *Mutus Liber* are also communicating faces, which change with every single step – they reveal themselves *gradually* –, from which the secret name of the being *wordlessly* emerges, torn from the shadows or carved in stone (*petra genitrix*), the self in Jung's analytic language.[20] Driving away the shadows doesn't mean trying to divert the clouds but, rather, being aware that clouds exist and attempting to recognize them.

"To be a magus means to know and evoke these archi-names."[21]; the names which *were torn* from the being itself, the doubled being, whom Artaud discussed and rendered visible in an attempt to understand the *hieroglyphs* in its depths; the cosmos, that vibrates in their alphabet.

"The secret name is the gesture that restores the creature to the unexpressed (...) In the final instance, magic is not a knowledge of names but a gesture, a breaking

hindurchgehen.[17]
„Der Mensch ist nur an seiner Oberfläche Mensch. Hebe die Haut an, seziere: Hier fangen die Maschinen an. Dann verlierst du dich in einer unerklärlichen Substanz, die allem, was du weißt, fremd ist und doch das Wesentliche darstellt."[18]

III

„Das Symbolische ist die maximale Potenz oder Intensivierung des Bedeutsamen, als etwas in der Welt Vorhandenes, das es zu entdecken gilt, und laut Goethe macht man genau diese Erfahrung, wenn man beginnt, die Welt zu beschreiben. (...) der Geist wird durch die Beschreibung der Sache entdeckt. Das lebendige Kunstwerk ist also eine Begegnung zwischen Subjekt und Objekt. Eine Symboltheorie bei Goethe setzt eine Konzeption der Natur als Sprache und des Interpreten als Übersetzer voraus, wobei der beste Übersetzer weder die Philosophie noch die Wissenschaft ist: Die wahre Vermittlerin ist die Kunst."[19]

Träume, die das Schicksal enthalten oder verkünden, sagt Zambrano, sind wahre *Hieroglyphenalphabete*, und in dieser Hinsicht Vermittler, wie der Mensch, die Natur und der Kosmos Vermittler sind. Bei der Herstellung des Werks bearbeitet und interpretiert der Alchemist-Künstler die *Hieroglyphen*, was gleichbedeutend damit ist, dass er

free from the name."[22] Here, Giorgio Agamben makes the leap from the cabbalistic tradition, which is understood as just the *face of the words* – a surface without depth – and translates this into a policy of action: The avoidance of the name, which was given to us, is a gesture that enables our being to unfold, in the Aristotelian sense of *the path that is created by walking*; an anamnesis that is made manifest by the gesture in which the creature returns to itself.

The joy conjured up by this *specific language*, by the secret name that is written in a language of shared alphabets, numbers, signs, and symbols, is the encounter with the self in creation and also a recollection of the eternal existence, which is created on the basis of a *doubled*, unconscious, and forgotten being that *recreates* itself.

"Man can do anything; and first of all, he can deprive me of myself, take from me the power to say 'I'."[23] In a magical universe of creatures that communicate via gestures, author-characters are somehow anonymous, in the *depth of unity*, each in the form of their *own name*: Giving birth to a *language within the language*, the work of the artist, with his or her gestures, is part of a large common work, (as a result of which it is anonymous).

an der *Materie des Unaussprechlichen* arbeitet, aus der er andere Stillen erzeugt: Aus ihnen wird das Gesicht des Geheimnisses freigegeben.

Das Werk spielt sich in der transzendenten Handlung des Träumers oder der Träumerin ab, der kein Darsteller mehr ist, in der sein tragisches Schicksal aufs Spiel gesetzt wird, des Schöpfers oder der Schöpferin, die auf Schritt und Tritt im Raum auf- und absteigt, sich selbst erzeugt und in einer bewussten zeitlichen Öffnung Metamorphosen erleidet. Das Gesicht wird manchmal unerkennbar, verschleiert, verändert und offenbart sich allmählich dem Autor oder der Autorin.

Die hieroglyphischen Figuren des *Mutus Liber* sind auch kommunizierende Gesichter, die sich bei jedem einzelnen Schritt verändern – sie entfalten sich *stufenweise* –, aus denen *stumm* der geheime Name des Wesens hervorkommt, der aus dem Schatten gerissen wurde oder in Stein gemeißelt ist (*petra genitrix*), das *Selbst* in Jungs analytischer Sprache.[20] Die Schatten zu vertreiben bedeutet nicht, dass man versucht, die Wolken umzuleiten, sondern dass man weiß, dass es Wolken gibt, und versucht, sie zu erkennen.
„Magier zu sein bedeutet, den Erznamen zu kennen"[21]; den Namen, der dem Wesen selbst

"Without losing anything of myself, I have to follow this instinct and ensure that these colors, which are spread across the fields, have the same importance for me that the harvest has for them the peasants. (...) In this way, the land is given new life from brushstroke to brushstroke. A landscape will emerge for the price of the work in my field."[24] *My method, my code, is realism*, writes Paul Cézanne, the work of digging with the language of nature, of becoming one with the work, so that, in this gesture, the nature of the landscape is also born in the work.

IV

Like the dreamer, the alchemist only becomes an artist or creator when he or she awakes and takes part in the act of creation.

In the Book of Exodus,[25] God orders Moses to summon Bezalel, whose name means *"in the shadow (under the protection) of God"*.[26] Bezalel is then asked by God to build the Tabernacle and the Ark of the Covenant (the covenant between God and the people, between heaven and hearth). He was known as an outstanding craftsman. God inspired him with his spirit and gave him various talents as well as the wisdom *"to combine the letters of the alphabet, with which heaven and earth were created"*.[27] It is these qualities that *transform* Bezalel from a craftsman into an

entrissen wurde, dem doppelten Wesen, von dem Artaud sprach und ihn so im Versuch auf die Bildfläche brachte, in seinen Tiefen an seinen *Hieroglyphen* teilzuhaben; dem Kosmos, der in ihrem Alphabet schwingt.

„Der geheime Name ist in Wirklichkeit die Geste, durch die das Geschöpf zum Unausgesprochenen zurückgeführt wird (...) die Magie ist letztlich nicht das Wissen, sondern die Abweichung vom Namen.[22]*"* Giorgio Agamben macht hier einen Sprung von der kabbalistischen Tradition, die als ein *Gesicht der Worte* – eine Oberfläche ohne Tiefe – verstanden wird, und überträgt sie auf eine Politik des Handelns: Die Abwendung vom Namen, der uns gegeben wurde, ist eine Geste der Entfaltung des Seins, im aristotelischen Sinne des *Weges, der durch das Gehen entsteht*; eine Anamnese, die sich durch die Geste manifestiert, in der die Kreatur zum Selbst zurückkehrt.

Das Glück, das eine *eigene Sprache* heraufbeschwört, den geheimen Namen, der in eine Sprache von gemeinsamen Alphabeten, Zahlen, Zeichen, Symbolen eingeschrieben ist, ist die Begegnung des Selbst in der Schöpfung, die zugleich die Erinnerung an das ewige Sein ist, das auf der Grundlage eines *doppelten*, unbewussten und vergessenen Seins geschaffen wird, das sich *wiederherstellt*.

artist. Seized by the divine spirit, Bezalel harmoniously combines the excellence of his technique and art (beauty) in the unity of the work (matter and spirit) and is thus regarded as the first creator amongst humans, the first artist in the testaments.
Then God descends to earth in order to inhabit the Tabernacle, the work of art that is his earthly conveyance. In its form and configuration, the Tabernacle is identified as the first annunciation of Christ, the incarnation of the *word* and the *logos* in the world made manifest (the recognition of things, the face, the gesture, in the depth of the work of art, as images of the "unspoken" and revelations of the future).

So who is the creator of the Tabernacle? God, Moses, who passed on God's word to Bezalel, or Bezalel, the artist, himself? The position of the work (the Tabernacle) goes beyond the notion of the author, in order to find unity in sensitive forms: The expression is that of the sign, the form, the light.[28]

The things of the world are shadows that enable us to imagine real things, and the shadows *chase the ideas that gave birth to them*, attempt to measure up to the idea, and the ideas reveal themselves to be phenomena; this is the Platonic concept, which was formulated as the Theory of Ideas or of Intelligible Forms. We can

„Es passiert etwas (mit den Figuren), dass sie sich nur offenbaren können, indem sie sich ihrer Macht, Ich zu sagen, berauben".[23] In einem magischen Universum von Kreaturen, die durch Gesten kommunizieren, werden die Autoren-Charaktere irgendwie anonym, in der *Tiefe der Einheit*, jeder in Form seines *eigenen Namens*: Eine *Sprache innerhalb der Sprache* gebärend, nimmt das Werk des Künstlers oder der Künstlerin mit seinen oder ihren Gesten an einem großen gemeinsamen Werk teil (das daher anonym ist).

„Ohne etwas von mir selbst zu verlieren, muss ich mich diesem Instinkt anschließen und dafür sorgen, dass diese Farben, die über die Felder verstreut sind, für mich die Bedeutung haben, die eine Ernte für sie die Bauern hat. (...) So wird das Land von Pinselstrich zu Pinselstrich neu belebt. Um den Preis der Arbeit in meinem Feld wird eine Landschaft entstehen."[24] *Meine Methode, mein Code, ist der Realismus*, schreibt Paul Cézanne, die Arbeit des Grabens in der Sprache der Natur, der Vereinigung mit dem Werk, sodass in dieser Geste, mit der Landschaft, ihr eigenes Wesen auch im Werk geboren wird.

IV

Der Alchemist oder die Alchemistin wird wie der

imagine the relationships between the manifestation of the Tabernacle and the image of the vessel (or even of the Holy Chalice), which absorbs the forms and ideas of the sensory world and is present in the patterns of nature.[29]

V

In an interview, Jacques Rivette once said that "all films are like a dream" and that it is "naturally difficult to watch a film that we have made." In the work, the author still appears unconsciously and, not recognizing himself immediately, only discovers and reveals himself in the process of production. The work is always ahead of him, at another level, in the sense that it *goes beyond* the substance of the work and creates an existence that offers continuity and gives back to the artist (and the magician) the meaning of his language, through which the alchemistic gesture communicates. If *"the gesture of the author manifests itself in the work, breathes life into it"*, this is not yet the *"secret name"* but, rather, *a* (potential) *close struggle* in the linguistic contest between the secret name, self-description, and the subjectivity that leads to the back-and-forth between the "doppelgänger" and the gesture in earthly space and time.[30]

The cinema is the dream as an expansion of the waking state, a middle way, which allows the self

Träumer oder die Träumerin erst dann zum Künstler oder zur Künstlerin, zum Schöpfer oder zur Schöpferin, wenn er oder sie erwacht und an der Schöpfung teilnimmt.

Im Buch Exodus,[25] befiehlt Gott Mose, Bezalel zu rufen, dessen Name *„im Schatten (im Schutz) Gottes"* bedeutet.[26] Bezalel wird so von Gott beauftragt, den Mischkan und die Bundeslade zu bauen (Bündnis zwischen Gott und dem Volk, zwischen Himmel und Erde). Er war als hervorragender Handwerker bekannt. Gott inspirierte ihn aus seinem Geist heraus und gab ihm verschiedene Talente und die Weisheit, *„die Buchstaben des Alphabets zu kombinieren, mit denen Himmel und Erde geschaffen wurden"*.[27]
Es sind diese Eigenschaften, die die Figur des Bezalel vom Handwerker in einen Künstler *verwandeln*. Vom göttlichen Geist ergriffen, bringt Bezalel die Vorzüglichkeit seiner Technik und die Kunst (das Schöne) in der Einheit des Werkes (Materie und Geist) miteinander in Einklang und gilt daher als der erste Schöpfer unter den Menschen, der erste Künstler in den Testamenten.
Dann steigt Gott auf die Erde herab, um den Mischkan zu bewohnen, das Kunstwerk, das sein Transportmittel auf Erden ist. Der Mischkan wird in seiner Gestaltung und Konfiguration als eine erste Ankündigung Christi,

to manifest itself beyond the bounds of timelessness, marked by the rhythm and weight of every step under the influence of the Earth's gravity, which finds a poetic language ("I don't fly, I walk: I want you to hear.")[31] An image between images, correspondences between images in images, space, and time, which form the face in depth and in movement.

"If direction is a look, montage is a heartbeat. (...) cutting on a look is almost the definition of montage, its supreme ambition as well as its subjection to mise-en-scene. It is, in effect, to bring out the soul under the spirit, the passion behind the intrigue, to make the heart prevail over the intelligence by destroying the notion of space in favor of that of time."[32]

Montage gives images a vital beating rhythm, and the duration of this movement of the images gives them back the breath that has been neutralized – the same *temporal breathing* that María Zambrano gives back to Antigone in the tomb (op. cit).

In *Mutus Liber*, a thinking heart is beating in the images, whose sequence defines a rhythm without rhetoric: The images are ambivalent, they can be read in various ways, the viewer is challenged to become part of the language of the work, to join it. A dreamlike timelessness returns the gesture – *that stranger with the secret name*, as Proust would say

der Inkarnation des *Wortes* und des *Logos* in der manifestierten Welt, identifiziert (das Erkennen der Dinge, des Gesichts, der Geste, in der Tiefe des Kunstwerks, als Bilder des „nie Gesagten" und Offenbarungen des Werdens).

Wer ist denn nun der Schöpfer des Mischkans? Gott, Mose, der das Wort Gottes an Bezalel weitergab, oder Bezalel, der Künstler? Der Ort des Werkes (der Mischkan) geht über den Begriff des Autors oder der Autorin hinaus, um in den sensiblen Formen eine Einheit zu finden: Die Signatur ist die der Spur, der Form, des Lichts.[28]

Die Dinge der Welt sind Schatten, durch die wir die wirklichen Dinge denken können, und die Schatten *laufen hinter den Ideen her, die sie hervorgebracht haben*, versuchen, der Idee zu entsprechen, und die Ideen manifestieren sich als Phänomene; das ist die platonische Konzeption, die als Ideenlehre oder Lehre der intelligiblen Formen formuliert wurde. Wir können an die Beziehungen zwischen dem manifestierten Mischkan und dem Bild des Gefäßes (oder auch des heiligen Gefäßes) denken, das die Formen und Ideen der sinnlichen Welt aufnimmt und in den Mustern der Natur präsent ist.[29]

– to the time of the reader, a gesture that processes the substance of the work, the work of the alchemist, in a continuous drawing between nature and the cosmos and transforms its own body into an incorruptible material (into gold, into silence, into a love of the work). In a continuous, complementary gesture, in which the plant, animal, and mineral kingdoms cooperate, art is an intermediary, in which the artist is united with nature, with the cosmos, and with him- or herself.

In its morphology, the human figure reflects hermetic philosophy: With its feet on the ground and its hands stretched towards the sky, a human is a pontifex, who connects heaven and earth. The spirit is sought in the material, in the same way that Isis collects the parts of the body of Osiris and unites with this body in the form of a bird.

"The human, who learns to stand erect in their second year, feels the joy of the step, while, as a being, who first has to learn to walk, they also obtain the blessing of a raised head. (...) Watching the heavens is both the blessing and the curse of humanity."[33]

We approach the spectacle of the world like a history book, and that which we see before our eyes becomes a symbol. Working our way through the *forest of images*, in order to find unity in a fragment.

V

Jacques Rivette sagte mal in einem Interview, dass „alle Filme wie ein Traum sind" und dass es „natürlich schwierig ist, einen Film anzusehen, den wir gemacht haben". Der Autor zeigt sich im Werk noch unbewusst, er erkennt sich nicht sofort, er entdeckt und offenbart sich erst im Prozess der Entstehung. Das Werk ist ihm immer Voraus, auf einer anderen Stufe, in dem Sinne, dass es von der Materie des Werkes aus *weitergeht* und ein Lebenszentrum erzeugt, das Kontinuität bietet und dem Künstler (und den Magiern) die Aussage ihrer Sprache zurückgibt, durch die die alchemistische Geste kommuniziert. Wenn *„die Geste des Autors sich in dem Werk manifestiert, dem sie Leben einhaucht"*, so ist dies noch nicht der *„geheime Name"*, sondern *ein* (möglicher) *Nahkampf* im Sprachspiel zwischen dem geheimen Namen, dem Sich-Schreiben und der Subjektivität, die sich im Hin und Her zwischen dem „Doppelgänger" und der Geste in Raum und Zeit der Welt ergibt.[30]

Das Kino ist der Traum als Erweiterung des Wachzustandes, ein Zwischenweg, auf dem sich das Sein bereits außerhalb der Zeitlosigkeit manifestiert, gekennzeichnet durch den Rhythmus und das Gewicht jedes Schrittes in der Schwerkraft der Welt, die eine poetische Sprache

VI

"To write is also to become something other than a writer"[34], a becoming that pervades life and all that is lived, the work as a strain on one's health (Clarice Lispector also uses this image), the invention of a *missing people, a people that perhaps only exists in the atoms of the writer and for whom the writer writes*: an intimacy between the artist and life, that which we have before us; all things as one deep unity. For Deleuze, the ultimate objective of literature is to discover, in delirium, what it is to ensure good health, or invent a people or, in other words, the opportunity to experience life as a work:

"... the artist begins by looking around him- or herself, into all the milieus, but does so to grasp the trace of creation in the created, of naturing nature in natured nature; then, adopting 'an earth-bound position,' the artist turns his or her attention to the micro-scope, to crystals, molecules, atoms, and particles, not for scientific conformity, but for movement, for nothing but immanent movement; the artist tells him- or herself that this world has had different aspects, will still have others, and that there are already others on other planets; finally, the artist opens up to the Cosmos in order to harness forces in a 'work' (without which the opening onto the Cosmos would only be a reverie incapable of

findet („Ich fliege nicht, ich gehe: Ich möchte, dass ihr hört.")[31] Bild zwischen Bildern, Entsprechungen zwischen Bildern in Bildern, der Raum und die Zeit, die das Gesicht in der Tiefe und in der Bewegung bilden.

„Wenn Inszenieren – mettre en scène – ein Blick ist, ist Schneiden ein Herzschlag. (...) Anschlüsse machen, die dem Blick folgen, das ist fast schon die Definition der Montage, ihr schönster Ehrgeiz und zugleich ihre Unterwerfung unter die Inszenierung. So lässt man in der Tat die Seele hinter dem Geist hervortreten, die Leidenschaft hinter der Intrige, so gibt man dem Herzen den Vorrang vor der Intelligenz und zerstört dabei den Begriff des Raums zugunsten dessen der Zeit.“[32]

Der Schnitt verleiht den Bildern ein vitales Pulsieren, und die Dauer dieser Bewegung der Bilder gibt ihnen den Atem zurück, der neutralisiert worden war – María Zambrano gibt Antigone im Grabmal dieselbe *zeitliche Atmung* zurück (op. cit).

Im *Mutus Liber* pulsiert ein denkendes Herz durch die Bilder, deren Abfolge einen Rhythmus ohne Rhetorik vorgibt: Die Bilder sind ambivalent, sie bieten mehrere Lesarten an, der Betrachter oder die Betrachterin wird aufgefordert, an der Sprache des Werks teilzunehmen, sich ihr anzuschließen.

enlarging the limits of the earth); this work requires very simple, pure, almost childish means, but also the forces of a people, which is what is still lacking. We still lack this ultimate force. ... We seek a people. We began over there in the Bauhaus. ... More we cannot do." [35]

This striving for good health on the part of the artist is, in the words of Paul Klee, a political gesture, the purpose of which is to *"look around"* and capture the trace of creation in reality or, as Goethe expressed it, to ground the poet in reality, in the *Poetry of Circumstance*, as demanded by Paul Éluard:

"True poetry must express the real world, but also our inner world and the transformed world that we have dreamed, the reality that is within us, when our eyes are truly open. (...) The world, says Goethe, is so large, so rich, and life offers such a diverse spectacle, that we will never lack material for poetry. But it is necessary that this is a poetry of circumstance or, in other words, reality must deliver the motive and the content. It is precisely the fact of being addressed by a poet that transforms an individual incident into something that is universal and poetic. My poems are all poems of circumstance. They are inspired by reality, upon which they are based and to which they refer. I have no time for poems that are based on nothing. One shouldn't

Eine träumerische Zeitlosigkeit gibt der Zeit des Lesers oder der Leserin die Geste zurück – *jenem Fremden mit geheimem Namen*, wie Proust sagen würde –, die die Materie des eigenen Werkes, nämlich das des Alchimisten, in einer durchgehenden Zeichnung zwischen Natur und Kosmos bearbeitet und den eigenen Körper in unbestechliche Materie (in Gold, in Stille, in Liebe zum Werk) verwandelt. In einer kontinuierlichen, komplement-ären Geste, in der das Pflanzen-, das Tier- und das Mineralreich zusammenarbeiten, ist die Kunst ein Vermittler, und in ihr vereint sich der Künstler oder die Künstlerin mit der Natur, mit dem Kosmos, mit sich selbst.

Die menschliche Figur spiegelt in ihrer Morphologie die hermetische Philosophie wider: mit den Füßen auf dem Boden und den Händen zum Himmel gerichtet, ist der Mensch ein Pontifex, der Himmel und Erde verbindet. Der Geist wird in der Materie gesucht, so wie Isis die Teile des Körpers von Osiris sammelt und sich mit diesem Körper in der Form eines Vogels vereinigt.

„Der Mensch, der im zweiten Jahre sich aufzurichten lernt, empfindet das Glück der Stufe, weil er als Wesen, das erst lernen musste zu gehen, zugleich die Gnade des aufgerichteten Kopfes empfängt. (...) Das Himmelbeobachten ist Gnade

say that reality is lacking in poetic interest; a poet truly proves himself when his mind is able to discover something interesting in a banal subject. Reality must deliver the motif, the starting point, the real core; but it is up to the poet to shape this into a beautiful, living whole." [36]

Capturing reality in the work of art through weighing and measuring: *"The painter Millet used to say that what counts in painting is not, for example, what a peasant is carrying, whether it is a sacred object or a sack of potatoes, but its exact weight."* [37]

The peasant knows the weight that he is carrying better than anyone else and it is the job of the artist to *listen to the steps of his journey* and to attempt to capture this weight in his work. *"I'm an old beast of burden ... my method is to love my work"*, Cézanne continues. [38]

It can happen that, in keeping with Pythagoras' Theorem, the study of proportions and dimensions in art, with particular reference to the exact weight of what the peasant is carrying, be it a *sack of potatoes, the sacred object, or the sacred object in the sack of potatoes*, takes into account the (musical) harmony of the universe.

The peasant knows better than anyone else about the unity of nature, the gravitational force of

und der Fluch der Menschheit." [33] Wir gehen auf dem Schauspiel der Welt wie auf einem Geschichtsbuch, und was wir vor Augen haben, wird zum Symbol. Die *Bilderwälder* durchforsten, um im Fragment die Einheit zu finden.

VI

„Schreiben heißt auch, etwas anderes als Schreiber zu werden." [34], ein Werden, das das Leben und das Gelebte durchschreitet, das Werk als Anstrengung der Gesundheit (auch Clarice Lispector verwendet dieses Bild), die Erfindung eines *fehlenden Volkes, eines Volkes, das vielleicht nur in den Atomen des Schriftstellers existiert und für das der Schriftsteller schreibt*: eine Intimität zwischen dem Künstler oder der Künstlerin und dem Leben, dem, was wir vor uns haben; alle Dinge als eine tiefe Einheit. Für Deleuze besteht das letzte Ziel der Literatur darin, im Delirium zu unterscheiden, was die Schaffung von Gesundheit, die Erfindung eines Volkes ist, das heißt, die Möglichkeit, das Leben als Werk zu leben:

„... der Künstler beginnt damit, sich umzusehen, in allen Milieus, aber um die Spuren der Schöpfung im Geschaffenen, der naturierenden Natur in der naturierten Natur zu erfassen; und dann, wenn er sich ‚an den Grenzen der Erde' niederlässt, interessiert er sich für das Mikroskop, für Kristalle, Moleküle,

the seeds and of the potatoes that capture the energy of the cosmos, about that fact that we place the universe in our mouths, that our bodies are made from the same material, that *"the deepest are the stars. (...) To eat is already to recognize the centrality of the sun and its energy along with its acts, to find on earth an indirect relationship to it (...) Our body is the archive of what the sun offers the earth."* [39] The peasant understands the language of nature and attempts to interpret this in his everyday wisdom as well as he is able.

The peasant knows that plants can also hear. Trees communicate with each other via their roots; they use "messages", to warn each other about a disease or a fire. [40] A tree is able to lure a scourge towards itself, even if this scourge leads to its own death, in order to stop it from spreading across a larger area, as a means of saving the wider community of trees. When flowers are exposed to the buzzing of the bees they produce more nectar. The peasant knows that plants also sleep, that the heat of germination takes place in a deep silence, wordless, continuously communicating, a permanent metamorphosis.

Being silent, from the Latin *silentium*, is the act of keeping still, an expression for the inaudible, the creation of sounds that have so little intensity that they draw no attention to themselves.

Atome und Teilchen, nicht wegen der wissenschaftlichen Konformität, sondern wegen der Bewegung, rein wegen der immanenten Bewegung; der Künstler sagt sich, dass diese Welt verschiedene Aspekte hatte, dass sie noch andere haben wird und dass es bereits andere auf anderen Planeten gibt; schließlich öffnet er sich dem Kosmos, um dessen Kräfte in einem ‚Werk' einzufangen (ohne dass die Öffnung zum Kosmos nur eine Träumerei wäre, die nicht in der Lage wäre, die Grenzen der Erde zu erweitern), und für ein solches Werk braucht man sehr einfache, sehr reine, fast kindliche Mittel, aber auch die Kräfte eines Volkes und das ist es, was noch fehlt, uns fehlt diese letzte Kraft, wir suchen diese Unterstützung des Volkes, wir haben beim Bauhaus begonnen, wir können nicht mehr tun ..." [35]

Das Bemühen des Künstlers oder der Künstlerin um Gesundheit ist, in den Worten Paul Klees, eine politische Geste, *„um sich herum schauen"* und die Spur der Schöpfung in der Wirklichkeit zu erfassen, oder, wie Goethe es ausdrückte, die Erdung des Dichters in der Wirklichkeit, in der *Poesie der Umstände*, die Paul Éluard einfordert:

„Wahre Poesie muss die reale Welt ausdrücken, aber auch unsere innere Welt und die verwandelte Welt, die wir geträumt haben, die Wahrheit, die in uns ist, wenn unsere Augen

"Être ému c'est respirer avec le Coeur", writes Pierre Reverdy. *Silence is golden*. Gold is true to itself, incorruptible, remains unscathed, alive, doesn't oxidize, and is thus the preferred metal of the alchemists.

Herberto Helder's *"Silence: An Autobiography"* finds common ground with the final verb of the mystery of the Sphinx *to know, to dare, to will, and to keep silent*; with the self that, through silent self-reflection, eventually seeks itself in the space and time of the cosmos. This is followed by the various forms of love, anonymous, unauthored, in the unity of nature.

"Nature unites God and man within itself", it is the only substance that consists of an infinite absolute in which God materializes, *"God and nature are two names for the same thing"*, the unity of the whole, which runs through Spinoza's philosophy and Pantheism. The *one*, which stands above all things, is an extension of God: *Everything is one*, as in Thoth's first principle: "The All is mind, the Universe is mental".[41]

This inscription at the foot of the penultimate plate of the *Mutus Liber*, in which the two human figures work on the matter, recalls the filmmaker at the editing table: *"thinking with the hands, without separating rhythm and melody, following the heartbeat, in order*

wirklich offen sind. (...) Die Welt, sagt Goethe, ist so groß, so reich, und das Leben bietet ein so mannigfaltiges Schauspiel, dass es nie an Stoffen für Gedichte fehlen wird. Aber es ist notwendig, dass es eine Poesie des Umstandes ist, mit anderen Worten, die Wirklichkeit muss den Anlass und den Stoff liefern. Ein Einzelfall wird gerade dadurch allgemein und poetisch, dass er von einem Dichter behandelt wird. Meine Gedichte sind alle Gedichte der Umstände. Sie sind von der Realität inspiriert, auf ihr gründen und ruhen sie. Ich habe nichts für Gedichte übrig, die auf nichts beruhen. Man soll nicht sagen, dass es der Wirklichkeit an poetischem Interesse mangelt; ein Dichter bewährt sich, wenn sein Geist gerade in einem banalen Thema etwas Interessantes zu entdecken vermag. Die Wirklichkeit muss das Motiv, den Ausgangspunkt, den eigentlichen Kern liefern; aber es ist Sache des Dichters, daraus ein schönes, lebendiges Ganzes zu formen."[36]

Die Realität durch Messen und Wiegen im Kunstwerk zu erfassen: *„Der Maler Millet sagt, dass es im Bild nicht darauf ankommt, was der Bauer trägt, zum Beispiel einen heiligen Gegenstand oder einen Sack Kartoffeln, sondern auf das genaue Gewicht dessen, was er trägt."*[37]

Der Bauer weiß besser als jeder andere, welches Gewicht er trägt,

to combine all in a single view",[42] like Cézanne, the painter standing at the canvas gives shape to these emotions, *"a landscape is born through work"*.

VII

"... the childlike genius of Mozart (...) clearly indicated the secret solidarity between magic and happiness",[43] writes Giorgio Agamben in *Magic and Happiness*. From the starting point of Walter Benjamin's notion that the child's first experience of the world is not his realization that *"adults are stronger but rather that he cannot make magic"*, Agamben quotes part of a letter from Wolfgang Amadeus Mozart to Abbé Bullinger, which he sent on August 7, 1778 from Paris to Salzburg. In the letter, Mozart thanks his friend for his support and for comforting his father after the death of his wife, Mozart's mother. Alongside other ideas about friendship, *which is answered with actions because words cannot express it*, he mentions a possible return to Salzburg, a city that he hates, and concludes: *"(...) for the present you may content yourself with this, Salzburg is no place for my talent! In the first place, the people associated with the orchestra are not respected and, secondly, one hears nothing, there's no theatre there, no opera! (...)"*[44]

und es ist Aufgabe des Künstlers oder der Künstlerin, auf die *Schritte seines Weges* zu hören und zu versuchen, dieses Gewicht in sein oder ihr Werk zu übertragen.

„Ich bin ein altes Lasttier ... Meine Methode ist es, meine Arbeit zu lieben", fährt Cézanne fort.[38]

Es kann vorkommen, dass, nach der Lehre des Pythagoras, das Studium der Proportionen und Maße im Kunstwerk, bezüglich des genauen Gewichts dessen, was der Bauer trägt, sei es der *Sack Kartoffeln, der heilige Gegenstand oder das Heilige im Sack Kartoffeln*, die (musikalische) Harmonie des Universums betrachtet.

Der Bauer weiß besser als jeder andere um die Einheit der Natur, die Schwerkraft der Samen, der Kartoffeln, die die Energie des Kosmos einfangen, dass wir das Universum zum Munde führen, dass unser Körper aus der gleichen Materie besteht, dass *„die Gestirne das Tiefste sind. (...) Schon Essen heißt, mit seinem Handeln die Zentralität der Sonne und ihrer Energie anzuerkennen, auf der Erde einen indirekten Bezug zu ihr zu suchen (...) Unser Körper ist nur das Archiv dessen, was die Sonne der Erde schenkt."*[39] Der Bauer kennt die Sprache der Natur und versucht, sie nach seinem Maß in seinem täglichen Wissen zu interpretieren.

And he continues:

".. but let's ensure that we can lead respectable lives – to lead respectable lives and to lead contented lives are two very different things, – and I couldn't do the latter without recourse to witchcraft; It really wouldn't be in the natural course of things! – And in any case it's not possible as there are no longer any witches; – but I have an idea; there are certain people in Salzburg – people who were born there, indeed the town swarms with them – you only have to change the first letter of their true name and they might then be of use to me."[45]

In other words: by simply exchanging Fexen for Hexen, Salzburg's idiots (*Fexen*) could become witches (*Hexen*), people capable of performing magic, who are essential if we are to lead happy lives.

Human life is unbearable in a city without magicians and without art; those who, like the citizens of Salzburg, condemn witchcraft, wouldn't only be unhappy but would also make others unhappy.

"All along the Rhine, and throughout Swabia, even on the eastern side towards Salzburg, the country seemed to be undermined. At every moment burst forth some fresh revolt of the peasantry. A vast underground volcano, an invisible lake of fire, showed itself, as it were, from place to place, in

Der Bauer weiß, dass Pflanzen auch hören. Bäume kommunizieren untereinander durch ihre Wurzeln, durch „Botschaften", sie warnen sich gegenseitig vor einer Seuche oder einem Brand.[40] Ein Baum ist in der Lage, ein Übel auf sich zu ziehen, selbst wenn dieses Übel zu seinem Tod führt, damit es sich nicht im ganzen Gebiet ausbreitet, und kann so die Gemeinschaft der Bäume retten. Wenn die Blumen dem Summen der Bienen ausgesetzt sind, produzieren sie mehr Nektar. Der Bauer weiß, dass die Pflanzen auch schlafen, dass die Glut der Keimung in einer tiefen Stille wirkt, stumm, unaufhörlich kommunizierend, eine permanente Metamorphose.

Stille, von lateinisch *silentium*, ist die Handlung des Stillhaltens, Ausdruck für das Unhörbare, Aussendung von Geräuschen mit so geringer Intensität, dass sie nicht auf sich aufmerksam machen. *„Être ému c'est respirer avec le coeur"*, schreibt Pierre Reverdy. *Schweigen ist Gold*. Gold ist sich selbst treu, unbestechlich, bleibt unversehrt, lebendig, oxidiert nicht und ist daher das bevorzugte Metall der Alchemisten.

Herberto Helders *„Stille: Autobiographie"* findet Gemeinsamkeiten mit dem letzten Verb der Sphinx nach *wissen*, *wagen*, *wollen* und *zum Schweigen bringen*, dem Ich, das bei seiner Selbstbetrachtung

continual spouts of flame. ... the foreign inquisition appeared at a most seasonable hour for spreading terror throughout the country, and spreading the rebellious spirits, by roasting, as the wizards of today, those who might else have been the insurgents of tomorrow. It was a beautiful derivative, an excellent popular weapon for putting down the people."[46]

The legal system of the Holy Office was created in France in the 12th century, in a period in which the Catholic Church was in crisis (and with monarchical support, due to the fact that the monarchy was also in crisis). The persecution is a reaction to the emergence of mystic, *wild*, and *uncivilized* sects and communities, in which *"Jews and freemasons always go hand in hand with witches"*. Here we see the euphoric appearance of the figure of the *witch, the woman in full control of her demonic powers*. Alongside her, *"the stargazing shepherd with his experience with animals"* also lands on the bonfire. The *Holy Inquisition* spread right across Europe and kept going until the end of 19th century. The Iberian Peninsula, the legacy of Al-Andalus, inhabited by Christians, Muslims, and Jews, who coexisted with the pagan practices, cults, and rituals of the rural population, was set ablaze. The Portuguese and Spanish Inquisitions, which were recognized as the most brutal, not only imposed

in der Stille sich schließlich in der Einheit von Raum und Zeit des Kosmos sucht. Dann folgen die verschiedenen Formen des Liebens, anonym, ohne Urheberschaft, in der Einheit der Natur.

„Die Natur vereint in sich Gott und Mensch", die einzige Substanz, die aus einem unendlichen Absoluten besteht, in dem sich Gott verwirklicht, *„Gott und Natur sind zwei Namen für dasselbe"*, die Einheit des Ganzen, die sich durch Spinozas Philosophie und Pantheismus zieht. Das *Eine*, das über allen Dingen steht, ist eine Erweiterung Gottes: *Alles ist eins*, wie in Toths erstem Prinzip: „Das All ist Geist und das Universum ist geistig".[41]

Diese Inschrift am Fuß der vorletzten Bildtafel vom *Mutus Liber*, wo die beiden menschlichen Figuren an der Materie arbeiten, erinnert an den Filmemacher am Schneidetisch: *„mit den Händen denken, ohne Rhythmus und Melodie zu trennen, dem Herzschlag folgen, um sich mit einem Blick zu verbinden"*[42], wie Cézanne, gibt der Maler vor der Leinwand diesen Empfindungen Gestalt, *„auf Kosten der Arbeit wird eine Landschaft geboren"*.

VII

„Mozarts kindliches Genie definiert genau die geheime Solidarität zwischen Magie und Glück",[43] schreibt Giorgio

themselves upon the Iberian Peninsula but also crossed the ocean on the ships of the *great European civilization*, their raised crosses poised, ready to convert the indigenous peoples of the colonized lands.

The assertion of the superiority of man over nature is a result of this long inquisitorial blockade of those "who still have to convert" to the Christianity of the church, while it also pronounces the slow and painful death of Pan.

Pagus: Countryside, rural community, province, the area outside the town. Paganus, the Latin expression for *pastoral, rural, rustic, or "from the countryside"*, was ascribed to the *illiterate, ignorant, barbaric, and uncivilized*, who refused to abandon their belief in "false gods and corrupt practices" and convert to Christianity. The etymological root is derived from "fasten, fix, attach". Paganism includes Polytheism, Pantheism, Animism, Shamanism, and indigenous cosmologies. In Europe, pagan cults and religions are closely connected with the notion of nature as divinity and with the divine as manifest in nature. Humans are part of nature and, thus, carry elements of divinity within them. Mother Earth is a god, Gaia is the energy of life and the principle of the unity of all life on Earth. Humans and the animal, plant, and mineral kingdoms are subject to the same forces on a vast stage and

Agamben in *Magie und Glück*. Ausgehend von einem Gedanken Walter Benjamins, wonach die erste Erfahrung des Kindes mit der Welt nicht darin besteht, dass *„die Erwachsenen stärker sind als es selbst, sondern darin, dass es unfähig ist, zu zaubern"*, zitiert Agamben einen Teil eines Briefes von Wolfgang Amadeus Mozart an seinen Freund Abbé Bullinger, den er am 7. August 1778 von Paris nach Salzburg sandte. Hierin dankt Mozart seinem Freund für die Unterstützung und den Trost seines Vaters nach dem Tod seiner Frau, Mozarts Mutter. Neben anderen Überlegungen zur Freundschaft, *die durch Taten erwidert wird, da Worte sie nicht ausdrücken können*, erwähnt er eine mögliche Rückkehr nach Salzburg, einer Stadt, die er hasst, und schließt: „(.) *begnügen sie sich auch mit dieser* [Erklärung], *dass Salzburg kein Ort für mein Talent ist! Erstens sind die Leute von der Musik in keinen [sic] Ansehen, und zweitens hört man nichts; es ist kein Theater da, keine opera!* (...)" [44]

Und weiter:

„ – es soll sich alles so schicken, dass wir gut leben können; gut leben, und vergnügt leben, ist zweierlei, - und das letzte würde ich ohne Hexerei nicht können; es müsste wahrhaftig nicht natürlich zugehen! – und das ist nun nicht möglich, denn bei hiesigen Zeiten gibt es keine Hexen mehr; – doch,

act according to these, in that they respect the laws of nature and the universe.

If the *witch*, as a mythical figure of the Middle Ages, embodies the "female principle" and the "female nature", which was domesticated and condemned according to a reprehensible moral code, she is also the figure who, *by means of opposition*, defines the "male principle" and the "male nature" and, hence, *shapes* or *creates* men or a masculine ideal.

The Renaissance is the natural progression of this legacy, which is full of *divine justice* and converges in the medical, scholarly, scientific, anatomical, and physiological discourses on plants, animals, and humans that include comparative lists of their physical, biological, physiological, and anatomical differences. It formulates the sciences and establishes the rhetoric of "natural hierarchies", it determines the cultural and social roles, the rights and freedoms of people, and it establishes the body of the white European male as the standard of normality. In this moment, the "natural inferiority" of black-skinned men and women and white women was determined, whereby power relationships were legitimized and nature and all living things were similarly subject to the domination and exploitation of he who is still seated today at the head of

mir fällt etwas ein; es gibt so gewisse Leute in Salzburg – die da gebürtig sind, und die Stadt davon wimmelt – man darf diesen Leuten nur den ersten Buchstaben ihres wahren Namens verwechseln, so können sie mir behilflich sein."[45]

Mit anderen Worten: Nur durch den Austausch von Fexen gegen Hexen würden die Salzburger Trottel zu *Hexen* werden, zu Menschen, die der Magie fähig sind, die für ein glückliches Leben notwendig ist.

Eine Stadt ohne Magier und ohne Kunst ist für das menschliche Leben unerträglich; jene, die wie die Salzburger und Salzburgerinnen die Hexerei verurteilen, wären nicht nur unglücklich, sondern würden auch andere unglücklich machen.

„Das ganze Rhein- und Schwabenland, selbst der Osten bis nach Salzburg hin, schien unterminiert zu sein; alle Augenblicke brachen Bauernunruhen aus; man hätte damals von einem ungeheuren unterirdischen Vulkane sprechen können, von einem unsichtbaren Feuerfee, welcher sich von Ort zu Ort in Flammengarben erhoben hätte. Die ausländische Inquisition (...) kam gerade recht hierher, um das Land zu terrorisieren, die Rebellengeister zu brechen, als Hexenmeister diejenigen Leute zu verbrennen, welche morgen vielleicht Aufrührer geworden

the hierarchy: the white man.

The condemnation of magic is, in the deepest sense, a condemnation of happiness. The separation between nature and humanity, which has resulted over the centuries from the violence of the Catholic Church, fundamentalisms, the rationalist philosophers (who reached their highpoint in the shape of Descartes), and the pseudosciences, and which has led to false images of hierarchies that have served to maintain power relationships, is one of the most powerful expressions of something that is labeled by the Tibetan tradition as the *great false doctrine of separation* and that represents our greatest scourge and the source of our misery.

The two figures, whose two pairs of hands labor on the Great Work throughout the *Mutus Liber*, are, in fact, one, hermaphrodites, who unite in themselves that which was separated and unite with nature and with the divine through creation.

This unifying, the task of the artist-alchemist, consists of copying nature and acting on the basis of equality by submitting to the laws of the universe; uniting that which was once separated. This is *profanation*, as proposed by Agamben on the basis of the term from Roman Law: *the reuse of that which was consecrated to the gods* or, in other words, of that which was removed from the

wären; es war eine ausgezeichnete Volkswaffe, ein wunderbarer Aderlass, um das Volk zu zügeln.“[46]

Das Rechtssystem des Heiligen Offiziums entstand in Frankreich im 12. Jahrhundert, in einer Zeit der Krise der katholischen Kirche (mit monarchischer Unterstützung, als die Monarchie sich ebenfalls in einer Krise befand). Die Verfolgung ist eine Reaktion auf das Aufkommen mystischer, *wilder* und *unzivilisierter* Sekten und Gemeinschaften, in denen *„Juden und Mauren immer Hand in Hand mit Zauberinnen gehen“*. Hier erscheint mit großer Euphorie die Figur der *Zauberin, die Frau im Vollbesitz ihrer dämonischen Kräfte.* Mit ihr landet auch *„der sternenspähende Hirte mit seinen Erfahrungen mit Tieren“*“ auf dem Scheiterhaufen. Die *Heilige Inquisition* breitete sich in ganz Europa aus und hielt bis zum Ende des 19. Jahrhunderts. Die iberische Halbinsel, Erbe von Al-Andalus, bewohnt von Christen, Muslimen und Juden, die mit den heidnischen Praktiken, Kulten und Ritualen der ländlichen Gemeinschaften koexistierten, wurde in Brand gesetzt. Die portugiesischen und die spanischen Inquisitionen, die als die brutalsten galten, setzten sich nicht nur auf der iberischen Halbinsel durch, sondern kamen auch auf den Schiffen der *großen europäischen Zivilisation* über das Meer, mit emporgereckten

sphere of the community, from common use, expropriated, isolated. *Profanation* differs from secularization because it involves restitution rather than substitution. The re-creation of something unique that was previously removed from the everyday, a separation that divided the divine from the human and placed humans above nature and its laws. From the Platonic and Ptolemaic perspectives, a divided, isolated shadow that is projected onto the heavens and extinguishes the stars.

"For this reason we must always wrest from the apparatuses – from all apparatuses – the possibility of use that they have captured. The profanation of the non-profanable is the political task of the coming generation." [47] This task consists of removing the sacred status of capitalism, freeing ourselves from the spectacle and from consumerism, from its extreme phase, from capitalism, which Walter Benjamin regarded as a religion without salvation and without hope that is destroying the world by enforcing its structure of separation, in order to reclaim the possibility of using something that we cannot own, the free use of the world, freedom as a political project.

"We should talk less and draw more. I, for my part, would like to completely give up talking and, like nature, communicate further in a wealth of images. Every fig

Kreuzen zur Bekehrung der indigenen Völker in den kolonisierten Ländern.

Die Behauptung der Überlegenheit des Menschen über die Natur resultiert aus dieser langen inquisitorischen Belagerung, die über diejenigen, „die noch" zum Christentum der Kirche „zu bekehren sind", hereinbricht, während sie den langsamen und schmerzhaften Tod Pans ankündigt.

Pagus: Land, ländliche Gemeinschaft, Provinz, das Gebiet außerhalb der Stadt. Paganus, lateinischer Ausdruck für *bäuerlich, ländlich, dörflich* oder *„vom Land"*, wurde den *Analphabeten, Unwissenden, Barbaren und Unzivilisierten* zugeschrieben, die sich weigerten, ihren Glauben an „falsche Götter und verwerfliche Praktiken" aufzugeben und zum Christentum überzutreten. Die etymologische Wurzel ist abgeleitet von „fasten, fix, attach". Der Paganismus umfasst Polytheismus, Pantheismus, Animismus, Schamanismus und indigene Kosmologien. In Europa sind die heidnischen Kulte und Religionen eng mit der Vorstellung von der Natur als Göttlichkeit, dem sich in der Natur manifestierenden Göttlichen, verbunden. Der Mensch ist ein Teil der Natur und trägt daher Partikel des Göttlichen in sich. Die Mutter Erde ist eine Göttin, Gaia ist die Energie des Lebens, das Prinzip der Einheit allen

tree, this tiny snake, the cocoon that is lying there in front of the window and calmly awaiting its destiny, these are all symbols rich in content; those who are able to correctly decipher their meaning will soon be able to do without all written and spoken words!"[48]

Ora
lege lege lege relege labora et invenies.[49]

If the waking dream is an *escape from the world*, then it is also a way of becoming part of it – as Goethe said about art in the maxim: *"There's no surer way of avoiding the world than through art, and no surer way of connecting with it than through art."*

Uniting ourselves with the world and with nature means observing the landscape of special things as they mix together in a mutual exchange, in which we are all constant participants. If this is visible in the colors that pervade the seasons of Cézanne's Montagne Sainte-Victoire or Baudelaire's Flowers of Evil, then it is also easy to see in the gesture of the alchemist cook, in the simplest dish, in which he mixes two or three varieties of vegetable with different forms, colors, textures, and tastes: In this dish, one finds the living material of photosynthesis, which enables the world to breathe, this breath that flows through us and connects us with all living beings, with which we exchange and have

Lebens auf der Erde. Der Mensch und das Tier-, Pflanzen- und Mineralreich sind auf einer großen Bühne denselben Kräften unterworfen und handeln nach ihnen, wobei sie die Gesetze der Natur und des Universums respektieren.

Wenn die *Zauberin* als mythische Figur des Mittelalters das „weibliche Prinzip", die „weibliche Natur" ist, die durch eine verbrecherische Moral domestiziert und verurteilt wurde, so ist sie die Figur, aus der das „männliche Prinzip" und die „männliche Natur" *durch Opposition* hervorgeht und Männer, ein männliches Ideal, *bildet* oder *erzeugt*.

Die Renaissance ist der natürliche Verlauf dieses Erbes voller *göttlicher Gerechtigkeit*, das in den medizinischen, wissenschaftlichen, naturwissenschaftlichen, anatomischen und physiologischen Diskursen über Pflanzen, Tiere und Menschen konvergiert, die ihre physischen, biologischen, physiologischen und anatomischen Unterschiede vergleichend auflisten, die die Wissenschaft formuliert und die Rhetorik der „natürlichen Hierarchie" etabliert, die die kulturelle und soziale Rolle des Menschen, seine Rechte und Freiheiten festlegt und den Körper des europäischen weißen Mannes als Standard der Normalität ansieht. In diesem Moment wurde die „natürliche Unterlegenheit" der Frauen und

a relationship, and we mix, we connect like limbs with a body. Eating a plant means placing the cosmos, the world, in ones mouth.

The times, the era of which we are part, are engraved upon the landscape, upon the face of the world. In this landscape, in which the alchemist seeks gold, *physis*, nature, is the hidden essence of this gold; the artist combines the properties and the elements.

The term religion is derived not from *religare*, but from *relegere*. Reading, reading, reading, and reading again in the Wordless Book is striving for well-being, wresting one's own name from the stars, arguing with the unconscious, playing with the childish gesture of the child, who is capable of making magic, inventing languages and the *alien* language, that is recognized in the variations in the language, the taste of the path of life.

—

Coriander or pennyroyal (or both), cloves of garlic, salt, olive oil, water, and old, hard, crumbled bread: These are the ingredients for one of the world's most wonderful recipes, Açorda Alentejana. *Tharada* comes from the Arabic and means "to crumble bread" *tharâ'id* or *thurûd*, "crumbled and soaked bread". Açorda, as we know it today, is probably a cultural legacy from the time of Al-Andalus, a variation on the

Männer schwarzer Hautfarbe und der weißen Frauen festgestellt, womit die Machtverhältnisse legitimiert wurden und die Natur und alle anderen Lebewesen gleichermaßen der Herrschaft und Ausbeutung durch denjenigen unterwarf, der bis heute an der Spitze der Hierarchie steht: der weiße Mann.

Die Verurteilung der Magie ist im tiefsten Sinne eine Verurteilung des Glücks. Die Trennung zwischen Natur und Mensch, die im Laufe der Jahrhunderte durch die Gewalt der katholischen Kirche, der Fundamentalismen, der rationalistischen Philosophien (die mit Descartes ihren Höhepunkt erreichten) und der Pseudowissenschaften herbeigeführt wurde und aus der falsche Bilder von Hierarchien entstanden sind, um Machtverhältnisse aufrechtzuerhalten, ist eine der gewalttätigsten Ausdrucksformen dessen, was in der tibetischen Tradition als die *große Irrlehre des Trennenden* bezeichnet wird, die unser großes Übel, die Ursache unseres Unglücks bedeutet.

Die beiden Figuren, die vierhändig am Großen Werk im Verlauf des *Mutus Liber* arbeiten, sind eins, Zwitterwesen, vereinen in sich, was getrennt war, vereinen sich mit der Natur und dem Göttlichen durch die Schöpfung. Das Zusammenführen, die Aufgabe des Künstlers-Alchemisten, besteht darin, die

many different Andalusian açordas of Islamic, Christian, and Judaic origin. Today, this *poor man's soup*, which seems to be made from *nothing*, is regarded by many as the key invention of the resistance, which employs the gesture of the alchemist to defeat, once and for all, hunger of both material and spirit: the dust, which becomes gold.

Art, as an intermediary, is *supernatural*, a magical ritual, which includes a fundamental quality: the fire of the sun, the fire of the alchemist. *Art is born from that which this fire burns.*
Like the alchemist and the artist, the cook also knows that no recipe can be handed down other than through gestures and words and that, as it works with the breath and the fire, the hand both guides and is nourished by life itself.

The ethical demand or the political gesture of the artist , the cook, and the diner consists of following the trace of the beings whose external appearance contains the visual, and of considering the origin when he is served a plate with the cosmos, the sun, and the stars, which are united in the work that he places in his mouth and recreate several levels of connectedness: the *gravitas* of the potatoes and of the steps of the peasant, the atmosphere, the clean air, which must be rapidly returned to common use, through his release of the air

Natur zu kopieren und, indem wir uns den Gesetzen des Universums unterwerfen, durch Gleichbehandlung zu handeln; zu vereinen, was einst getrennt war. *Profanierung*, wie Agamben vorschlägt, vom juristischen Begriff des römischen Rechts ausgehend: *die Wiederverwendung dessen, was den Göttern geweiht worden war*, das heißt, was der Sphäre der Gemeinschaft entzogen, dem gemeinsamen Gebrauch entzogen, enteignet, abgesondert wurde. Die *Profanierung* unterscheidet sich von der Säkularisierung, weil es sich um eine Restitution und nicht um eine Einsetzung handelt. Die Wiederherstellung einer Einzigartigkeit, die zuvor vom Alltäglichen getrennt war, eine Trennung, die das Göttliche vom Menschen trennte und den Menschen über die Natur und ihre Gesetze erhob. Aus platonischer und ptolemäischer Sicht ein geteilter, isolierter Schatten, der in den Himmel projiziert wird und die Sterne auslöscht.

„Deshalb muss man jedes Mal den Vorrichtungen – jeglicher Vorrichtung – die Möglichkeit des Gebrauchs entreißen, die sie an sich gerissen haben. Die Profanierung des Nicht-Profanierbaren ist die politische Aufgabe der kommenden Generation." [47]
Diese Aufgabe besteht darin, den Kapitalismus zu entweihen, uns vom Spektakel und vom

that runs through the soul of the work, in which the artist rests, gathers, and expresses himself.

Konsumismus zu befreien, von seiner extremen Phase, vom Kapitalismus, den Walter Benjamin als eine Religion ohne Erlösung und ohne Hoffnung betrachtete, der die Welt zerstört, indem er seine Struktur der Trennung aufzwingt, um die Möglichkeit der Nutzung einer Sache zurückzufordern, deren Eigentümer wir nicht sein können, die freie Nutzung der Welt, die Freiheit als politisches Projekt.

„Wir sollten weniger sprechen und mehr zeichnen. Ich meinerseits möchte mir das Reden ganz abgewöhnen und wie die bildende Natur in lauter Zeichnungen fortsprechen. Jener Feigenbaum, diese kleine Schlange, der Cocon, der dort vor dem Fenster liegt und seine Zukunft ruhig erwartet, alles das sind inhaltsschwere Signaturen; ja, wer ihre Bedeutung nur recht zu entziffern vermöchte, der würde alles Geschriebenen und alles Gesprochenen bald zu entbehren im Stande sein!“ [48]

Ora
lege lege lege relege labora et invenies. [49]

Wenn der wachgehaltene Traum eine *Flucht vor der Welt* sein soll, so ist er andererseits ein Weg, sich ihr anzuschließen – wie die Kunst für Goethe in den Maximen: *„Man weicht der Welt nicht sicherer aus als durch die Kunst, und man verknüpft sich nicht sicherer mit ihr als durch die Kunst.“*

Uns mit der Welt und der Natur zu vereinen, bedeutet, die Landschaft der Besonderheiten zu beobachten, die sich in einem gegenseitigen Austausch vermischen und an dem wir ständig beteiligt sind. Wenn dies in den Farben, die die Jahreszeiten der Montagne Sainte-Victoire von Cézanne durchziehen, in den Blumen des Bösen von Baudelaire sichtbar ist, so ist es auch in der Geste des alchimistischen Kochs gut sichtbar, in dem einfachsten Gericht, in dem er zwei oder drei Gemüsesorten mit unterschiedlichen Formen, Farben, Texturen und Geschmäckern mischt: In diesem Gericht befindet sich die lebendige Materie der Photosynthese, die die Welt atmen lässt, dieser Atem, der uns durchströmt und uns in Verbindung mit allen Wesen bringt, mit denen wir uns austauschen und mit denen wir in Beziehung stehen, und wir vermischen uns, wir verbinden uns wie Glieder zu einem Körper. Eine Pflanze zu essen bedeutet, den Kosmos, die Welt, in den Mund zu nehmen.

In der Landschaft, auf dem Antlitz der Welt, sind die Zeiten, die Geschichte, an der wir teilhaben, eingeprägt. In dieser Landschaft, in der der Alchimist das Gold, die *Physis* sucht, ist die Natur die verborgene Essenz des Goldes; der Künstler und die Künstlerin vermischt die Eigenschaften und die Elemente.

Der Ausdruck Religion stammt nicht von *religare*, sondern von *relegere* ab.
Lesen, lesen, lesen und nochmals lesen im Stummen Buch ist die Bemühung der Gesundheit, das Entreißen des eigenen Namens in den Sternen, das Argumentieren mit dem Unbewussten, das Spielen in der kindlichen Geste des Kindes, das zur Magie fähig ist, das Erfinden von Sprachen und der *fremden* Sprache, die in den Abweichungen der Sprache erkannt wird, der Geschmack des Lebensweges.

—

Koriander oder Pennyroyal (oder beides zusammen), Knoblauchzehen, Salz, Olivenöl, Wasser und altes, hartes, zerbröseltes Brot: Das sind die Zutaten für eines der schönsten Rezepte der Welt, die Açorda Alentejana. *Tharada* kommt aus dem Arabischen und bedeutet „Brot zerbröseln", *tharâ'id* oder *thurûd*, „zerbröseltes und getränktes Brot". Die Açorda, wie wir sie heute kennen, ist vermutlich ein kulturelles Erbe aus der Zeit von Al-Andalus, eine Variation der vielen verschiedenen andalusischen Açordas islamischen, christlichen und jüdischen Ursprungs. Heute gilt vielen die *Suppe des armen Mannes*, die aus diesem scheinbaren *Nichts* gemacht wird, als die große Erfindung des Widerstands, die mit der Geste des Alchemisten ein für alle Mal den

Hunger von Materie und Geist besiegt: der Staub, der zu Gold wird.

Die Kunst als Vermittlerin ist *übernatürlich*, ein magisches Ritual, das eine grundlegende Eigenschaft umfasst: das Feuer der Sonne, das Feuer des Alchemisten. *Die Kunst wird aus dem geboren, was das Feuer verbrennt*.
Wie der Alchimist und der Künstler weiß auch der Koch, dass kein Rezept außer durch Gesten oder Worte weitergegeben werden kann, dass die Hand bei der Arbeit mit Atem und Feuer das Leben selbst lenkt und sich von ihm ernährt.

Die ethische Forderung oder die politische Geste des Künstlers, des Kochs und desjenigen, der isst, besteht darin, der Spur der Wesen zu folgen, die im äußeren Erscheinungsbild die Erscheinung enthält, die Betrachtung des Ursprungs, wenn er auf dem Teller den Kosmos, die Sonne und die Sterne empfängt, die in dem Werk, das er zum Mund führt, vereint sind und verschiedene Ebenen der Verbundenheit wiedererschaffen: die *gravitas* der Kartoffeln, der Schritte des Bauern, der Atmosphäre, der sauberen Luft, die dringend zum allgemeinen Gebrauch zurückkehren muss, indem sie den Atem freisetzt, der das Symbol in dem Werk durchquert, in dem der Künstler ruht, sich sammelt und verwirklicht.

1

Baudelaire, C. (1992), *The Flowers of Evil, Les Fleurs du Mal*, Transl. by Wallace Fowlie, New York: Dover, p. 10.

2

Benjamin, W. (1999), *The Arcades Project*, Transl. by Howard Eiland and Kevin McLaughlin, Cambridge, Mass.: Harvard University Press, p. 406.

3

The following words are added to the title: *"Autor dessen Name Altus ist." (the name of the author being Altus.)* Mutus liber, in quo tamen tota philosophia hermetica, figuris hieroglyphicis depingitur, ter optimo maximo Deo misericordi consecratus, solisque filiis [...]. Rupellae [La Rochelles]: apud Petrum Savovret, 1677. The Foundation of the Works of C.G.Jung, Zurich, online, https://doi.org/10.3931/e-rara-4322 / Public Domain Mark, translation translation from German by Adam McLean (1991). *A Commentary on the Mutus Liber*, Grand Rapids: Phanes Press, p. 16.

4

Mutus Liber. Transl. from the German translation by R.H.

5

Ibid., Transl. from the German translation by R.H.

6

Here, we refer to Von Hofmannsthal. H. (2020), *Cartas para este tempo*, Lisbon: BCF Editores, João Barrento's Portuguese translation of some of Von Hofmannsthal's most important letters: *"The mystical materialism of a signifiercant beyond language, which objectivizes itself in the wordless thing (...), creates an aesthetic of pure power."* Transl. of the German footnote by R.H.

7

Tefnut and Shu, the divine couple with different bodies but the same souls, are the first pair of gods in the Ennead and were spawned by Atum, who created the elements of the universe from the chaos. Tefnut, the goddess of moisture, dew, and rain, creates time and, together with Shu, the god of air, light, and the stars, gives birth to the twins Nut, the sky, and Geb, the earth, whom Shu separates from each other. With his feet on the ground he raises his arms and lifts up the heavens. Cf. Genesis 1:6–8 "... Let there be a firmament in the midst of the waters, and let it divide the waters from the waters. And God made the firmament, and divided the waters which were under the firmament from the waters which were above the firmament: and it was so. And God called the firmament Heaven. And the evening and the morning were the second day."

8

Lecture by Professor Dr Aby Warburg, April 21, 1923, Sanatorium Bellevue, Kreuzlingen. Warburg, A. *A Lecture on Serpent Ritual*. London: Warburg Institute.

9

O Sonho Criador El sueño creador (The Creative Dream) is the title of the book by María Zambrano to which we are referring: *"The human dream*

1

Baudelaire, C. (1986). *Die Blumen des Bösen, Les Fleurs du Mal*. Übersetzung von Friedhelm Kemp. München und Wien: Carl Hanser Verlag. S. 23.

2

Benjamin, W. (1982). Das Passagen-Werk. In: *Gesammelte Schriften*. Band V in zwei Teilbänden; hg. von Rolf Tiedemann und Hermann Schweppenhäuser, unter Mitwirkung von Theodor W. Adorno und Gershom Scholem. Frankfurt am Main: Suhrkamp Verlag. S. 513.

3

Dem Titel werden folgende Worte beigefügt: *„Autor dessen Name Altus ist."* Mutus liber, in quo tamen tota philosophia hermetica, figuris hieroglyphicis depingitur, ter optimo maximo Deo misericordi consecratus, solisque filiis [...]. Rupellae [La Rochelles]: apud Petrum Savovret, 1677. Stiftung der Werke von C.G.Jung, Zürich, Online, https://doi.org/10.3931/e-rara-4322 / Public Domain Mark.

4

Mutus Liber.

5

Ibidem.

6

Diesbezüglich verweisen wir auf Von Hofmannsthal (2020). *Cartas para este tempo (Briefe für diese Zeit)*. Lissabon: BCF Editores. In der Übersetzung aus demins Portugiesischen von João Barrento mit einigen von Hofmanthals wichtigsten Briefen: „Der mystische Materialismus eines Signifikanten außerhalb der Sprache, die sich im stummen Ding objektiviert (...), erzeugt eine Ästhetik der reinen Potenz."

7

Tefnut und Schu, das göttliche Paar mit unterschiedlichen Körpern, aber derselben Seele, sind das erste Götterpaar der Enneade, das von Atum hervorgebracht wurde, Schöpfer der Elemente des Universums aus dem Chaos. Tefnut, Göttin der Feuchtigkeit, des Raureifs und des Regens, erschafft die Zeit und bringt zusammen mit Schu, Gott der Luft, des Lichtes und der Sterne, die Zwillinge Nut, der Himmel, und Geb, die Erde, hervor, die Schu voneinander trennt. Mit den Füßen auf der Erde stemmt er die Arme in die Höhe und hält den Himmel empor. Vgl. Genesis 1:6–8 *„Es werde ein Gewölbe mitten im Wasser und scheide Wasser von Wasser. Gott machte das Gewölbe und schied das Wasser unterhalb des Gewölbes vom Wasser oberhalb des Gewölbes. Und so geschah es. Und Gott nannte das Gewölbe Himmel. Es wurde Abend und es wurde Morgen: zweiter Tag."*

8

„Vortrag von Prof. Dr. Aby Warburg, gehalten am 21. April 1923 im Sanatorium Bellevue in Kreuzlingen". Warburg, A. *Schlangenritual. Ein Reisebericht*. Berlin: Klaus Wagenbach Verlag.

is, in principle, a creative dream, which announces the creative awakening and requires and can even reach the highest step on the scale of dreams."
Zambrano, M., & Neves, M. J. (2006). *O Sonho Criador El sueño creador*, Lisbon: Assírio & Alvim, pp. 89 and 118, Transl. from the German translation by R.H.

10
Ibid., p. 118, Transl. from the German translation by R.H.

11
Hegel also considered Antigone to be the most sublime figure in the entire history of the tragedy. Zambrano devotes a text to her, in which Antigone, who is already in the tomb, faces each of the figures of the tragedy, an awakening in company from the dream of life and death. See: Zambrano, M. (2019). *La tumba de Antigona (The Tomb of Antigone)*. Madrid: Alianza Editorial.

12
All quotes come from Zambrano, M., & Neves, M. J. (2006). *O Sonho Criador El sueño creador (The Creative Dream)*, Lisbon: Assírio & Alvim, pp. 118 – 19, Transl. from the German translation by R.H.

13
Jung, C. G. (1953). *Psychology and Alchemy*, Transl. by R.F.C.Hull. New York: Pantheon Books, p. vii.

14
The hands trace the line that can be abstractly rendered in the manifested world and are also the *face* – the expression in the gospels is "seal" – that is revealed by palmists.

15
Zambrano, M. (2006). *O Sonho Criador El sueño creador (The Creative Dream)*, Lisbon: Assírio & Alvim, p. 148, Transl. from the German translation by R.H.

16
Helder, H. (2020). *Apresentação do Rosto (Presentation of the Face)*, 2nd edition. Lisbon: Porto Editora, p.197, Transl. from the German translation by R.H.

17
Helder, H. (2020). *Apresentação do Rosto (Presentation of the Face)*, 2nd edition, Lisbon: Porto Editora, p. 197, Transl. from the German translation by R.H.

18
Valéry, P. (1930). *Collected Works, Volume 14, Analects*. Transl. by Stuart Gilbert. Princeton: Princeton University Press, p.134.

19
"The poetry of circumstances and concrete thinking: The spirit of the real is the true ideal". Molder, M. F. (1995). *O Pensamento Morfológico de Goethe (Goethe's Morphological Thinking)*. Lisbon: Imprensa Nacional-Casa da Moeda, p. 423. Cf. Molder, M. F. (2009). *Símbolo, Analogia e Afinidade (Symbol, Analogy and Affinity)*. Lisbon: Edições Vendaval, Transl. from the German translation by R.H.

9
O Sonho Criador (Der schöpferische Traum) ist der Titel des Buches von María Zambrano, worauf wir Bezug nehmen werden: *„Der Traum des Menschen ist im Prinzip ein schöpferischer Traum, der das transzendente Erwachen ankündigt und fordert und sogar die höchste Stufe der Traumskala erreichen kann."*
Zambrano, M., & Neves, M. J. (2006). *O Sonho CriadorEl sueño creador.* Lissabon: Assírio & Alvim. S. 89 und S. 118. (Übersetzung aus dem Portugiesischen)

10
Ibidem. S. 118.

11
Antigone war auch für Hegel die erhabenste Figur in der gesamten Geschichte der Tragödie. Zambrano widmet ihr einen Text, in dem Antigone bereits in der Gruft jeder der Figuren der Tragödie gegenübersteht, ein Erwachen aus dem Traum von Leben und Tod in Gemeinschaft. Siehe: Zambrano, M. (2019). *La tumba de Antigona (Das Grab der Antigone)*. Madrid: Alianza Editorial.

12
Alle Zitate stammen von María Zambrano. Ibidem. Zambrano, M., & Neves, M. J. (2006). *O Sonho Criador El sueño creador (Der schöpferische Traum)*. Lissabon: Assírio & Alvim. S. 118–119. (Übersetzung aus dem Portugiesischen)

13
Jung, C. G. (1953). *Psychologie und Alchemie* (Band 12). Mannheim: Patmos Verlag. S. 11–57.

14
Die Hände zeichnen die abstraktionsfähige Spur in der manifestierten Welt nach und sind auch *Gesicht* – in den Evangelien lautet der Ausdruck „Siegel", das von Handlesern und -leserinnen enthüllt wird.

15
Zambrano, M. (2006). *O Sonho Criador El sueño creador (Der schöpferische Traum)*. Lissabon: Assírio & Alvim. S. 148. (Übersetzung aus dem Portugiesischen)

16
Helder, H. (2020). *Apresentação do Rosto (Darstellung des Gesichts)*, 2. Ausgabe des Werkes. Lissabon: Porto Editora. S. 197. (Übersetzung aus dem Portugiesischen)

17
Helder, H. (2020). *Apresentação do Rosto (Darstellung des Gesichts)*, 2. Ausgabe des Werkes. Lissabon: Porto Editora. S. 197. (Übersetzung aus dem Portugiesischen).

18
Valéry, P. (1930). *Cahier B 1910.* Gallimard. S. 39–40. (Übersetzung aus dem Französischen)

19
„Poesie der Umstände und des konkreten Denkens: Der Geist des Realen ist das wahre Ideal". Molder, M. F. (1995). *O Pensamento Morfológico de Goethe (Goethes morpho-*

20
In *Dream Symbols of the Individuation Process*, *Jung offers a comprehensive overview of the known works on alchemy and digs deep into his experience of the analytical process in the darkness of the psyche: "What I now have to put forward as regards the nature of the human psyche is based first and foremost on my observations of people. It has been objected that these observations deal with experiences that are either unknown or barely accessible. It is a remarkable fact, which we come across again and again, that absolutely everybody, even the most unqualified layman, thinks he knows all about psychology as though the psyche were something that enjoyed the most universal understanding. But anyone who really knows the human psyche will agree with me when I say that it is the darkest and most mysterious region of our experience. (...) I do not hold myself responsible for the shortcomings of the lay public's knowledge of psychology."* Jung, C. G. (1953). *Psychology and Alchemy.* Transl. by R.F.C.Hull. New York: Pantheon Books.

21
Agamben, G. (2007). *Profanations*. Transl. by Jeff Fort. New York: Zone Books.

22
Ibid., p. 22.

23
Blanchot, M. (1969). *The Infinite Conversation*. Transl. by Susan Hanson. London: University of Minnesota Press, p. 130.

24
Faure, E.; Gasquet, J. (2012). *Pául Cézanne seguido de oque elle me disse (Paul Cezanne, followed by what he told me)*. Lisbon: Sistema Solar, pp. 75–81, Transl. from the German translation by R.H.

25
Exodus 31, 36, 37, 38, 39.

26
Biblical references to the manifestation of the divine as a shadow: Isaiah 25:4, 49:2, 51:16; Psalms 36:7, 121:5; Mark 9:7; Luke 1:35, 9:34; Matthew 15:5.

27
The Gematria and cabbalistic numerology emerged from the drawings of numbers and letters of the alphabets. Cf. "When the ordering of the universe was set about, God first began by laying out with figure and number", Plato (2013). *Timaeus and Critias*. Transl. by A.E.Taylor. London: Routledge, p. 52.

28
"The place of the poem – or, rather, its taking place – (...) is therefore neither in the text nor the author (nor in the reader): it is in the gesture through which the author and reader put themselves into play in the text and, at the same time, are infinitely withdrawn from it." Agamben, G. (2007). *Profanations*. Transl. by Jeff Fort. New York: Zone Books, p. 71.

logisches Denken). Lissabon: Imprensa Nacional-Casa da Moeda S. 423. Vgl. Molder, M. F. (2009). *Símbolo, Analogia e Afinidade (Symbol, Analogie und Affinität)*. Lissabon: Edições Vendaval.

20
In *Traumsymbole des Individuationsprozesses* gibt Jung einen umfassenden Überblick über die bekannten alchemistischen Werke und gräbt durch seine Erfahrung im analytischen Prozess in die Dunkelheit der Psyche: *„Was ich in bezug [sic] auf das Wesen der menschlichen Seele vorzubringen habe, sind in erster Linie Beobachtungen am Menschen. Man hat diesen Beobachtungen vorgeworfen, dass es sich dabei um unbekannte beziehungsweise schwer zugängliche Erfahrungen handle. Es ist eine merkwürdige Tatsache, auf die man immer wieder stößt, dass absolut jeder, auch der unmaßgeblicheste Laie, über Psychologie völlig Bescheid zu wissen glaubt, wie wenn die Psyche ausgerechnet jenes Gebiet wäre, welches sich der allgemeinsten Bekanntschaft erfreute. Jeder wirkliche Kenner der Menschenseele wird mir aber beipflichten, wenn ich sage, dass sie zum Dunkelsten und Geheimnisvollsten gehört, was unserer Erfahrung begegnet. (...) Ich fühle mich nicht verantwortlich dafür, dass das Laienwissen um Psychologie unzulänglich ist."* Jung, C. G. (1953). *Psychologie und Alchemie* (Bd. 12). Mannheim: Patmos Verlag.

21
Agamben, G. (2006). *Profanierungen*. Übersetzung aus dem Italienischen von Marianne Schneider. München : Edition Suhrkamp.

22
Ibidem.

23
Blanchot, M. (1969). *L'entretien infini* (Band 6). Paris: Gallimard. S. 563–564. (Übersetzung aus dem Französischen)

24
Faure, E.; Gasquet, J. (2012). *Pául Cézanne seguido de oque elle me disse (Paul Cezanne, gefolgt von Was er mir sagte)*. Lissabon: Sistema Solar S. 75–81. (Übersetzung aus dem Portugiesischen)

25
Exodus 31, 36, 37, 38, 39.

26
Biblische Hinweise auf die Manifestation des Göttlichen als Schatten: Jesaia 25:4, 49:2, 51:16; Psalmen 36:7, 121:5; Markus 9:7; Lukas 1:35, 9:34; Matthäus 15:5.

27
Aus den Zeichnungen von Zahlen und Buchstaben des Alphabets entstand die Gematrie und die kabbalistische Numerologie. Vgl. „Gott begann damit, sie durch Formen und Zahlen zu formen.", Platon (2013) *Timaios-Kritias*. Imprensa da Universidade de Coimbra 52a–3b.

29
In Timaeus, there are several similarities between the qualities of the physical and the divine worlds, being, place, and future, the terms *khôra* or *chora* (she, who suckles the future), the earthly vessel that takes in the Holy Spirit (the uterus made fertile by the spirit) and the tabernacle of Exodus as place, home, Ark of the Covenant. The Jungian notion of the archetype is also incorporated in the Theory of Intelligible Forms. Plato (2013). *Timaeus and Critias*. London: Routledge.

30
Cf. "The Author as Gesture". Agamben, G. (2007). *Profanations*, Transl. by Jeff Fort, New York: Zone Books, Chapter 8.

31
Reis, A. (2017). *Poemas quotidianos*. Lisbon: Tinta da China. Transl. from the German translation by R.H., p. 11.

32
Godard, J. L. (1956). *Montage, mon beau souci (Montage, My Fine Care)*. Cahiers du cinéma, 65 (December), pp. 30–31. This translation from Milne T. (ed.) (1972). *Godard on Godard*. Transl. by Tom Milne. New York: Viking, p. 39.

33
Warburg, A. (1995). *Schlangenritual. Ein Reisebericht*. Berlin: Klaus Wagenbach Verlag, p. 20. Transl. by R.H.

34
Deleuze, G. (1998). *Essays Critical and Clinical*. Transl. by Daniel Smith and Michael Greco, London: Verso, p. 6.

35
Paul Klee. "Théorie de L'art moderne", pp. 27–33, quoted from Deleuze, G./Guattari, F. (1987). *A Thousand Plateaus*. Transl. by Brian Massumi, Minneapolis: University of Minnesota Press, p. 337–38.

36
Another potential translation would be: "I have no time for poems that are based on thin air." Éluard, P. (1950). *Der Dichter und sein Schatten* (Vol. 16), Barcelona: Icaria Editorial, "Lecture on the Poetry of Circumstance, January 17 1952". Transl. from the German translation by R.H.

37
Deleuze, G./Guattari, F. (1987). *A Thousand Plateaus*, Transl. by Brian Massumi, Minneapolis: University of Minnesota Press, p. 343.

38
Faure, E.; Gasquet, J. (2012). *Pául Cézanne seguido de oque elle me disse (Paul Cezanne, followed by what he told me)*, Lisbon: Sistema Solar, p.85. Transl. from the German translation by R.H.

39
Coccia, E. (2018). *The Life of Plants: A Metaphysics of Mixture*. Transl. by Dylan Montanari, New York: Wiley, p.93.

40
It is said that mandrake, the "plant of witches", which Paracelsus considered to be a good medicine due to the morphology of its roots (that

28
„Die Stätte des Gedichts – oder eher sein Stattfinden – (...) liegt in der Geste, mit der Autor und Leser sich im Text aufs Spiel setzen und sich zugleich unendlich aus ihm zurückziehen." Agamben, G. (2005). *Profanierungen*. Übersetzung aus dem Italienischen von Marianne Schneider. Frankfurt am Main: Edition Suhrkamp, S. 67–68.

29
Bei Timaios gibt es mehrere Ähnlichkeiten zwischen der Beschaffenheit der physischen und der göttlichen Welt, dem Sein, dem Ort und dem Werden, den Begriffen *kôra* oder *chora* (die Amme des Werdens), dem Gefäß auf der Erde, das den göttlichen Geist aufnimmt (vom Geist befruchteter Uterus) und des Mischkans des Exodus als Ort, Wohnstätte, Truhe der Bundeslade. Der Jungsche Begriff der Archetypen ist auch schon in der Theorie der intelligiblen Formen enthalten. Vgl. Platon (2013) *Timaios-Kritias*. Imprensa da Universidade de Coimbra.

30
Vgl. „Der Autor als Geste". Agamben, G. (2005). *Profanierungen*. Übersetzung aus dem Italienischen von Marianne Schneider. Frankfurt am Main: Edition Suhrkamp, S. 57–70.

31
Reis, A. (2017). *Poemas quotidianos*. Lissabon: Tinta da China. S.11. (Übersetzung aus dem Portugiesischen)

32
Godard, J. L. (1956). *Montage, mon beau souci (Schnitt, meine schöne Sorge)*. Cahiers du cinéma, 65 (Dezember), S. 30–31. Die hier abgedruckte Übersetzung aus dem Französischen stammt von Frieda Grafe, publiziert in dem Band Godard/Kritiker (1971). *Ausgewählte Kritiken und Aufsätze über Film 1960–1070*. München: Hanser. S. 38–40.

33
Warburg, A. (1995). *Schlangenritual. Ein Reisebericht*. Berlin: Klaus Wagenbach Verlag. S. 20.

34
Deleuze, G. (2015). *Kritik und Klinik*. Übersetzung aus dem Französischen von Joseph Vogl. Frankfurt am Main: Edition Suhrkamp. S. 17.

35
Paul Klee. „Théorie de L'art moderne". S. 27–33. Zitiert nach Deleuze, G./Guattari, F. (1980). *Mille Plateaus*. Paris: Les Éditions de Minuit, S. 416. (Übersetzung aus dem Französischen)

36
Eine andere mögliche Übersetzung wäre: „Ich halte nichts von Gedichten, die auf Luft basieren." Éluard, P. (1950). *Der Dichter und sein Schatten* (Band 16). Barcelona: Icaria Editorial. „Vortrag über die Poesie des Umstandes vom 17. Januar 1952". (Übersetzung aus dem Portugiesischen)

37
Deleuze, G./Guattari, F. (1980). *Mille Plateaus*. Paris: Les Éditions de Minuit, S. 423.

resembled a human body), screams when it is pulled from the ground and that those who hear this scream can die.

41

The Principle of Mentalism is the first of the principles, followed by those of Correspondence, Vibration, Polarity, Rhythm, Cause and Effect, and, finally, Gender.

42

Godard, J. L. (1956). *Montage, mon beau souci (Montage, My Fine Care)*, Cahiers du cinéma, 65 (December). Transl. from the German translation by R.H., pp. 30–31

43

Agamben, G. (2007). *Profanations*. Transl. by Jeff Fort, New York: Zone Books, p. 19.

44

Mozart, W. A. (2007). *A Life in Letters*. Transl. by Stewart Spencer. London: Penguin, p. 111.

45

Ibid.

46

Michelet, J. (1863). *La Sorcière: The Witch of the Middle Ages*. Transl. by L.J.Trotter. London: Simpkin, Marshall, p. 183. *"The witch appeared in the age of despair, that deep despair of the gentry of the church. The witch is their crime."*

47

Agamben, G. (2007). *Profanations*. Transl. by Jeff Fort. New York: Zone Books, p.92.

48

Goethe's conversation with J. Falk, June 14 1809 (AA 22, p. 557), Cf. Molder. M. F. Transl. by R.H., pp. 270–71

49

Maxim on Plate 14 of *Mutus Liber*: "Pray, read, read, read, read again, work and you will find."

(Übersetzung aus dem Französischen)

38

Faure, E.; Gasquet, J. (2012). *Pául Cézanne seguido de o que elle me disse (Paul Cezanne, gefolgt von Was er mir sagte)*. Lissabon: Sistema Solar. S. 85. (Übersetzung aus dem Portugiesischen)

39

Coccia, E. (2016). *Die Wurzeln der Welt: Eine Philosophie der Pflanzen*. München: Carl Hanser Verlag. S. 119–120.

40

Von der Alraune, der „Hexenpflanze",die Paracelsus aufgrund der Morphologie ihrer Wurzel (die einem menschlichen Körper ähnelt) für eine gute Medizin hielt, hieß es, dass sie einen Schrei ausstößt, wenn man sie ausreißt, und dass derjenige, der den Schrei hört, sterben kann.

41

Das Prinzip der Geistigkeit ist das erste der Prinzipien, gefolgt von denen der Resonanz, der Schwingung, der Polarität, des Rhythmus, der Ursache und Wirkung und zuletzt das des Geschlechts.

42

Godard, J. L. (1956). *Montage, mon beau souci (Schnitt, meine schöne Sorge)*. Cahiers du cinéma, 65 (Dezember), S. 30–31.

43

Agamben, G. (2005). *Profanierungen*. München : Edition Suhrkamp. S. 23ff.

44

Wir folgen der portugiesischen Übersetzung von Manuel Malzbender. Mozart, W. A. (2006). *Ein geheimes Leben — Ausgewählte Briefe*. Lissabon: Cavalo de Ferro Editores.

45

Ibidem.

46

Michelet, J. (1974) *Sobre as Feiticeiras (Die Hexe)*. Lissabon: Edições Afrodite. S. 166. (Übersetzung aus dem Portugiesischen)

„Die Zauberin stammt aus den Zeiten der Verzweiflung, der Verzweiflung der Kirche. Die Zauberin ist ihr Verbrechen."

47
Agamben, G. (2005). *Profanierungen*. Frankfurt am Main : Suhrkamp, S. 91.

48
Gespräch Goethes mit J. Falk vom 14. Juni 1809 (AA 22, S. 557) apud Molder. M. F. S. 270–271.

49
Spruch auf Bildtafel 14 des *Mutus Liber*. „Bete, lies, lies, lies, lies nochmals, arbeite und du wirst finden."

Recipe is missing

Rezept fehlt

Christof Ellinghaus

Bitch, don’t kill my vibe…!

Christof Ellinghaus

Bitch, don’t kill my vibe…!

Sometime between the lockdowns in the summer of 2020, my wife and I were on our way to a dinner date with the Queen of Slovenia. The sky was blue, the heat-wave was in full effect, and our drive down from Austria through a perfect storybook countryside of dark green forests and picturesque mountains was about as scenic as it gets. Upon arrival, we quickly learned that the Queen was actually not around on this our special dining day, but that's okay. Well-run kitchens like this know what is expected of them and the absence of the queen bee should go unnoticed in an ideal world. As if to make a point, the crew made sure that what followed was one of the most memorable culinary experiences we ever had. Plate after plate, bite after bite, a celebration of cultural freight, of geography, a profound expression of a place, of the season and the chef's personality and philosophy.

Delicate beauty on dramatic ceramics! It was the full package, and it was mind blowing! Add the husband's competent, and strictly local, wine pairing, the smooth and inconspicuous service, yes, we really should have been in food destination heaven! But something was off. Something wasn't quite right, and it took me two or three courses to realize what the heck it was.

It was the background music (BGM) in the restaurant's dining

Irgendwann zwischen den Lockdowns im Sommer 2020 waren meine Frau und ich auf dem Weg zu einem Abendessen mit der Königin von Slowenien. Der Himmel war blau, die Hitzewelle in vollem Gange und unsere Fahrt von Österreich durch eine Märchenbuchlandschaft aus dunkelgrünen Wäldern und einer idyllischen Bergwelt war so malerisch reizvoll wie nur möglich. Bei unserer Ankunft erfuhren wir schnell, dass die Königin an diesem für uns besonderen Tag der Einkehr nicht zugegen war, aber das machte nichts. Gut geführte Küchen wie diese wissen, was von ihnen erwartet wird, und die Abwesenheit der Bienenkönigin sollte in einer idealen Welt unbemerkt bleiben. Als ob die Mannschaft es auf den Punkt bringen wollte, sorgte sie dafür, dass das, was folgte, eines der unvergesslichsten kulinarischen Erlebnisse war, die wir je hatten. Teller für Teller, Bissen für Bissen eine Feier der kulturellen Fülle, der Geographie – der tiefgründige Ausdruck eines Ortes, der Jahreszeit und der Persönlichkeit und Philosophie der Küchenchefin.

Zarte Schönheit auf dramatischer Keramik! Es war das Gesamtpaket, und es war umwerfend! Wenn man dann noch die kompetente und ausschließlich lokale Weinauswahl des Ehemannes und den reibungslosen und unauffälligen Service hinzunimmt, ja, dann hätten wir

room. Indeed, man, it was the music that was just plain annoying and a proper vibe killer. Not that it was too loud and obtrusive. It was just wrong. Wrong with a very capital W. In fact it was godawful. Hell, it was Kenny G! The multimillion-selling, platinum-album-hoarding godfather of the sugar coated, smooth-jazz, strip mall sales-enhancing background music saxophone. In other words, it was an aggravated assault on my ears, and consequently on my every sense. I tried to block it out, tried to ignore it, to focus on the feast in front of me. But the titan of smooth remained an overwhelming presence.

From the first bite of the ribwort taco to the last crumb of Tolminc cheese our exceptional meal oozed produce-driven depth and complexity, while our ears were tormented by the blandest of the bland, the master of shallow, the one and only Kenny fucking G. Surely the music on our big night had been chosen by the dishwasher, or maybe by the pâtissier (as in, sugar-coated, geddit?), but it couldn't have possibly been part of the overall high-end destination dining experience for which many make the pilgrimage to this beautiful and remote spot. Maan, we must have simply caught a bad case of While the cat's away, the mice will play. just bad luck. But looking around me, I think most diners actually couldn't give a shit. They took a head dive into Slovenia's best trout, or, entirely

uns wirklich im kulinarischen Himmel befinden müssen! Aber irgendetwas stimmte nicht. Etwas passte nicht ganz und ich brauchte zwei oder drei Gänge, um zu erkennen, was zur Hölle es war.

Es war die Hintergrundmusik (HGM) im Speisesaal des Restaurants. Ja, wirklich, es war die einfach nur nervende Musik, ein richtiger Stimmungskiller. Nicht, dass sie zu laut und aufdringlich gewesen wäre. Sie war nur falsch. Falsch mit einem sehr großen F. Tatsächlich war sie grässlich. Verdammt, es war Kenny G! Der Millionen verkaufende Platin-Alben hortende Pate des überzuckerten, glattgebügelten, verkaufsfördernden Shopping-Mall-Musikberieselung-Saxophons. Mit anderen Worten, es war ein schwerer Anschlag auf meine Ohren und damit auf alle meine Sinne. Ich versuchte, ihn auszublenden, ihn zu ignorieren und mich auf das Festessen vor mir zu konzentrieren. Aber der Titan der Glattheit behielt eine überwältigende Präsenz.

Vom ersten Bissen des Spitzwegerich-Tacos bis zum letzten Krümel Tolminc-Käse strotzte unser außergewöhnliches Mahl vor produktorientierter Tiefe und Komplexität, während unsere Ohren vom fadesten aller Faden, dem Meister des Flachen, dem unvergleichlichen Kenny fucking G gequält wurden.

unfazed, boarded the magic carpet ride that was the Drznica Lamb Tartar . Meanwhile, I was dining with my man Kenny G.

So then, what is the solution to this dilemma? How many chefs actually know their music? Or love their music? Or even give a shit about music? One out of ten? Maybe two? But it still happens. You are a top chef of the world. Your guests have travelled half way around the planet, and you really treat these poor fuckers, who are paying an arm and a leg for that holistically overwhelming dining experience to the lowest common denominator on your stereo? Seriously? You spent six months in your lab until you finally found the key to treat that one piece of produce. It matters to you. Because you want to launch that beautiful attack on all of their senses, and yet you somehow forget one out of five? Wait, how did you get up there to the top of the pile of the top of them restaurant piles. Ah yes, cooking. Well.

Then of course, there is also the new breed of the modern hipster restaurants with that fancy vintage record player on the counter, the distinction sign of sophisticated ambition and cool. Alternating between Massive Attack and Thelonious Monk, throw in the odd Miles, or really any other music that is thirty years and older and part of the err, agreeable canon? Somehow, the

Sicherlich war die Musik an unserem großen Abend vom Tellerwäscher ausgewählt worden, oder vielleicht vom Pâtissier (wie in „überzuckert", klingelts?), aber sie konnte unmöglich Teil des Gourmet-Erlebnisses in einem Spitzenrestaurant sein, für das viele an diesen schönen und abgelegenen Ort pilgern. Mann, wir haben wohl einfach einen schlimmen Fall von Wenn die Katze aus dem Haus ist, tanzen die Mäuse auf dem Tisch erwischt. Einfach Pech. Aber wenn ich mich umsah, denke ich, dass es den meisten Gästen scheißegal war. Sie stürzten sich kopfüber auf die beste slowenische Forelle oder enterten völlig unbeeindruckt den fliegenden Teppich, den das Tartar vom Drežnica-Lamm bereithielt. Währenddessen speiste ich mit meinem Freund Kenny G. ...

Wie lautet also die Lösung für dieses Dilemma? Wie viele Küchenchefs kennen eigentlich ihre Musik? Oder lieben sie? Oder interessieren sich überhaupt dafür? Einer von zehn? Vielleicht zwei? Aber trotzdem kommt es vor. Du bist einer der Spitzenköche dieser Welt. Deine Gäste sind um den halben Planeten gereist und du behandelst diese armen Schweine, die sich dumm und dämlich für dieses holistische überwältigende Essenserlebnis bezahlen, wirklich auf dem kleinsten gemeinsamen Nenner deiner

same old tunes roll off the stereos on display, charting today's epic misunderstanding between chef's cutting edge cuisine and say, Portishead.

The real deal would be oh so different. Imagine a robot-like performance, akin to a Kraftwerk show, in a German restaurant, say, *Aqua*. Every course is synchronized, presented with a musical cue. The ballet of servers moving between tables and guests like a Trans Europe Express. The motion triggered by Ralf & Florian. Elevating the vibe decidedly towards Düsseldorf, away from Wolfsburg. Oh what a dream.!

The greatest movie scores sometimes manage to express things the actors in the film can't. Music in a restaurant however can't make up for a lame meal. If your food stays ambitiously interchangeable, there just is no covering that up with a dramatically intrusive score. On the contrary, composers or musicians who get commissioned to score a meal will have to work from an entirely different prerequisite: avoid sensual overload! Reflect the dramaturgy and the trajectory of the dining experience. Do not connect with the audience in your normal ways. Make sure it is the accompaniment and never the central focus. And most importantly: leave your ego at the cloakroom.

Stereoanlage? Ernsthaft? Du hast sechs Monate in deinem Labor verbracht, bis du endlich die Lösung gefunden hast, um dieses eine spezielle Produkt zu behandeln ... es ist dir wichtig. Weil du alle Sinne entwaffnen willst, aber dabei einen von fünf vergisst? Warte mal, wie bist du nochmal der Spitzenreiter der Top-Restaurants geworden? Ach ja, durch Kochen. Nun.

Und dann gibt es natürlich auch noch die neue Generation der modernen Hipster-Restaurants mit diesem schicken Vintage-Plattenspieler auf dem Tresen, das Erkennungsmerkmal polyglotter Ambitionen und Coolness. Abwechselnd laufen Massive Attack und Thelonious Monk, als Zugabe auch mal Miles oder andere Musik, die dreißig Jahre und älter ist und zum gefälligen Kanon auf der sicheren Seite gehört.

Irgendwie plätschern immer dieselben alten Melodien aus den Stereoanlagen, die für das gegenwärtige epische Missverständnis zwischen der Spitzenküche eines Küchenchefs und, sagen wir, Portishead, bezeichnend sind.

Das einzig Wahre sähe aber ganz anders aus: Stellen Sie sich eine roboterähnliche Aufführung, ähnlich einem Kraftwerk-Konzert, in einem deutschen Restaurant vor, sagen wir im *Aqua*. Jeder Gang ist

Who could do that? Well, here's to dreaming: you enter *Noma*, after having traversed the show-gardens of the new foodie Disneyland. In the corner sits a small ensemble lead by the fantastic Hildur Guðnadóttir , whose scores for "Chernobyl" and "Joker" are among the best things that have happened on the big screen in recent years. As soon as you are seated, an unexpectedly dramatic opening booms across your apero, heralding the dynamics of things to come. An evening unfolds where the kaleidoscopic sounds of whirring instruments paint an airy groove throughout the room, cue the service and elevate the plates in front of you in a luscious but most subliminal way. Like the meal, the sounds in the background take unexpected twists and turns from intimate bedroom music (in a very public space) to daring dissonance of industrial sounds, as conversation around the table swells or ebbs, all at the right moment. It is grandiose! Dream on.

In contrast, the stark realities point to New York City: Unless you're a college graduate who doesn't mind shouting at your co-diner across a sonic pandemonium of epic proportions, most of the restaurants in this fine city are simply an insult, or an offence. The fact that the New York fine diners, who really have to operate exclusively in the top price segment, don't simply go on a hunger strike is completely

synchronisiert und wird mit einer musikalischen Vorlage präsentiert. Das Ballett der Kellner und Kellnerinnen, die sich wie ein Trans-Europ-Express zwischen den Tischen und den Gästen bewegen ... die Bewegung, die von Ralf und Florian ausgelöst wird ... und die Stimmung deutlich in Richtung Düsseldorf und weg von Wolfsburg hebt ... oh, was für ein Traum ...!

Die besten Soundtracks schaffen es manchmal, Dinge auszudrücken, die die Schauspieler und Schauspielerinnen nicht ausdrücken können. Die Musik in einem Restaurant kann jedoch ein schwaches Essen nicht ausgleichen. Wenn dein Essen auf hohem Niveau austauschbar bleibt, lässt sich das nicht mit einer dramatisch aufdringlichen Musik überspielen. Im Gegenteil, Komponisten und Komponistinnen oder Musiker und Musikerinnen, die mit der Vertonung eines Essens beauftragt werden, müssen von einer ganz anderen Voraussetzung ausgehen: nämlich eine sinnliche Überfrachtung zu vermeiden! Sie müssen die Dramaturgie und den Ablauf des Essens reflektieren. Die Verbindung zum Publikum nicht auf die übliche Weise herstellen. Darauf achten, dass die Musik die Begleitung und nicht der Mittelpunkt ist. Und das Wichtigste: das Ego an der Garderobe lassen.

beyond me. Acoustically, eating out in NYC is worse than any prep kitchen I've ever been in. No wonder then that the story of how Ryuichi Sakamoto (of Yellow Magic Orchestra fame, who once recorded an album called BGM), took the matter into his own hands in his favorite New York restaurant a few years ago became a worldwide media story.

But it will come. It will happen. It is inevitable. Look back just some ten or fifteen years ago, and it was still quite common, even in the most thoughtful and highly conceptual restaurants of the world, to get an after-dinner coffee that was 90% of the time a complete disgrace, pouring from a righteously moldy "super-automatic machine".... Look how that has changed over the years. Today's self-respecting restaurants are happy to serve drip coffee again, on which their R&D department have spent months calibrating the perfect drip.... It will be the same with sound design and music in the years and decades to come. There will be restaurants that will put that plate in front of you in a beautifully synchronized motion alongside the music or the sound design coming from the invisible loudspeakers. It'll be like that last ballet you watched, or maybe the last time you saw Kraftwerk play., served to the beat.

Just wait for it. It's going to happen, and it will be a thing.

Wer wäre dazu in der Lage? Nun, hier ist der Traum: Du betrittst, nachdem du die Schaugärten des neuen Disneylands für Foodies durchquert hast, das *Noma*.
In der Ecke sitzt ein kleines Ensemble unter der Leitung der fantastischen Hildur Guðnadóttir, deren Filmmusik für „Chernobyl" und „Joker" zum Besten gehört, was in den letzten Jahren auf der Leinwand zu sehen war. Kaum hast du Platz genommen, dröhnt ein unerwartet dramatischer Auftakt über den Aperitif und kündigt die Dynamik dessen an, was kommt. Es entfaltet sich ein Abend, an dem die kaleidoskopischen Klänge summender Instrumente einen luftigen Groove in den Raum malen, den Service einleiten und die Teller vor dir auf eine sinnliche, aber höchst unterschwellige Weise erheben. Wie das Essen, so nehmen auch die Klänge im Hintergrund unerwartete Drehungen und Wendungen, von intimer Schlafzimmermusik (in einem sehr öffentlichen Raum) bis hin zu den gewagten Dissonanzen des Industrial Sound, während die Gespräche am Tisch anschwellen oder abebben, alles im richtigen Moment. Es ist grandios! Träum weiter ...

Dagegen stehen die nackten Tatsachen in New York City: Wenn man nicht gerade ein College-Absolvent ist, dem es nichts ausmacht, seinen Tischnachbarn durch ein akustisches Pandämonium epischen Aus-

Trust me. Right now, Hollywood employs the best and most talented composers, and that's exactly what top restaurants around the world will do.

Until then, here are our top thirteen suggestions for artists who can read a room and a menu, and who create the fitting soundscapes, our dream pairings (this random list can be extended endlessly at your next party talk):

Clove Club – Mica Levi
Ekstedt – Max Richter
Eleven Madison Ave – David Byrne
Etxebarri – Johnny Greenwood
Hisa Franko – Nicholas Britell
Inua – Dickon Hinchcliffe
Kjolle – Camilo Lara
Narisawa – Keiji Haino
Noma – Hildur Guðnadóttir
Osteria Francescana – Stuart A Staples
Rel – Efterklang
Tickets – Hauschka & Dustin O'Halloran
and yes,
French Laundry – Kenny G

maßes anzuschreien, sind die meisten Restaurants in dieser schönen Stadt einfach eine Beleidigung oder ein Vergehen. Dass die New Yorker Gourmets, die sich wirklich ausschließlich im oberen Preissegment bewegen, nicht einfach in den Hungerstreik treten, ist mir völlig unbegreiflich. Akustisch ist das Essengehen in NYC schlimmer als jede Restaurantküche, in der ich jemals war. Kein Wunder also, dass die Geschichte, wie Ryūichi Sakamoto (vom berühmten Yellow Magic Orchestra, das einst ein Album namens BGM aufnahm) vor ein paar Jahren in seinem New Yorker Lieblingsrestaurant die Sache selbst in die Hand nahm, ein weltweites Medienecho hervorrief.

Aber es wird kommen. Es wird passieren. Es ist unvermeidlich. Wenn wir uns nur zehn oder fünfzehn Jahre zurückerinnern, war es selbst in den aufmerksamsten und konzeptionellsten Restaurants der Welt noch üblich, nach dem Essen einen Kaffee zu bekommen, der in neunzig Prozent der Fälle eine absolute Unverschämtheit war und aus einer verschimmelten „superautomatischen" Maschine kam. .... Man kann erkennen, wie sich das im Laufe der Jahre geändert hat. Heutige Restaurants, die etwas auf sich halten, servieren gerne wieder Filterkaffee, an dem ihre Forschungsabteilung monatelang gearbeitet hat, um den perfekten Mahlgrad zu kalibrieren. ....

Mit dem Sounddesign und der Musik aus unsichtbaren Lautsprechern wird es in den kommenden Jahren und Jahrzehnten genauso sein. Es wird Restaurants geben, die den Teller vor dir in einer wunderbaren, auf die Musik oder das Sounddesign abgestimmten Bewegung abstellen. Es wird wie die letzte Ballettaufführung oder vielleicht das letzte Kraftwerk-Konzert sein, das du gesehen hast, serviert zum Beat.

Warte einfach ab. Es wird passieren, und es wird ein Ding. Glaub mir. Im Moment beschäftigt Hollywood die besten und talentiertesten Komponisten und Komponistinnen und genau das werden auch die Spitzenrestaurants auf der ganzen Welt tun. Bis dahin hier unsere dreizehn besten Vorschläge für Künstler und Künstlerinnen, die einen Raum und eine Speisekarte lesen können und die passenden Klanglandschaften dazu schaffen, unsere Traumpaarungen (diese willkürliche Liste kann beim nächsten Partygespräch endlos erweitert werden):

Clove Club – Mica Levi
Ekstedt – Max Richter
Eleven Madison Park – David Byrne
Etxebarri – Johnny Greenwood
Hisa Franko – Nicholas Britell
Inua – Dickon Hinchcliffe
Kjolle – Camilo Lara
Narisawa – Keiji Haino
Noma – Hildur Guðnadóttir

Osteria Francescana – Stuart A. Staples
Rel – Efterklang
Tickets – Hauschka & Dustin O'Halloran
und, ja,
French Laundry – Kenny G

Recipe
Nicolas Bourriaud
Reindeer Penis Salad

MUSHROOM BRINE

5 l	filtered water
100 g	salt
80 g	muscovado sugar
4 g	bay leaf
4 g	juniper berries, toasted
20 g	coriander seeds, toasted
10 g	black pepper, toasted
10 g	lemon thyme
10 g	dried ceps
1 g	ginger skins
2 g	arctic thyme

Bring 1 liter of the water to a boil in a pot. Combine all dry ingredients in appropriately sized container. Once boiling, combine the water with the dry ingredients. Infuse for 15 minutes. Pour the remaining 4 liters of filtered water into the brine to combine. Strain and cool down immediately. Reserve in the fridge until needed.

BRINED PENIS

reindeer penises
ice water
mushroom brine

Defrost the reindeer penises overnight in the fridge. Soak the penises in slightly salted ice water for 1 hour, then change the water and soak them for an additional hour. Remove the penises from the ice water, pat them dry and transfer to a cutting board to clean. There is a bloody vein that runs lengthwise through the reindeer penis which needs to be removed. Use a turning knife or petty knife in order to do so. Once all the veins are removed, transfer them to the mushroom brine to soak for a minimum of 12 hours. The penises need be in plenty of brine to remove any remaining blood and to season them properly. There should be 2 parts mushroom brine to 1 part penis. Once brined, remove the penises from the liquid, dry them well, and proceed directly to pressure cooking the penises.

Rezept
Nicolas Bourriaud
Penis-Salat vom Rentier

PILZLAKE

5 L	filtriertes Wasser
100 g	Salz
80 g	Muskovado-Zucker
4 g	Lorbeerblatt
4 g	geröstete Wacholderbeeren
20 g	gerösteter Koriandersamen
10 g	gerösteter Schwarzer Pfeffer
10 g	Zitronenthymian
10 g	getrocknete Steinpilze
1 g	Ingwerschale
2 g	Arktischer Thymian

1 Liter Wasser in einem Topf zum Kochen bringen. Alle trockenen Zutaten in ein passendes Behältnis füllen. Dem kochenden Wasser beigeben. 15 Minuten ziehen lassen. Die restlichen 4 L des filtrierten Wassers der Lake hinzufügen. Sofort abseihen und herunterkühlen. Im Kühlschrank aufbewahren, bis sie gebraucht wird.

EINGELEGTER PENIS

Rentier-Penisse
Eiswasser
Pilzlake

Die Rentier-Penisse über Nacht im Kühlschrank auftauen. Für eine Stunde in leicht gesalzenem Eiswasser wässern, dann das Wasser wechseln und eine weitere Stunde wässern. Die Penisse aus dem Eiswasser herausnehmen, trocken tupfen und auf ein Schneidebrett legen, um sie zu säubern. Das längs durch den Rentier-Penis verlaufende Blutgefäß muss entfernt werden. Dazu ein Tourniermesser oder kleines Schälmesser benutzen. Sobald alle Venen entfernt sind, die Penisse für mindestens 12 Stunden in der Pilzlake einweichen. Sie müssen ausreichend mit Lake bedeckt sein, damit sich das restliche Blut freisetzt und sie ausreichend Würze aufnehmen. Das Verhältnis sollte zwei Teile Pilzlake zu einem Teil Penis betragen. Nach dem Einweichen die Penisse aus der Flüssigkeit nehmen, gut trocknen und

PRESSURE COOKED PENIS

pressure cooker
500 g brined reindeer penises
900 g cold infused dashi*
300 g mushroom kelp liquid* (not reduced)
150 g mushroom brine

In the pressure cooker, place the brined penises and all the liquids—make sure that the mushroom brine you use is fresh, and not the same brine used previously for soaking the penises. Secure the lid of the pressure cooker and transfer it to a stove. Set the induction to a temperature setting of 5 and wait for steam to release from the pressure cooker. Once it begins to steam, turn the induction down to temperature setting of 2, and let the penises cook for 35 minutes—start the timer as soon as you hear steam coming from the pressure cooker. After 35 minutes turn the induction burner off and let the pressure cooker rest for 15 minutes before releasing the pressure and removing the lid. Alternatively, you can transfer the pressure cooker to a sink and run cold water over the lid if you want to depressurize it and remove the lid faster. Do this with care, as there will be a lot of pressure built up in the pressure cooker. Once the pressure is released and the lid is removed, strain the penises from the cooking liquid. Discard this liquid.

250 g cold infused dashi*
250 g mushroom brine

After you've strained the penises, combine the above liquids (cold infused dashi and fresh mushroom brine in equal parts), and soak the penises in this liquid for a minimum of 1 hour in the fridge. Keep them soaking in the fridge until you need to slice them.

MUSTARD SEEDS

100 g yellow mustard seeds
2 pieces bay leaf
filtered water

Place the mustard seeds in a pot, cover with cold water, and bring them up to a boil. Once boiling, strain the seeds through a chinois, and return them to the empty pot. Add fresh cold filtered water to cover the mustard seeds and toss in the bay leaf. Bring this to a boil again. Once up to temperature, reduce the heat, and allow the mixture to simmer for 12 minutes. Once simmered, strain the seeds and spread them on a

direkt zum Dampfdruckgaren weiterverarbeiten.

DAMPFGEGARTER PENIS

Dampfdrucktopf
500 g eingelegte Rentier-Penisse
900 g bei Raumtemperatur gezogenes Dashi*
300 g Pilz-Algen-Sud* (nicht reduziert)
150 g eingeweichte Pilze

Die eingeweichten Penisse in den Dampfdrucktopf legen und mit der gesamten Flüssigkeit aufgießen – die Pilzlake sollte frisch und nicht vorher für das Einlegen der Penisse verwendet worden sein. Den Deckel sichern und den Dampfdrucktopf auf den Herd stellen. Das Induktionsfeld auf die Stufe 5 stellen und warten, bis das Dampfventil hochsteigt. Wenn sich der Dampf freisetzt, die Induktion auf eine Temperatur von 2 zurückschalten und die Penisse für 35 Minuten kochen lassen – die Zeitschaltuhr einstellen, sobald der Dampf aus dem Drucktopf entweicht. Nach 35 Minuten den Induktionsherd ausstellen und den Dampfdrucktopf vor dem Druck ablassen und Entfernen des Deckels 15 Minuten ruhen lassen. Alternativ kann der Dampfdrucktopf in einen Ausguss gestellt und der Deckel mit kaltem Wasser abgekühlt werden, damit sich der Druck schneller verringert. Der Vorgang muss mit Sorgfalt erfolgen, da sich viel Druck im Dampfgarer aufgebaut hat. Sobald er entwichen und der Deckel entfernt ist, die Penisse abgießen und die Brühe wegschütten.

250 g bei Raumtemperatur gezogenes Dashi*
250 g Pilzlake

Nachdem die Penisse abgegossen wurden, die oben genannten Flüssigkeiten miteinander vermischen (bei Raumtemperatur gezogenes Dashi und frische Pilzlake zu gleichen Teilen) und die Penisse darin mindestens eine Stunde im Kühlschrank ziehen lassen. Sie sollten bis zum Aufschneiden im Kühlschrank aufbewahrt werden.

SENFSAMEN

100 g gelbe Senfkörner
2 Lorbeerblätter
filtriertes Wasser

Die Senfkörner in einen Topf geben, mit kaltem Wasser bedecken und zum Kochen bringen. Hat der Kochvorgang eingesetzt, die Körner mit einem Passiersieb abseihen und in den leeren Topf zurückgeben. Mit kaltem filtriertem Wasser bedecken und mit

towel-lined plastic tray to cool uncovered in the fridge. Once cool, transfer them to a container and reserve covered in the fridge.

COOKED GRAINS

50 g barley
50 g spelt
50 g emmer

In small saucepots, cook the grains separately in water by bringing them up from cold. Simmer the grains until al dente, drain them, and dry them on a towel. Once dry, mix the grains thoroughly, and roughly chop them.

Once chopped, transfer to a covered container and reserve in the fridge.

REINDEER PENIS & GRAIN MIX

pressure cooked reindeer penis
6 g cooked grains, chopped
2 g cooked mustard seeds

Retrieve the cooked reindeer penis from the fridge. It's very important that the penises stay cold, otherwise they will be very difficult to slice. Depending on the size of the penis, you will slice different cuts from them. If they are small, you will cut the penis on a bias, approximately 2mm thick. If they are medium sized, you will cut rounds, approximately 1mm thick. If they are large, you will halve them lengthwise and slice semi-circles that are 1mm thick.

Portion 10 g of the sliced penis in yogurt pots with 6 g of the cooked, chopped grains, and 2 g of the cooked mustard seeds. Reserve these portions in the fridge until service.

CURED EGG YOLKS

20 fresh hen's eggs (tempered)
beef garum*

Set up a water bath with an immersion circulator set to 68°C. Take the eggs and place them in the water bath and cook them for 26 minutes. Afterwards, remove the eggs from the water bath and shock them in ice water. Once cooled, crack them and separate the yolks from the whites (you may need to rinse them gently under cold water to wash off any egg white still adhering to the yolk). Cure the yolks in beef garum for 30 minutes. Once

den Lorbeerblättern erneut zum Kochen bringen. Sobald es köchelt, die Hitze reduzieren und die Mixtur 12 Minuten simmern lassen. Danach die Körner absieben und in einer mit einem Leinentuch ausgeschlagenen Plastikschale im Kühlschrank abkühlen lassen. Sobald sie ausgekühlt sind, in einem geschlossenen Behältnis im Kühlschrank aufbewahren.

GEKOCHTES GETREIDE

50 g Gerste
50 g Dinkel
50 g Emmer

Die Getreide separat in kleinen Töpfen mit kaltem Wasser zum Kochen bringen. Simmern lassen, bis sie bissfest sind, nach dem Abtropfen auf einem Küchenhandtuch trocknen. Wenn sie trocken sind, gründlich vermischen und grob hacken. Anschließend in einem abgedeckten Behälter im Kühlschrank aufbewahren.

RENTIER-PENIS & GETREIDEMISCHUNG

dampfgegarter Rentier-Penis
6 g gekochtes und gehacktes Getreide
2 g gekochter Senfsamen

Die gekochten Rentier-Penisse aus dem Kühlschrank nehmen. Es ist sehr wichtig, dass die Penisse kalt gelagert werden, andernfalls lassen sie sich schlecht schneiden. Abhängig von der Größe des einzelnen Penis unterschiedlich aufschneiden. Wenn sie klein sind, in ungefähr 2 mm dicke Scheiben schräg schneiden. Bei mittlerer Größe ungefähr 1 mm dicke runde Scheiben herunterschneiden. Sollten sie groß sein, der Länge nach halbieren und in 1 mm dicke halbrunde Scheiben schneiden.

10 g geschnittener Penis mit 6 g gekochtem und gehacktem Getreide und 2 g gekochtem Samen in Joghurtbechern portionieren. Diese Portionen bis zum Servieren im Kühlschrank aufbewahren.

GEBEIZTES EIGELB

20 frische Hühnereier (zimmertemperiert)
Rindergarum*

Ein Wasserbad mit Hilfe eines Einhängethermometers auf 68°C erwärmen. Die Eier in das Wasserbad legen und 26 Minuten lang kochen. Anschließend die Eier herausnehmen und in Eiswasser abschrecken. Sobald sie ausgekühlt sind, aufschlagen und die Dotter vom Eiweiß trennen

cured, remove the eggs from the cure and reserve.

SMOKED EGG YOLK PASTE

80 g cured egg yolks, passed
6 g smoked butter whey*
3 g cep tamari*
1.5 g beef garum*
salt

Pass the egg yolks through a fishnet-lined tamis. Place the cured egg yolks into a mixing bowl and begin to gently whip them smooth before adding in the smoked butter whey, the cep tamari, and the beef garum. Keep mixing until the sauce becomes homogenous. Season with salt if necessary. Transfer the sauce to the vacuum machine and compress it 2-3 times to de-air it. The texture of the sauce should be quite thick like a paste. The thickness of this sauce is very important to the dish. Reserve the sauce in a piping bag for service.

FOREST PESTO

25 g unripe sea buckthorn
7 g coriander seeds (freshly frozen)
10 g lacto cep water*
8 g mushroom garum*
5 g peaso reduction*
5 g yeast reduction*
10 g cep oil*
1 g lemon thyme vinegar*

Combine all the liquids and oils together in a container. In a mortar, pound the unripe sea buckthorn and coriander seeds until well pulverized. Once pounded, muddle-in the combined liquids and oils and mix until a pesto forms. Transfer from the mortar to a covered container and reserve in the fridge until needed.

DOUGLAS FIR VINAIGRETTE

15 g douglas fir oil*
15 g black currant leaf oil*
10 g oregano vinegar

Combine all ingredients in a yogurt pot container. Reserve in the fridge until service.

REINDEER PENIS SPICE MIX

10 g juniper berries, toasted
2 g black pepper, toasted
6 g coriander, toasted
1 piece cardamom, toasted
1 g dried ginger

(möglicherweise müssen sie vorsichtig unter kaltem Wasser abgespült werden, um das am Eigelb haftende Weiß vollständig zu entfernen). Die Eigelbe in Rindergarum 30 Minuten beizen. Danach herausnehmen und aufbewahren.

GERÄUCHERTE EIGELBPASTE

80 g gebeiztes und passiertes Eigelb
6 g geräucherte Sauerrahmbutter*
3 g Steinpilz-Tamari*
1,5 g Rindergarum*
Salz

Die Eigelbe durch ein feinmaschiges Trommelsieb passieren. In einer Rührschüssel behutsam schlagen, bevor die geräucherte Sauerrahmbutter, das Steinpilz-Tamari und das Rindergarum hinzugefügt werden. Weiter rühren, bis eine homogene Masse entstanden ist. Mit Salz würzen, falls notwendig. Die Sauce mit einem Vakuumierer zwei- bis dreimal komprimieren, um ihr die Luft zu entziehen. Die Textur der Sauce sollte so dick wie eine Paste sein. Die Konsistenz ist sehr wichtig für das Gericht. Die Sauce bis zum Servieren in einem Spritzbeutel vorhalten.

WALD-PESTO

25 g unreifer Sanddorn
7 g Koriandersamen (frisch eingefroren)
10 g fermentiertes Steinpilzwasser*
8 g Pilz-Garum*
5 g Peaso-Reduktion*
5 g Hefe-Reduktion*
10 g Steinpilzöl*
1 g Zitronenthymianessig*

Alle Flüssigkeiten und Öle in einem Gefäß miteinander vermischen. Den unreifen Sanddorn und die Koriandersamen in einem Mörser zerstoßen, bis sie völlig pulverisiert sind. Danach die Flüssigkeiten und Öle hinzufügen und vermengen, bis ein Pesto entsteht. Die Masse aus dem Mörser in ein bedecktes Behältnis geben und im Kühlschrank aufbewahren, bis sie gebraucht wird.

DOUGLASIEN-VINAIGRETTE

15 g Douglasien-Öl*
15 g Schwarzes Johannisbeersamenöl*
10 g Oreganoessig

Alle Zutaten in einem Joghurtbecher miteinander vermischen. Bis zum Servieren im Kühlschrank lagern.

GEWÜRZMISCHUNG FÜR DEN RENTIER-PENIS

10 g geröstete Wacholderbeeren

0.8 g fennel seeds
6 g dried ceps
2 g roasted yeast*
1.5 g salt

Blend all the ingredients together in a spice grinder and reserve in an airtight container until needed.

NIXTAMALIZED BIRCH WOOD

1 kg birch wood
filtered water
calcium hydroxide

Blanch the birch wood chips in plenty of water; for a 3-liter container of birch wood chips, you should have 10-12 liters of water. Once blanched, refresh the wood chips in cold water. Change the blanching water and repeat the process 2 more times. Take the same amount of water, and whisk in enough cal to bring the pH up to 12. Add the birch chips to the basic liquid, put the pot on the stove, and bring this liquid up to boil. Once boiling, reduce the temperature, and simmer for 1 hour. After simmering, allow the birch wood to rest in the liquid an additional hour. After resting, strain the birchwood off, wash any excess cal from the birchwood, and dry in dehydrator at 60°C till dry. Reserve in an airtight container.

PHEASANT & BIRCHWOOD OIL

6 pheasants (1.6 kgs)
6 pieces bay leaves
20 g juniper berry
20 g black pepper
4 pieces pasilla chile, deseeded
3 l grapeseed oil
40 g nixtamalized birchwood

Break the pheasants down into 8 pieces. Smear a bit of butter on each piece of pheasant. Set an oven to 200°C (100% fan) and roast the pheasant pieces on a cake rack sitting above a parchment-lined gastro for 12 minutes. After 12 minutes, turn the

2 g gerösteter Schwarzer Pfeffer
6 g gerösteter Koriander
1 Stück gerösteter Kardamom
1 g getrockneter Ingwer
0,8 g Fenchelsamen
6 g getrocknete Steinpilze
2 g geröstete Hefe*
1,5 g Salz

Alle Zutaten in einer Gewürzmühle miteinander mischen und bis zum Gebrauch in einem luftdichten Gefäß aufbewahren.

NIXTAMALISIERTES BIRKENHOLZ

1 kg Birkenholz
filtriertes Wasser
Kalziumhydroxid

Die Birkenholzspäne in reichlich Wasser blanchieren; ein 3-Liter-Behälter mit Birkenholzspänen benötigt 10 bis 12 Liter Wasser. Nach dem ersten Blanchieren die Birkenholzspäne mit frischem Wasser aufgießen. Diesen Vorgang noch zwei weitere Male wiederholen. Das Kalziumhydroxid mit der gleichen Menge Wasser verrühren und so lange schlagen, bis der pH-Wert auf 12 gestiegen ist. Die Birkenholzspäne in die Basisflüssigkeit geben, den Topf auf eine Herdplatte stellen und zum Kochen bringen. Sobald die Flüssigkeit kocht, die Temperatur reduzieren und eine Stunde simmern lassen. Anschließend das Birkenholz eine weitere Stunde in der Flüssigkeit ruhen lassen. Dann die Birkenholzspäne abseihen, das überschüssige Kalzium abwaschen und im Dehydrator bei 60°C trocknen lassen. In einem luftdichten Behälter aufbewahren.

FASAN & BIRKENHOLZÖL

6 Fasane (1,6 kg)
6 Lorbeerblätter
20 g Wacholderbeeren
20 g Schwarzer Pfeffer
4 entkernte Chile Pasilla
3 L Traubenkernöl
40 g nixtamalisiertes Birkenholz

Die Fasane in acht Teile zerlegen. Jedes Teil mit ein wenig Butter einschmieren. Den Ofen auf 200°C (bei 100% Umluft) einstellen und die Fasanenteile auf einem Kuchenrost über einem mit Pergament ausgelegtem Gastronorm-Behälter für 12 Minuten anbraten. Nach 12 Minuten die Ofentemperatur auf 170°C (bei 70% Umluft) reduzieren und weitere 20 Minuten garen lassen (bis sie goldbraun und knusprig sind). Danach aus dem Ofen nehmen und abkühlen lassen. Alle restlichen Zutaten sowie

oven down to 170°C (70% fan) and continue to roast for an additional 20 minutes (until golden brown and crisped). Once roasted, remove from the oven to cool down. Place all the ingredients in a large rondeau with the oil. Set the stove to 6 and allow the pot to come to a temperature of 100°C to 110°C. Allow this oil to cook at this temperature for 4 hours (start the timer as soon as the oil comes to temperature). After 4 hours, turn the stove off and transfer the oil to an appropriately sized container to infuse overnight. The following day strain the oil first through a chinois and then through a fishnet. Reserve the oil vacuum sealed in the freezer until needed to prevent oxidation.

SAVORY GRANOLA

250 g	pheasant and birchwood oil*
20 g	coriander seed toasted
60 g	sunflower seeds, toasted
100 g	pumpkin seeds, toasted
1 g	black pepper, toasted
1	sprigs lemon thyme
1	shallot
1	piece ancho chili, deseeded

Using a sharp knife, cut a 2cm thick round from the shallot and caramelize it on both sides well in a sauté pan. Separately toast the black pepper and blend it into a fine powder in the spice grinder. Combine all ingredients into a pot with the oil and slowly bring to a temperature of 120°C – 125°C. Once the oil has reached this temperature, start a 40 minute timer, and allow the mixture to cook at this temperature. After 40 minutes, remove the pot from the induction, and allow the mixture to rest until room temperature. Once at room temperature, strain the oil from the solids, but be sure to reserve the oil. Roughly chop the solids, place them into a container, and add back in the strained oil as necessary so that the solids are well coated. Reserve the granola in the fridge until service.

MUSTARD SPICE MIX

5 g	fennel seed, toasted
10 g	yellow mustard seeds, toasted
4 g	dried coriander seeds, toasted
3 g	black pepper, toasted
1 g	pasilla chile, deseeded
5 g	freeze dried gooseberries
3 g	juniper

Place all the spices in a spice grinder and blitz to a powder. Reserve in a covered container at room temperature until needed.

das Öl in einen großen Schmortopf geben. Die Herdplatte auf 6 stellen und warten, bis der Topf eine Temperatur von 100°C bis 110°C erreicht hat. Das Öl bei dieser Temperatur 4 Stunden kochen lassen (die Zeitschaltuhr einstellen, sobald das Öl auf Temperatur ist). Nach 4 Stunden den Herd ausstellen und das Öl in einen entsprechend großen Behälter füllen, um es über Nacht durchziehen zu lassen. Am nächsten Tag das Öl zuerst durch ein Passiersieb und anschließend durch ein Netzsieb seihen. Das Öl vakuumdicht bis zum Gebrauch im Kühlschrank aufbewahren, um Oxidation zu vermeiden.

PIKANTE GRANOLA

250 g	Fasan- und Birkenholzöl*
20 g	geröstete Koriandersamen
60 g	geröstete Sonnenblumenkerne
100 g	geröstete Kürbiskerne
1 g	gerösteter Schwarzer Pfeffer
1	Zweig Zitronenthymian
1	Schalotte
1	entkernte Ancho-Chili

Mit einem scharfen Messer eine 2 cm dicke Scheibe von der Schalotte herunterschneiden und in einer Kasserolle von beiden Seiten karamellisieren. Den Schwarzen Pfeffer separat rösten und in einer Gewürzmühle zu einem feinen Pulver vermahlen. Alle Zutaten mit dem Öl in einen Topf geben und langsam auf eine Temperatur von 120°C bis 125°C bringen. Sobald das Öl die Temperatur erreicht hat, die Zeitschaltuhr auf 40 Minuten einstellen und die Mixtur so lange kochen lassen. Nach 40 Minuten den Topf vom Herd nehmen und ruhen lassen, bis die Mischung auf Raumtemperatur abgekühlt ist. Dann das Öl von den Feststoffen trennen und aufbewahren. Die Feststoffe grob hacken, in einen Behälter geben und so viel wie nötig davon dem abgegossenen Öl hinzufügen, damit diese gut bedeckt sind. Die Granola im Kühlschrank bis zum Servieren aufbewahren.

SENF-GEWÜRZ-MISCHUNG

5 g	gerösteter Fenchelsamen
10 g	gerösteter gelber Senfsamen
4 g	geröstete getrocknete Koriandersamen
3 g	gerösteter Schwarzer Pfeffer
1 g	entkernte Chile Pasilla
5 g	gefriergetrocknete Stachelbeeren
3 g	Wacholder

Alle Gewürze in einer Gewürzmühle pulverisieren. Bei Zimmertemperatur in einem geschlossenen Behälter aufbewahren, bis sie zum Einsatz kommen.

SUNFLOWER SEED PASTE

300 g sunflower seeds
300 g brown butter*
15 g dried ginger powder*
15 g mustard spice mix
30 g celery reduction*
30 g peaso water reduction*
6 g roasted kelp salt*
10 g nordic shoyu*

Roast the sunflower seeds in a pan over medium high heat, with half of the butter. Add in the powders and dried spices while the seeds are still piping hot to aromatize them. Stir well, and while still hot, continue to add the rest of the ingredients then pull it off the heat. From there, grind everything in a mortar and pestle until you form a smooth paste. Reserve in the fridge until needed

MUSHROOM SPICE MIX

5 g fennel seed, toasted
20 g yellow mustard seed, toasted
10 g dried coriander seeds, toasted
15 g dried ceps
5 g arctic thyme
10 g dried morels

Transfer all the spices to a spice grinder and blitz to a powder. Reserve In a covered container at room temperature until needed.

FRIED PARSLEY

250 g picked, washed, and dried parsley leaves
rapeseed oil for frying

In a pot on the stove, bring the oil up to 160°C. Once up to temperature, fry the leaves quickly until they're rendered translucent, clear, and crisp, and the bubbling has just stopped. Remove them from the oil with a spider and drain them well on c-fold towels, changing the towels if necessary to absorb any excess oil. Reserve.

FRIED LOVAGE

250 g picked, washed, and dried parsley leaves
rapeseed oil for frying

In a pot on the stove, bring the oil up to 160°C. Once up to temperature, fry the leaves quickly until they're rendered translucent and clear, crisp and the bubbling has just stopped. Remove them from the oil with a spider and drain them well on c-fold towels, changing the towels if necessary to absorb any excess oil. Reserve.

SONNENBLUMENKERN-PASTE

300 g Sonnenblumenkerne
300 g braune Butter*
15 g getrocknetes Ingwerpulver*
15 g Senf-Gewürz-Mischung
30 g Sellerie-Reduktion*
30 g Peaso-Wasser-Reduktion*
6 g geröstetes Algensalz*
10 g Nordisches Shoyu*

Die Sonnenblumenkerne bei mittelgroßer Hitze mit der Hälfte der Butter in einer Pfanne rösten. Während die Kerne noch Hitze abgeben, die Pulver und getrockneten Gewürze zum Aromatisieren hinzufügen. Gut umrühren und während des Röstens fortfahren, die restlichen Zutaten beizumischen. Dann vom Herd nehmen. Alles in einem Mörser zerkleinern und so lange zerstoßen, bis eine geschmeidige Paste entstanden ist. Bis zur Weiterverarbeitung im Kühlschrank aufbewahren.

PILZ-GEWÜRZ-MISCHUNG

5 g gerösteter Fenchelsamen
20 g geröstete gelbe Senfkörner
10 g geröstete getrocknete Koriandersamen
15 g getrocknete Steinpilze
5 g Arktischer Thymian
10 g getrocknete Morcheln

Alle Gewürze in einer Gewürzmühle pulverisieren. Bei Zimmertemperatur in einem geschlossenen Behälter aufbewahren, bis sie zum Einsatz kommen.

FRITTIERTE PETERSILIE

250 g gezupfte, gewaschene und getrocknete Petersilienblätter
Rapsöl zum Frittieren

Das Öl in einem Topf auf dem Herd auf 160°C erhitzen. Ist die Temperatur erreicht, die Blätter schnell frittieren, bis sie eine durchscheinende, klare und krosse Form annehmen und das Brodeln zum Stillstand gekommen ist. Mit einem Schaumlöffel aus dem Öl heben und gut auf zweilagigen Tüchern trocknen lassen; die Tücher falls nötig wechseln, damit das überschüssige Öl vollständig aufgesaugt werden kann. Aufheben.

PREISELBEER-PASTE

5 g gefriergetrockneter Rhabarber
5 g gefriergetrocknete Preiselbeeren
5 g gefriergetrocknete Stachelbeeren
100 g kalt angesetztes Dashi*

LINGONBERRY PASTE

5 g freeze-dried rhubarb
5 g freeze-dried lingonberries
5 g freeze-dried gooseberries
100 g cold infused dashi*
2 g mushroom spice
30 g koji oil*
25 g fried parsley
8 g fried lovage
35 g sunflower seed paste

Soak the freeze-dried rhubarb and lingonberries in the cold infused dashi to rehydrate. Once rehydrated, add the mushroom spice to the dashi. Heat up the koji oil in a pan, on the stove. Add in the rhubarb mixture to the pan and cook it down until it's evenly caramelized. While it's caramelizing, grind the fried parsley and lovage down in a mortar and pestle, then add in the contents of the pan and the sunflower seed paste. Grind everything together thoroughly to a rough paste, and reserve.

PABLO CHILI PASTE
(yields 1 yogurt pot)

30 g shallot, finely chopped
100 g grapeseed oil
50 g chili ancho, deseeded
5 g salt
10 g red pepper tamari*
10 g peaso reduction*
30 g roasted kelp oil*

In a sauté pan, heat the oil and slowly caramelize the chopped shallots until evenly golden. Using gloved hands, break the chilies in small pieces and add them to the oil with the caramelized shallots. Season with the salt. Remove the pan from the heat and allow to rest until room temperature. Set up a thermomix, and blend the caramelized shallots, the oil, and the chilies with the remaining ingredients. Blend the contents on high, stopping to scrape the sides of the thermomix jug with a maryse as necessary. Blend until you yield a paste. Transfer to an airtight container and reserve until service.

RICE KOJI FUDGE

10 g reduced cucumber juice*
20 g reduced peaso water*
35 g room temperature butter
15 g rice koji oil*

Combine all the ingredients together thoroughly without aerating the mixture. Reserve in a piping bag for service.

2 g Pilzgewürz
30 g Koji-Öl*
25 g frittierte Petersilie
8 g frittierter Liebstöckel
35 g Sonnenblumenkern-Paste

Den gefriergetrockneten Rhabarber und die Preiselbeeren zum Entwässern im kalt gezogenen Dashi einweichen. Anschließend das Pilz-Gewürz hinzufügen. Das Koji-Öl in einer Pfanne auf dem Herd erhitzen. Die Rhabarber-Mischung beigeben und einkochen lassen, bis sie gleichmäßig karamellisiert ist. Währenddessen die frittierte Petersilie und den Liebstöckel in einem Mörser zerstoßen. Den Inhalt der Pfanne hinzufügen und die Sonnenblumenkern-Paste beigeben. Alles miteinander gründlich zu einer rohen Masse zerkleinern und aufbewahren.

PABLO-CHILI-PASTE
(ergibt einen Joghurtbecher)

30 g fein gehackte Schalotte
100 g Traubenkernöl
50 g entkernte Ancho-Chili
5 g Salz
10 g Roter-Pfeffer-Tamari*
10 g Peaso-Reduktion*
30 g geröstetes Algenöl*

Das Öl in einer Kasserolle erhitzen und die gehackte Schalotte darin langsam karamellisieren lassen, bis sie eine gleichmäßig goldene Farbe angenommen hat. Handschuhe anziehen, die Chilis in kleine Stücke brechen und dem Öl mit der karamellisierten Schalotte hinzugeben. Mit Salz würzen. Den Topf vom Herd nehmen und auf Raumtemperatur abkühlen lassen. In einem Thermomix die karamellisierte Schalotte zusammen mit dem Öl, den Chilis und den restlichen Zutaten auf hoher Stufe mixen. Die Masse falls nötig mit einem Teigschaber von den Seitenwänden des Thermomix abnehmen und in einem luftdicht abgeschlossenen Gefäß bis zum Servieren aufbewahren.

REIS-KOJI-BONBON

10 g reduzierter Gurkensaft*
20 g reduziertes Peaso-Wasser*
35 g raumtemperierte Butter
15 g Reis-Koji-Öl*

Alle Zutaten gründlich miteinander ohne viel Sauerstoffzufuhr verbinden. Zum Servieren in eine Spritztüte abfüllen.

DAS FINISH

portionierte Rentier-Penisse & Getreidemischung
5 g gehackte pikante Granola

TO FINISH

portioned reindeer penis & grains mix
5 g savory granola, chopped
5 g forest pesto
salt

6 dots cured egg yolk paste
3 dots lingonberry paste
3 dots rice koji fudge
3 dots Pablo chili paste
4 small oregano leaves
3 g douglas fir vinaigrette
reindeer penis spice mix

Remove the portion of reindeer penis & grains mix from the fridge. In the yogurt pot, fold in the savory granola and the forest pesto. Season this with salt. Make sure your plates are lined up with fig leaves positioned properly. Spoon the now mixed reindeer penis & grains into the fig leaf-lined bowl keeping the salad standing as tall as possible. Add the dots of egg yolk paste, the lingonberry paste, the rice koji fudge, and the Pablo chili paste to the plated penis & grains. The dots should be either piped or tweezed randomly around the penis & grains so as to ensure that the seasonings will be well spread throughout the course of eating this dish and that nothing is too concentrated in particular areas.

Place the oregano leaves around the seasoned salad in a random, natural way—as if they had just fallen on the salad. Mix the vinaigrette in the squeeze bottle and season the salad with it. Season the salad with a small pinch of the reindeer penis spice mix and serve immediately.

5 g Wald-Pesto
Salz

6 Tupfen gebeizte Eigelb-Paste
3 Tupfen Preiselbeer-Paste
3 Tupfen Reis-Koji-Fudge
3 Tupfen Pablo-Chili-Paste
4 kleine Oreganoblätter
3 g Douglasien-Vinaigrette
Rentier-Penisgewürz-Mischung

Rentier-Penis und Getreidemischung aus dem Kühlschrank nehmen. Die pikante Granola und das Wald-Pesto in einem Joghurtbecher unterheben. Mit Salz würzen. Die Teller mit in einer Reihe positionierten Feigenblättern bestücken. Die Mischung aus Rentier-Penis und Getreide in die Feigenblattschalen löffeln und den Salat dabei möglichst aufrecht stehend aufbringen. Die Tupfen der Eigelb-Paste, der Preiselbeer-Paste, des Reis-Koji-Fudge und der Pablo-Chili-Paste hinzufügen. Die Punkte sollten entweder mit einem Spritzbeutel oder einer Pinzette wie zufällig um den Penis und das Getreide herum verteilt werden, sodass sich die Aromen beim Verzehren dieses Gerichts gut verteilen und es keine Bereiche mit zu hoher Konzentration eines Gewürzes gibt. Die Oreganoblätter, so, als wären sie gerade über den Salat gefallen, anrichten. Die Vinaigrette in einer Spritzflasche mixen und den Salat damit würzen. Zuletzt eine kleine Prise Penisgewürz-Mischung darüber streuen und sofort servieren.

Nicolas Bourriaud

Nicolas Bourriaud

l'addition
notes for a contemporary culinary esthetic

DIE RECHNUNG
Anmerkungen zu einer zeitgenössischen Ästhetik der Kulinarik

Is there any food writing today that goes far beyond restaurant criticism? This may well be the journalistic category in which we find such writing, but it simply can't be reduced in this way. This lack of analysis, together with the amount of advertising attention paid to the creations of such and such a chef, which appears more like advice for consumers and clients, present an obstacle to cooking in its search for recognition as an art form in its own right. And one consequence of this lack of analysis is the reluctance of most chefs to position themselves as artists in the cultural field. But cooking is an art: an impure art: We still have to establish a critical discussion of contemporary cooking that goes beyond the immediate sensation and the "client experience". And what should this discussion address? Structures, principles, methods, subjects and forms.

First of all, contemporary culinary discussion seems to have taken a false turn due to Instagram: Even if the visual impression created by a dish is undeniably important, this screen-driven formatting only serves to reinforce the false notion that culinary creativity is a matter for the eye rather than for the palate. If we can compare cooking and the plastic arts, and if these share a visual component, the challenge is to assess each from a specific perspective: and the assessment of the former is based on taste.

Eine kulinarische Kritik, die sich nicht auf Restaurantkritiken beschränkt, gibt es das heutzutage überhaupt? Zwar findet man sie in der Tat in dieser Sparte des Journalismus, sie ist aber keineswegs darauf zu reduzieren. Dieser Mangel grundlegender Analysen und das Übermaß an medialer Auseinandersetzung mit Schöpfungen dieses Kochs oder jener Köchin, die eher Tipps für Konsumenten und Konsumentinnen bzw. Gäste gleichkommt, stellt ein echtes Handicap für Kochen auf seinem Weg zur Anerkennung als eigenständige Kunstform dar. Und genau dieses Versäumnis ist der Grund, warum es den meisten Köchen und Köchinnen so widerstrebt, sich selbst als Künstler und Künstlerinnen im Bereich der Kultur zu positionieren. Dennoch, das Kochen ist eine Kunst, wenn auch keine reine Kunst. Ein kritischer Diskurs über die zeitgenössische Kochkunst jenseits der unmittelbaren Sinnesempfindungen und der „Gasterfahrung" wartet noch darauf, erfunden zu werden. Und worüber wäre dieser dann zu führen? Über die Strukturen, Prinzipien, Methoden, Themen und Formen.

Die zeitgenössische Debatte über die Kochkunst scheint aktuell mit Instagram eine falsche Richtung eingeschlagen zu haben: Keine Frage, der visuelle Aspekt ist zweifellos wichtig für ein Gericht, diese Art der Präsentation fördert

Moreover, even in art, the eye isn't everything: it's complemented by an analysis of the context. In an exhibition of contemporary art, the phases of preproduction, production, dissemination and exhibition of the forms and images contribute to the appreciation of a work. The same is true for a chef. The sourcing of the products, the environment at the heart of which the meal unfolds and the quality of the service are all just as important as the visual impact of a dish. At *Noma*, René Redzepi hasn't only innovated in terms of tastes and materials but also by ensuring that the dishes are served by those who have cooked them, and such a formalization of the serving process, or of the plates (the bases) or of the rhythm of a meal, is an integral part of the esthetic analysis. Hence, if we are to establish a contemporary form of culinary criticism we must address a wider set of parameters; and the parameters that dominate today (the form and colors of a dish as it appears on a screen) fail to capture the essential. The following notes seek to establish an initial critical typology.

Preamble: the palate.

The organ that receives the cooking is the palate and, in particular, the taste buds that cover the tongue. This is the symbol of gastronomy, but it does much more than merely enable us to taste, *"To eat, to speak, to sing*

jedoch die irrige Annahme, dass kulinarische Kreativität mehr auf das Auge als auf den Gaumen ausgerichtet ist. Auch wenn die Kochkunst und die bildenden Künste vergleichbar sind, auch wenn ihnen die visuelle Komponente gemein ist, muss jede doch für sich aus einer eigenen Perspektive wahrgenommen werden – und erstere gründet auf dem Geschmack. Im Übrigen ist das Auge auch in der Kunst nicht alles: Auch eine Analyse des Kontexts gehört dazu. In einer Ausstellung zeitgenössischer Kunst spielen die unterschiedlichen Phasen von der Vorstufe der Fertigung über die Fertigung selbst bis hin zur Vermittlung und Präsentation der Formen und Bilder eine Rolle für die Beurteilung eines Werkes. Gleiches gilt für Köche und Köchinnen. Die Herkunft der Zutaten, die Umgebung, in der das Mahl eingenommen wird, das Service – all das hat ebenso Bedeutung wie der visuelle Aspekt eines Gerichts. René Redzepis Innovationen im *Noma* beschränken sich nicht auf Geschmackliches und auf die Zutaten, die er verwendet, er lässt die Gerichte von denjenigen servieren, die sie gekocht haben. Diese formelle Gestaltung des Service und der Gerichte (Sockel) sowie der Ablauf eines Essens sind integraler Bestandteil der ästhetischen Analyse. Für eine zeitgenössische kulinarische Kritik müssen also weit umfassendere Parameter als Basis

(need we add: to kiss?) are operations which have the same site of the body for origin: cut off the tongue, and there will be neither taste nor speech." [1] In his "Reading Brillat-Savarin", Barthes insists that tasting is just as complex as reading and points out that our ability to taste depends upon our ability to consider more than just the immediate effect (or, in other words, upon us having enough experience to be able to calibrate and compare culinary memories). A gustatory sensation is staggered, it unfolds over time, just like a narrative: first the direct sensation (while the flavor impresses the tip of the tongue), then the complete sensation (while the flavor becomes an aftertaste) and then the reflective sensation (the final moment of judgment). Let us meditate upon the fact that, with the help of this same organ, this tongue that forms the focus of the culinary esthetic, we talk, we taste and we make love.

Around the Meal: Structure and Sources.

Everything starts with an environment. Where are we, in what setting? But which visual codes form this setting or unfold during the meal, and what is the relationship between this specific place and its geography?

One of those who have decided to employ their visual environment as a set of signs that support the

herangezogen werden; und worauf derzeit der Fokus gelegt wird (die Gestaltung und Farben eines Gerichts, wie sie auf einem Display wahrzunehmen sind), stellt nicht das Wesentliche dar. Mit den folgenden Anmerkungen soll eine erste Typologie der wesentlichen Kriterien erstellt werden.

Präambel: Der Gaumen

Das Wahrnehmungsorgan der Kochkunst ist der Gaumen, genauer gesagt die Geschmackspapillen der Zunge. Sie ist das Symbol der Gastronomie und ihre Bedeutung geht weit über den Geschmackssinn hinaus. Roland Barthes hat es so ausgedrückt: *Essen, Sprechen, Singen (sollte man auch noch Küssen hinzufügen?) sind Handlungen, die ihren Ursprung im selben Bereich des Körpers haben – ohne Zunge gibt es weder Sprechen und noch Schmecken.* In seiner Analyse zu Brillat-Savarin[1] betont Barthes, dass eine Verkostung ebenso komplex ist wie eine Interpretation, vorausgesetzt, man verfügt über die erforderliche Bildung, um sie über die unmittelbare Wirkung hinaus erweitern zu können (d. h. eine Erfahrung, die es uns erlaubt, Verkostungserinnerungen einzuordnen und zu vergleichen). Die Geschmacksempfindung entfaltet sich stufenweise und ist ebenso aufgebaut wie eine Erzählung: Zuerst erfolgt die „unmittelbare" Wahrnehmung

structure of the meal is Paul Pairet in Shanghai (at *Ultraviolet*, the diners are surrounded by video images that cover every wall of the dining area). Pairet presents "a story in twenty dishes", which is accompanied by these images, in line with the principle that we "consume myths, more than calories". He claims to belong to an "avant-garde that is figurative rather than abstract". Here, we are far from indefinably illustrative decoration, unlike those fish restaurants that fix fishing nets to the wall. Even more radically, Jordan Khan considers the entire building in which *Vespertine* is located as a central element of an experience that is global, architectural and acoustic. But we could also point to May Chow in Hong Kong who, more simply, uses neon as an esthetic marker. However, whereas the first two create their ambience in a sort of *white cube* that is deliberately isolated from the rest of the city, the latter uses the neon to prolong the Hong Kong street into her restaurant. Some chefs turn their back on the context: The most famous example of this was undoubtedly the young Pierre Gagnaire, who brilliantly ignored the city of Saint-Etienne in order to offer his cosmopolitan and nomadic cooking. A member of the same generation, Marc Veyrat did the opposite: His cuisine expresses, in an almost expressionist manner, the idea of the backpacker gathering their own ingredients.

(der Geschmack manifestiert sich im vorderen Zungenbereich), dann die „vollständige" Wahrnehmung (der Geschmack gelangt zum hinteren Bereich der Mundhöhle), danach die „reflektierte" Wahrnehmung (die abschließende Beurteilung). Es ist bedenkenswert, dass wir mit demselben Organ, der Zunge, die im Mittelpunkt der kulinarischen Ästhetik steht, sprechen, kosten und lieben.

Rund um die Mahlzeit: Protokolle und Quellen

Mit der Umgebung fängt alles an. Wo befinden wir uns, in welcher Kulisse? Welche visuellen Codes prägen die Szene, in der das Mahl eingenommen wird, und welche Beziehung hat dieser spezifische Ort zu seiner geografischen Lage?

Paul Pairet in Schanghai zählt zu jenen, die sich der visuellen Umgebung bedienen, um den Ablauf der Mahlzeit optisch zu begleiten (im *Ultraviolet* sind die Gäste von Videobildern umgeben, die auf alle Wände des Speisesaals projiziert werden). Pairet präsentiert eine „Geschichte in 20 Gerichten", mit Bildern untermalt und basierend auf dem Grundsatz, dass man „mehr Mythen als Kalorien isst". Er bekennt sich zu einer „Avantgarde, die figurativ, nicht abstrakt" ist – weit entfernt und im scharfen Kontrast zu Pseudodekorationen, wie man sie in manchen Fischrestaurants findet,

René Redzepi follows the same path at *Noma*, grilling his wild asparagus together with the pine needles found alongside it. And the same applies to Alberto Landgraf in Rio, Rodolfo Guzman in Santiago de Chile and many others.

Hence, in esthetic terms, the task is to represent a *landscape*. Yoshihiro Narisawa defines his cuisine as a "contemporary Satoyama", the Japanese word for the zone where the hills meet the plain, where the locals live in harmony with nature. But this longing for a landscape can express itself in a dish, like the hummus created by Matsut Askar (*Neolokal*, Istanbul), which literally evokes the hills of Anatolia, or the cuisine of Virgilio Martinez in Lima.

The space in which the meal takes place (which is thus analogous with the space in which contemporary art is exhibited) forms an ensemble that can be found, in a diagram showing the two poles of the culinary experience, directly opposite a second ensemble, the ensemble of ingredients (or, put otherwise, the construction material) that enters the kitchen.

To recap, there is a box and there are objects that enter it in order to be transformed. The way in which these ingredients are enhanced forms the heart of the culinary esthetic, but it is their provenance, their level of

in denen Fischernetze an den Wänden hängen. Jordan Khan ist noch radikaler und betrachtet das ganze Gebäude, in dem das *Vespertine* angesiedelt ist, als zentralen Baustein einer ganzheitlichen, architektonischen und klanglichen Erfahrungswelt. Ebenso könnte man auf May Chow in Hongkong verweisen, die in schlichterer Manier Neonlicht als ästhetisches Markenzeichen nutzt. Während die beiden Ersteren ihre besondere Atmosphäre in einer Art *White Cube* kreieren, der sich bewusst vom Rest der Stadt abgrenzt, verwendet Chow die Neonbeleuchtung, um Hongkongs Straßen in ihr Restaurant hinein zu verlängern. Manche Köch*innen agieren völlig losgelöst von ihrer Umgebung: Das berühmteste Beispiel dafür war zweifellos Pierre Gagnaire am Anfang seiner Laufbahn, der, die Stadt Saint-Etienne grandios außer Acht lassend, eine kosmopolitische Küche aus allen Ecken der Welt angeboten hatte. Marc Veyrat, der derselben Generation angehört, hat genau die entgegengesetzte Richtung eingeschlagen: Seine Küche brachte auf beinahe expressionistische Art Themen des Erntens und der Rucksackwanderung zum Ausdruck. René Redzepi wandelt im Noma auf denselben Pfaden und brät seinen wilden Spargel mit in der Umgebung gesammelten Kiefernnadeln. Desgleichen Alberto Landgraf in Rio, Rodolfo

proximity with the place in which the meal takes place and the symbolism attached to them that underlie the culinary experience.

The question is: How can a restaurant *metabolize* its environment? Or, in other words: How does it appropriate the elements that enter it?

There's a general principle that dominates contemporary culinary culture: eating locally, which can be compared with the process that artists refer to as *working in situ*: using the resources that are available at a certain location, addressing the place where these are found.

a/ Gathering.

The mushrooms that have formed the heart of Régis Marcon's cooking for decades have become the symbol of a cuisine based on *gathering*, which takes places in three different settings: the forest, the mountain and the seashore. This stylistic device is derived from a symbolic assumption: the idea of the collective ownership of the forests and mountains, on the basis of which we are free to draw upon a natural reservoir that is accessible to all, upon a nature that is seen as "wild" rather than cultivated. The initial message of this type of cuisine is: It doesn't matter who is able to gather the ingredients as long as this process becomes a way of life.

Guzman in Santiago de Chile und zahlreiche andere.

Unter dem Aspekt der Ästhetik betrachtet, handelt es sich also um die Abbildung einer *Landschaft*. Yoshihiro Narisawa definiert seine Küche als „zeitgenössisches Satoyama", ein Wort, das in Japan eine Grenzregion zwischen Hügeln und Ebene bezeichnet, deren Einwohner im Einklang mit der Natur leben. Dieses Verlangen nach Landschaft kann in einem Gericht sehr wohl ausgedrückt werden, wie etwa in dem von Maksut Askar (*Neolokal*, Istanbul) kreierten Hummus, der tatsächlich an die Hügel Anatoliens denken lässt, oder in der Küche von Virgilio Martinez in Lima.

Der Raum, in dem ein Mahl eingenommen wird, bildet (analog zum Ausstellungsraum für zeitgenössische Kunst) eine Einheit, die auf einem Diagramm, das die beiden Pole der kulinarischen Erfahrung darstellt, genau am Gegenpol einer zweiten Einheit angesiedelt wäre, und zwar jener der Zutaten (sozusagen der Bausteine), die in der Küche Verwendung finden.

Zusammengefasst gibt es eine Box und Objekte, die in diese verbracht werden, um einer Transformation unterzogen zu werden. Die Art und Weise, in der diese Zutaten aufgewertet werden, bildet den Mittelpunkt der kulinarischen Ästhetik,

b/ Self-sufficiency.

A variant of the preceding principle, the only difference here is that this 'eating locally' has changed from being a nomadic to being a settled activity, which is performed not by a hunter-gatherer but by a grower. The creation of a vegetable plot or orchard as a means of supplying a restaurant is rooted in the contrasting myth of the *hortus clausus*, which is a biblical vision of a self-sufficiency that has now become private or limited to a specific community. Since the Middle Ages, artists have depicted the earthly paradise as a walled garden. Alain Passard or Mauro Colagreco, who jointly cultivate such a garden, enhance their cuisine with the subliminal image of an autonomous ideal and, in doing so, allow their guests to participate in a kind of utopia of immediacy. At a time when the *human scale* is in crisis and distance no longer has much meaning, such a short circuit becomes a tantalizing image.

c/ Recuperation.

Vegetable greens and stalks, fish bones. If elements previously regarded as *trimmings* or *leftovers* now find themselves at the heart of certain dishes, it is because this ideology of the short circuit applies not only to the gathering of ingredients (outside the restaurant), but also to the cuisine itself: The use of the whole of a

aber ihre Herkunft, ihre Entfernung vom beziehungsweise Nähe zum Ort der Mahlzeit, die ihnen anhaftende Symbolik, gestaltet die Grundrichtung einer kulinarischen Erfahrung.

Die Frage, die sich dabei stellt: Wie *verstoffwechselt* ein Restaurant seine Umwelt? Anders gesagt: Wie macht es sich die Bestandteile, die es aufnimmt, zu eigen?

Es gibt ein Grundprinzip, das die zeitgenössische kulinarische Kultur dominiert: die Regionalküche, die dem entspricht, was für Kunstschaffende ein *in situ*, unter Verwendung der an einem Punkt X verfügbaren Ressourcen geschaffenes Werk ist – als Interpretation des Ortes, an dem sie sich befinden.

a/Das Sammeln

Die seit Jahrzehnten im Zentrum der Küche von Régis Marcon stehenden Pilze sind zum Wahrzeichen einer Küche geworden, die auf dem *Sammeln* der Zutaten in drei verschiedenen Arten von Landschaften beruht: Wälder, Berge und Küsten. Damit wird ein symbolisches Postulat aufgegriffen: die Idee des Gemeinbesitzes von Wäldern und Bergen, der die Freiheit bietet, aus einem natürlichen Reservoir zu schöpfen, von dem vorausgesetzt wird, dass es gleichsam allen zugänglich ist, in einer Landschaft, die als „wild“

product is like a stationary act of gathering. This approach can be subdivided into two principles: egalitarianism and extractivism.

c1. Egalitarianism: in the sense that a broad movement represents an opportunity for every product, from the most humble to the most scarce. One can label this a democracy of products: Paul Pairet calls his cuisine "egalitarian" because he pays the same attention to a sardine as to a rare fish. The key is to see them without discrimination, and this principle applies to the whole of a product: One should consider the turnip greens in the same way that one considers the turnip itself.

c2. Extractivism: in the sense in which each ingredient can express a gustatory essence if it is prepared intensely enough (in contrast with a patchwork esthetic). This principle is embodied by Ferran Adria: *"Take my tomato dish*, he says, *it's only tomato, with a range of textures, whereas one often has to mix a dozen things to end up with a dish made by a great chef."* But this notion of *reducing* to an essence crops up frequently, like an unattainable fantasy, throughout the history of cooking. *"Didn't the chef of the Prince of Soubise, like a sorcerer in One Thousand and One Nights, have the idea of storing fifty hams in a glass bottle no larger than a thumb? Miraculous equations: The nature of the*

und nicht kultiviert dargestellt wird. Die erste Botschaft, die diese Art von Kochkunst aussendet, lautet: Das Sammeln der Zutaten steht allen offen, vorausgesetzt, man macht dies zu seiner Lebensweise.

b/Die Autarkie

Sie ist eine Variante des vorherigen Prinzips, mit dem Unterschied, dass man von einer nomadischen Regionalküche zu einer sesshaften wechselt, vom Jagen und Sammeln zur Landwirtschaft. Das Anlegen eines Gemüse- oder Obstgartens, aus dem ein Restaurant versorgt wird, beruht auf einem entgegengesetzten Mythos, demjenigen des *Hortus clausus*, einer biblischen – in diesem Fall privaten und gemeinschaftlichen – Vorstellung von Autarkie. Seit dem Mittelalter wird in künstlerischen Abbildungen des irdischen Paradieses dieses als geschlossener Garten dargestellt. Alain Passard oder Mauro Colagreco, die beide einen solchen Garten führen, vermitteln mit ihrer Küche zusätzlich die unterschwellige Botschaft des Ideals der Autonomie und lassen ihre Gäste auf diese Weise an einer Art Utopie der Nähe teilhaben. In einer Zeit, in der sich der *menschliche Maßstab* in einer Krise befindet, in der Entfernungen nichts mehr bedeuten, hat dieses Konzept des kurzen Wegs etwas Faszinierendes.

ham is in its juice, and this juice can be reduced to a sap, to an essence – which only crystal is fit to hold."

The two Components: The Mark and the Sign.

The above notes concern the *external context* of the culinary esthetic: the framework within which we consume the dish, the provenance of the materials that constitute it and the fundamental principles of how these are used. Let us now perform a 360° turn and address the other extreme of our esthetic diagram: the basic unit of the culinary vocabulary. Let us set aside the contribution of the chef, the combination of the flavors, the cultural references and the relationship with a tradition or with methods, all of which clearly provide the standard material of gastronomic investigation, in order to focus on the basic elements that we could also use to analyze a dish: What would be the *seme*, the fundamental unit of our culinary *semantics*? How would this analysis differ from the analysis of a painting? And what would be the basis of an esthetic of the *palate*, as opposed to an esthetic of the eye?

In painting, we distinguish between two ways of occupying a surface, the sign and the mark. It's generally accepted that cooking manipulates signs, that we "consume signs" before we

c/Die Wiederverwertung

Blätter, Stängel, Fischgräten . Dass Bestandteile, die früher als *Dekoration oder als Abfall* gegolten hätten, inzwischen bei manchen Gerichten die Hauptrolle spielen, liegt daran, dass die Ideologie der kurzen Wege nicht nur das Sammeln von Zutaten beeinflusst (außerhalb des Restaurants), sondern auch die Küche: Die vollständige Verwendung eines Produkts gleicht einer Erntetätigkeit am Platz, die sich in zwei Prinzipien unterteilen lässt: Egalitarismus und Extraktivismus.

C1. Egalitarismus, weil umsichtiges Denken allen Produkten eine Chance gibt, vom bescheidensten bis zum kostbarsten. Man könnte es als Demokratie der Nahrungsmittel beschreiben: Paul Pairet bezeichnet seine Küche als „egalitär", weil er einer Sardine die gleiche Aufmerksamkeit widmet wie seltenen Fischarten. Es geht darum, sie als gleichwertig wahrzunehmen, und dieser Grundsatz gilt für die Gesamtheit eines Produkts: Das Blattgrün einer Rübe verdient dieselbe Beachtung wie die Rübe selbst.

C2. Extraktivismus in dem Sinne, dass jede Zutat durch intensive Verarbeitung eine geschmackliche Essenz zum Ausdruck bringen soll (im Gegensatz zu einer Patchwork-Ästhetik). Diesem Prinzip hat sich Ferran

even enjoy eating something, but I'm convinced that we can only develop a true culinary esthetic if we accept the predominance of the *mark* over the sign. The sign comes from the outside, it expresses the personality of an artist and the cultural context in which they evolved; the mark, on the other hand, comes from within: It *rises* to the surface, it permeates and can even be accidental. But it expresses a coming together of textures, tastes and colors: The mark is a sign that provides testimony, the result of a process of mixing. Every chromatic or substantial modification of an item of food, from the Maillard reaction to the combination of flavors in a recipe, depends upon a *mark*, this is to say, a fusion between different elements, and upon the capacity of these elements to influence each other (accidentally or otherwise) at the heart of a dish.

In this sense, the mark constitutes the basic unit of cooking, in terms of both appearance and taste.

Adria verschrieben: „*Mein Tomatengericht*", sagt er, „*besteht einzig aus Tomaten in verschiedenen Konsistenzen, während man sonst oft dutzende Sachen mischen muss, um das Gericht eines großen Kochs zustande zu bringen.*" Unter dem Titel der Reduktion auf eine Essenz findet man dieses Thema aber – einer unerreichbaren Fata Morgana gleich – durchaus in der Geschichte der Kochkunst. „*Hat nicht der Koch des Fürsten von Soubise wie ein Zauberer aus Tausend und einer Nacht den Plan gefasst, fünfzig Schinken in ein daumengroßes Kristallfläschchen zu füllen? Wundersame Gleichungen: Das Wesen des Schinkens liegt in seinem Saft und dieser Saft kann zu einem Extrakt, einer Essenz reduziert werden – deren allein Kristall würdig ist.*"

Die zwei Bestandteile: Das Mal und das Zeichen

Die oben angeführten Anmerkungen betreffen die *Außenansicht* der kulinarischen Ästhetik, den Rahmen, in dem man ein Gericht konsumiert, die Herkunft der Zutaten, aus denen es besteht, die grundlegenden Prinzipien ihrer Verwendung. Vollziehen wir nun eine Wende um 360 Grad, um uns der anderen Seite der Ästhetik zuzuwenden, der Grundeinheit des kulinarischen Vokabulars. Die Handgriffe des Kochs, die Zusammenstellung der Geschmackskomponenten, die

kulturellen Bezüge und die Verbindungen zu Traditionen oder Verfahren, die natürlich den Kern jeder gastronomischen Studie ausmachen, wollen wir hier einmal beiseitelassen, um uns den Grundelementen zuzuwenden, mithilfe derer die Analyse eines Mahls neu strukturiert werden könnte: Was wäre das *Sem* – die Grundeinheit – auf dem eine Semantik der Kochkunst begründet werden könnte? Worin bestünden die Unterschiede zwischen dieser Analyse und jener eines Gemäldes? Was könnte die Grundlage für eine Ästhetik des *Gaumens* darstellen, im Gegensatz zu einer Ästhetik des Auges?

In der Malerei unterscheidet man zwei Ordnungen, das Zeichen und das Mal. Es ist allgemein anerkannt, dass die Kochkunst mit Zeichen arbeitet, dass wir „Zeichen konsumieren", noch bevor wir ein Essen beurteilen, aber ich bin davon überzeugt, dass eine echte Ästhetik der Kulinarik nur entwickelt werden kann, wenn man akzeptiert, dass das *Mal* hier mehr Bedeutung hat als das Zeichen. Dieses kommt von außen, es ist Ausdruck der Persönlichkeit des Künstlers oder der Künstlerin und des kulturellen Kontextes, in dem er oder sie sich weiterentwickelt. Das Mal hingegen kommt von innen: Es *dringt* an die Oberfläche vor und kann auch durch Zufall entstehen. Aber es offenbart eine Begegnung der

Texturen, Geschmäcker und Farben: das Mal ist ein Referenzzeichen, das aus einer Vermischung entsteht. Jede farbliche oder stoffliche Veränderung eines Lebensmittels, von der Maillard-Reaktion bis zur Verbindung von Geschmäckern in einem Gericht, dies alles geht auf das *Mal* zurück, d. h. auf eine Verschmelzung unterschiedlicher Stoffe und die Möglichkeiten dieser, einander in einem Gericht gegenseitig zu beeinflussen (durch Zufall oder mit Absicht).

Insofern bildet dies die Grundeinheit der Kochkunst, sowohl visuell als auch geschmacklich.

1
Barthes, R. (1989). *The Rustle of Language*. Transl. by Richard Howard. Berkeley: University of California Press. P. 258.

1
Jean Anthelme Brillat-Savarin, *Physiologie du goût, avec une lecture de Roland Barthes.*

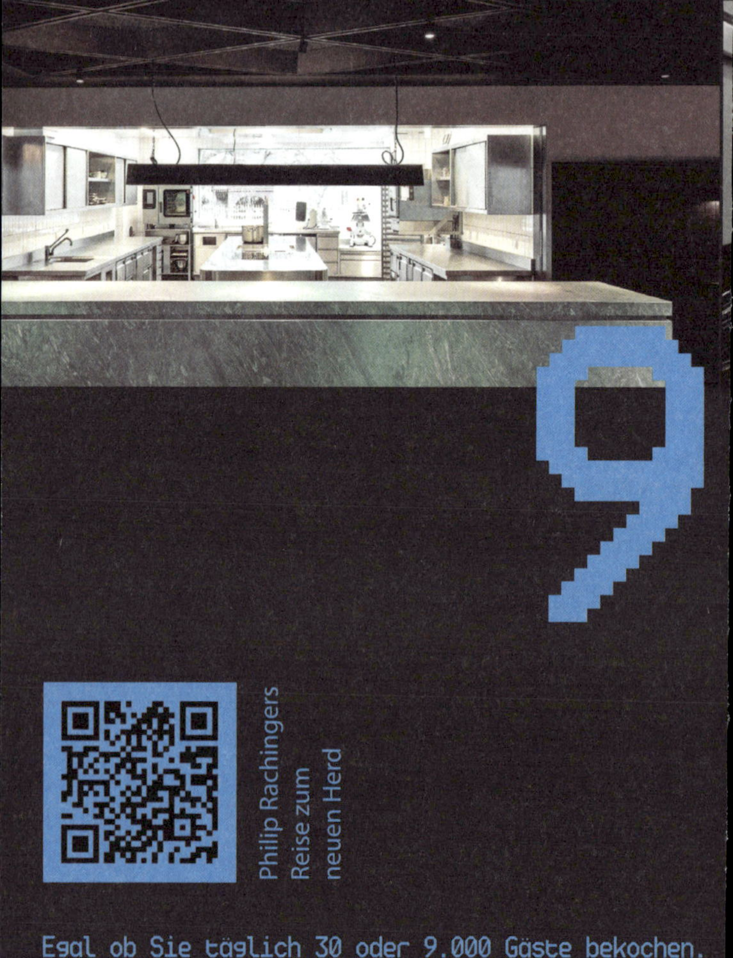
9
Philip Rachingers
Reise zum
neuen Herd
Egal ob Sie täglich 30 oder 9.000 Gäste bekochen.

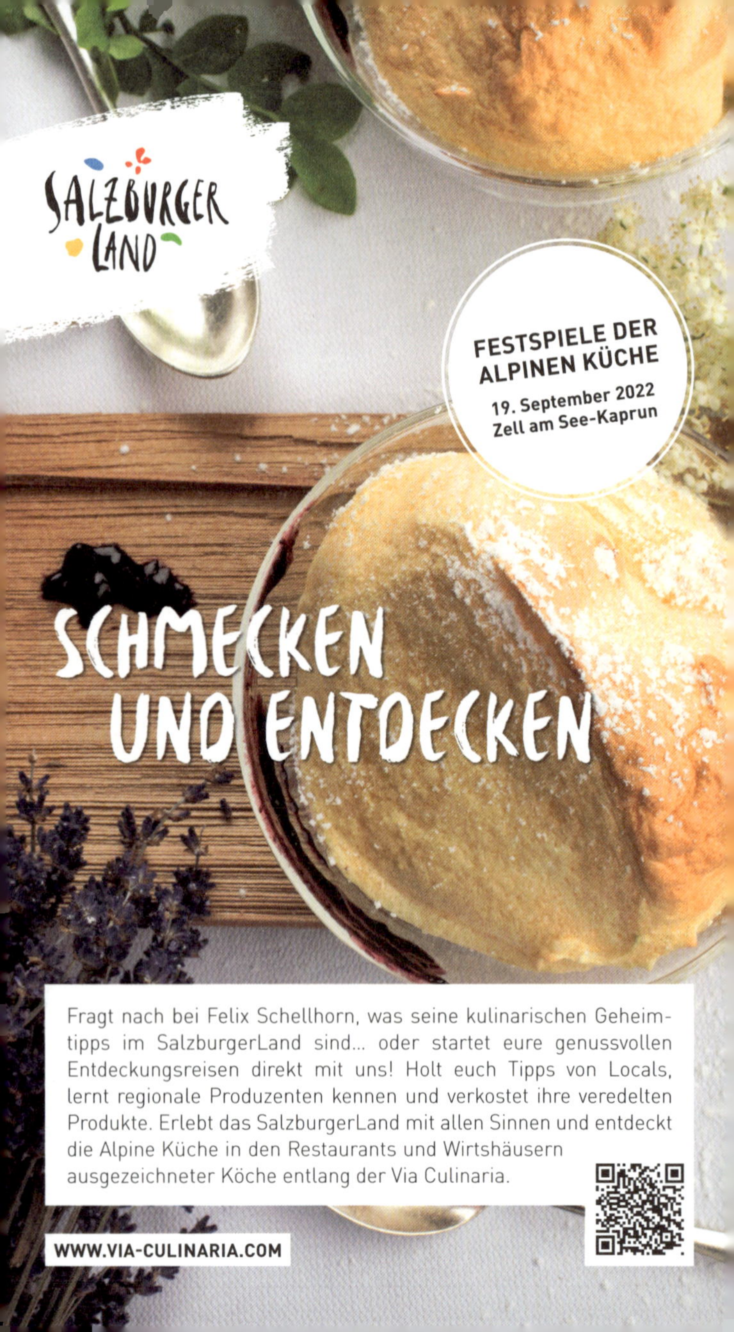
SALZBURGER LAND
FESTSPIELE DER ALPINEN KÜCHE
19. September 2022
Zell am See-Kaprun
SCHMECKEN UND ENTDECKEN
Fragt nach bei Felix Schellhorn, was seine kulinarischen Geheimtipps im SalzburgerLand sind… oder startet eure genussvollen Entdeckungsreisen direkt mit uns! Holt euch Tipps von Locals, lernt regionale Produzenten kennen und verkostet ihre veredelten Produkte. Erlebt das SalzburgerLand mit allen Sinnen und entdeckt die Alpine Küche in den Restaurants und Wirtshäusern ausgezeichneter Köche entlang der Via Culinaria.
WWW.VIA-CULINARIA.COM

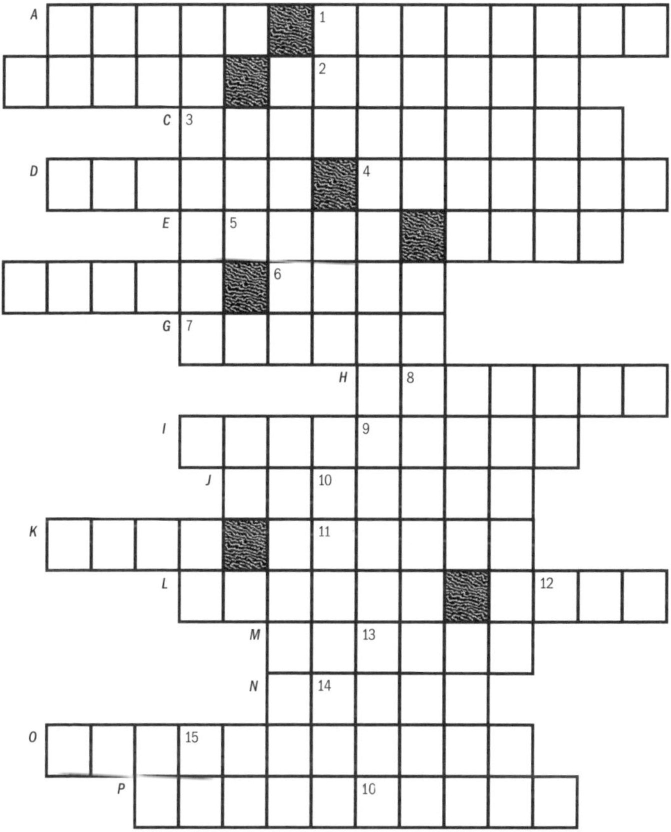

A. Swiss chef of the century
B. Who serves a chimera in his restaurant?
C. Mother of Joan, Josep and Jordi
D. Fergus Henderson's favourite soul singer
E. «Oops i dropped the ....»
F. Auguste Escoffier's hotelier partner
G. Swiss potato dish
H. From which city is King Curtis' soul stew?
I. Gutedel in Switzerland
J. First name of the author of «Kitchen Confidential»
K. Founding member of F.C. Barcelona
L. Famous Swiss chef in New York
M. Parmesan from the Alps
N. Traditional Swiss condiment
O. Restaurant in Zürich with an exceptional art collection
P. «............, Herr Müller»

1	2	3	4	5	6

7	8	9	10	11	12	13	14	15	16

+41 44 221 11 77

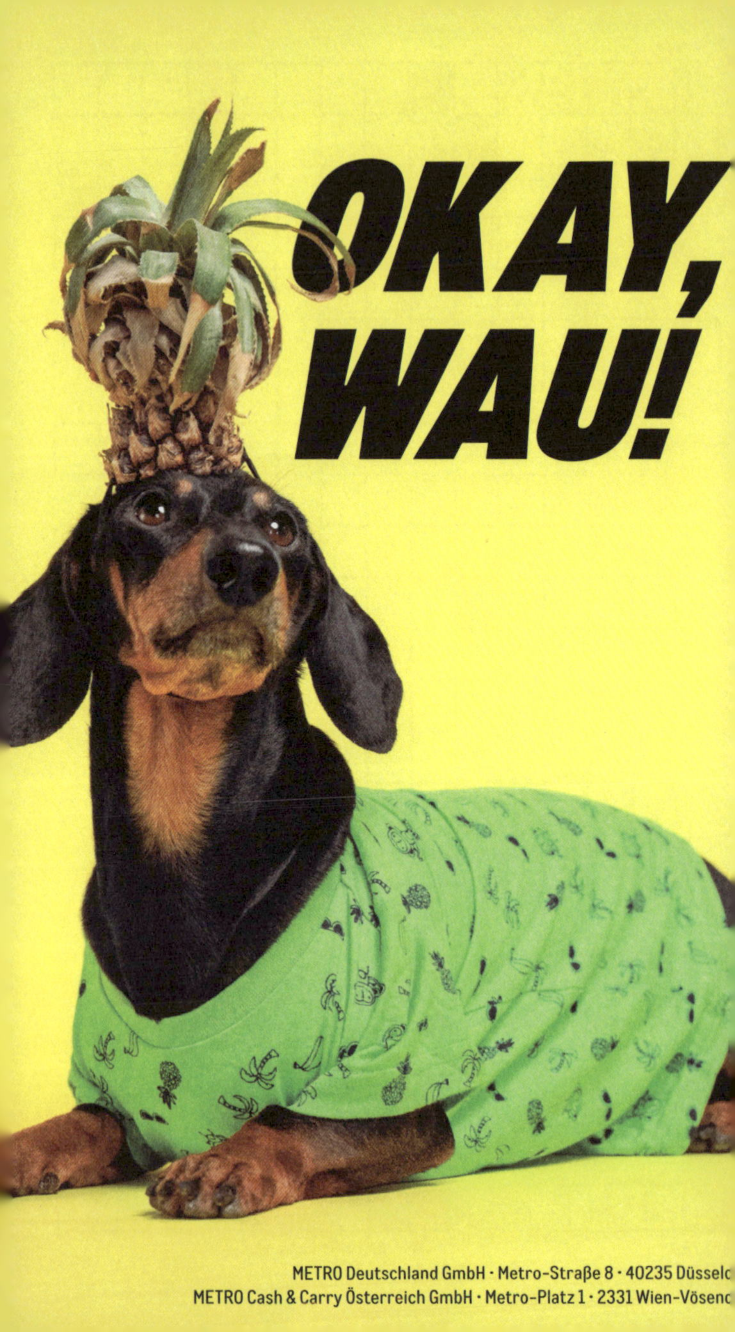
OKAY,
WAU!
METRO Deutschland GmbH · Metro-Straße 8 · 40235 Düssel
METRO Cash & Carry Österreich GmbH · Metro-Platz 1 · 2331 Wien-Vösen

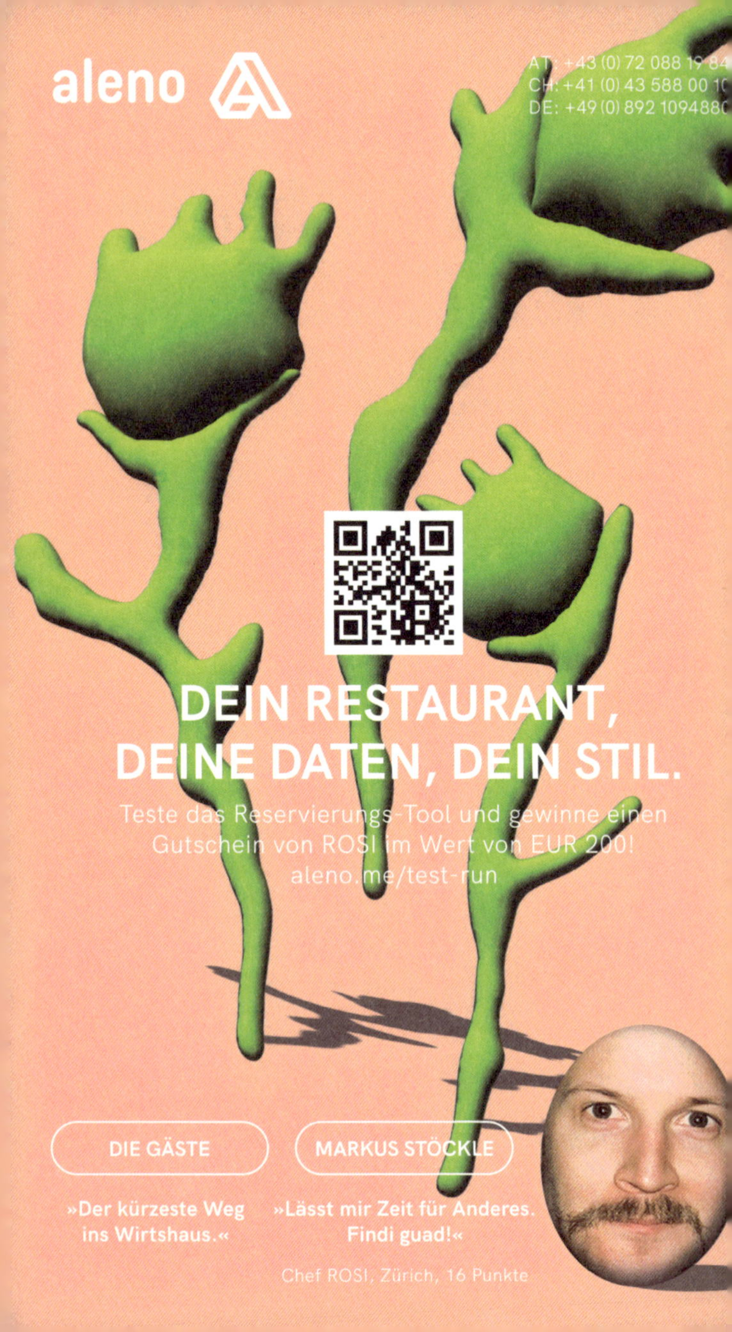
aleno
AT: +43 (0) 72 088 19 84
CH: +41 (0) 43 588 00 1
DE: +49 (0) 892 109488
DEIN RESTAURANT,
DEINE DATEN, DEIN STIL.
Teste das Reservierungs-Tool und gewinne einen
Gutschein von ROSI im Wert von EUR 200!
aleno.me/test-run
DIE GÄSTE
»Der kürzeste Weg
ins Wirtshaus.«
MARKUS STÖCKLE
»Lässt mir Zeit für Anderes.
Findi guad!«
Chef ROSI, Zürich, 16 Punkte

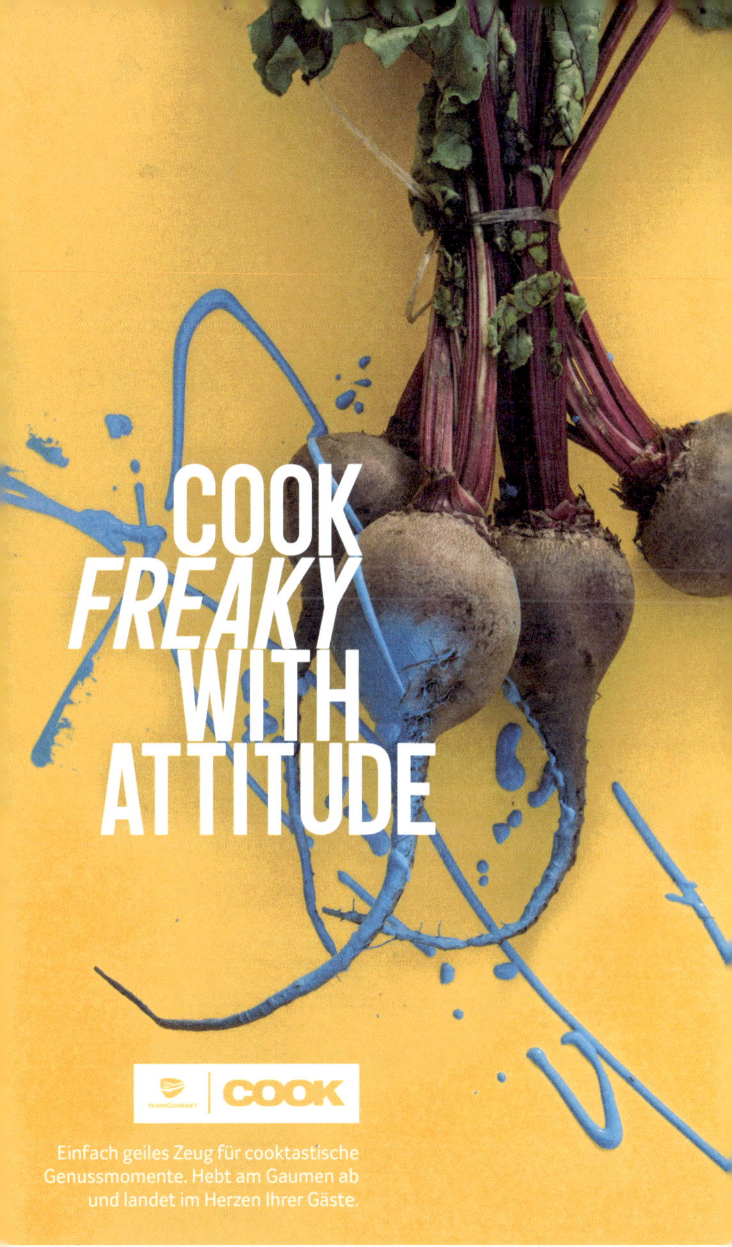
COOK
FREAKY
WITH
ATTITUDE
COOK
Einfach geiles Zeug für cooktastische Genussmomente. Hebt am Gaumen ab und landet im Herzen Ihrer Gäste.

Licking the World with Peter Kubelka

A Conversation with the Healthy Boy Band

Die Welterschleckung des Peter Kubelka

Ein Gespräch mit der Healthy Boy Band

What does Peter Kubelka think about veganism, champagne breakfasts, our small intestine, and happiness? Philip Rachinger and Felix Schellhorn take a culinary trip through time in a conversation with the gastrosopher and avant-garde artist Peter Kubelka about (the) art and the world (of cooking). The meeting took place in his Vienna apartment, which is also home to his ethnographic collection.

Born in Vienna on March 23, 1934, Kubelka seems to lead several lives: He is an artist, professor, cook, anthropologist, musician, traveler, and collector.
He first finds fame in the 1960s as an experimental filmmaker with works such as "Adebar" (1957), "Schwechater" (1958), and "Arnulf Rainer" (1960). His philosophical approaches center on the search for the elementary principles of film – a question that he soon carries over to the culinary arts. The passion for gastronomy is in his blood: His great-grandfather had a restaurant in Enns and his grandmother was a talented cook, who was already keeping her father's place going at the age of eleven. He learns by watching and recognizes the value of non-verbal communication at an early age ("I asked my grandmother

Was denkt Peter Kubelka über Veganismus, Sektfrühstück, unseren Dünndarm oder das Glücklichsein? Philip Rachinger und Felix Schellhorn auf kulinarischer Zeitreise im Gespräch mit dem Gastrosophen und Avantgarde-Künstler Peter Kubelka über die (Koch)Kunst und das (Koch)Universum. Das Treffen fand in seiner Wiener Wohnung statt, die auch seine ethnografische Sammlung beherbergt.

Am 23. März 1934 in Wien geboren, scheint Kubelka mehrere Leben zu führen: Er ist Künstler, Professor, Koch, Anthropologe, Musiker, Reisender und Sammler.
Bekannt wird er in den 1960er-Jahren zunächst als Experimentalfilmemacher mit Arbeiten wie „Adebar" (1957), „Schwechater" (1958) und „Arnulf Rainer" (1960). Seine philosophischen Ansätze kreisen um die Suche nach den elementaren Prinzipien des Films – eine Fragestellung, die er bald auch auf die Kochkunst überträgt. Die Leidenschaft für die Gastronomie liegt im Blut: Sein Urgroßvater war Wirt in Enns, seine Großmutter eine talentierte Köchin, die mit elf Jahren den väterlichen Betrieb aufrechterhielt. Er lernt durchs Zuschauen und erkennt früh einen Wert in der nicht-verbalen

how she did the meat so well? And she answered: Well, I cook it!").

From 1966 to 1978, Peter Kubelka travels between Europe and the USA, where he participates in the "independent film" movement and teaches at several universities. In 1978, he is appointed to a post at the Städelschule in Frankfurt am Main, where he establishes his own master class. In 1980, he expands the name to "Class for FILM and COOKING". This was the first time that the official syllabus of an art academy had included a class for film and cooking that enjoyed the same status as other artistic genres.

We move from the kitchen, in which cooking equipment mingles with items from his collection, through the other rooms, in which thousands of objects on simple wooden shelves deliver their, as Kubelka says, "non-verbal" messages. We live our life behind the filter of speech. All that doesn't pass through this filter remains unknown to us. Speech has become inflationary and lacking in content. If we want to get to know the world we must return to using the older senses: smelling, touching, tasting, swallowing, digesting.

Kommunikation („Ich hab bei der Oma nachgefragt: Wie machst du das Fleisch so gut? Da hat sie gesagt: „Ja braten tue ich's halt!")

Von 1966 bis 1978 pendelt Peter Kubelka zwischen Europa und den USA, wo er an der Bewegung des „Independent Films" beteiligt ist und an mehreren Universitäten unterrichtet. 1978 wird er an die Städelschule in Frankfurt am Main berufen, wo er seine eigene Meisterklasse aufbaut. 1980 erweitert er die Bezeichnung auf „Klasse für FILM und KOCHEN". Es war das erste Mal, dass eine Kunsthochschule eine Klasse für Film und Kochen gleichrangig mit anderen Kunstgattungen in den offiziellen Lehrplan aufnahm.

Von der Küche, in der sich bereits Kochgeräte mit Sammlungsgegenständen mischen, begehen wir die anderen Räume, in denen auf einfachen Holzregalen tausende Gegenstände ihre, wie Kubelka sagt, „nichtverbalen Botschaften" ausrichten. Wir leben unser Leben hinter dem Filter der Sprache. Was da nicht durchgeht, bleibt uns unbekannt. Die Sprache ist inflationär und inhaltsarm geworden. Für das Kennenlernen der Welt müssen die älteren Sinne

The objects aren't arranged according to scientific principles. Kubelka describes them as the detritus of evolution. Condensed detritus. The sand has been removed from between the fossils. Looking should lead to understanding. Every visitor may and should take the objects in their hand. The proximities between the items in the collection generate relationships and information.

Peter Kubelka: At an early stage in the evolution of implements, every container seems to have recalled the interior of an animal. The mother's milk from the cow is poured by the milker into a "cow-shaped vessel" and a small human child is fed from an artificial container.
In nature, the mother's milk enters the child privately. The milk never sees the light of day.

Healthy Boy Band: So, in your definition, drawing milk is also cooking?

Peter Kubelka: Exactly! Milking is based on the stimulation of the breast just like erotic play amongst humans. It is the preparation of food for the baby.
The baby also stimulates the mother. The baby cooks. Humans invented the instrument of creative separation. Things that form a natural

wieder zugelassen werden: riechen, tasten, schmecken, schlucken, verdauen.

Die Objekte sind nicht nach wissenschaftlichen Prinzipien geordnet. Kubelka bezeichnet sie als Schutt der Evolution. Verdichteter Schutt. Der Sand zwischen den Fossilien ist weggeräumt. Der oder die Beschauende soll zum Begreifenden werden. Jeder Besucher und jede Besucherin darf und soll die Objekte in die Hand nehmen. Aus den Nachbarschaften der Sammlungsstücke ergeben sich Beziehungen und Mitteilungen.

Peter Kubelka:
Früh in der Evolution der Geräte sah man hinter jedem Gefäß den Innenraum eines Tieres. In das „Kuhförmige Gefäß" gießt der Melker oder die Melkerin die Muttermilch der Kuh, und ein kleines Menschenkind wird vom künstlichen Gefäß gesäugt.
In der Natur gelangt die Muttermilch in aller Heimlichkeit in das Kind. Die Milch sieht nie das Licht des Tages.

Healthy Boy Band:
Ist das Abzapfen der Milch laut Ihrer Definition dann auch Kochen?

Peter Kubelka:
Genau! Melken beruht auf dem Stimulieren der Brust wie das erotische Spiel beim

unit, such as a cow and a calf, are removed from one another. The calf is separated from the mother, the milk flows into the human-made container.
This act expresses the dominance of humans and their mastery over the cow.

Today there are new ways of expressing one's status, such as the popular champagne breakfast that elevates the hosts over their neighbors.
I would like to underline that I didn't invent these processes. I merely observe them and report.
Cooking doesn't just mean that something is bobbing around in hot water. "Cooking" can refer to any sort of preparatory act that occurs before the food enters the mouth. This includes the acquisition of the foodstuff, the transport, the discovery of a certain item of food, taking into account the season and location, the order in which the dishes are tried. This can all be summed up by the term "food preparation". I also like to use the terms "food building" or "altering the universe to my own advantage with regards to my continuing existence."
However, the actual processing of the food only takes place thanks to the work of the small intestine. Teeth, tongue, gastric acids, and

Menschen. Es ist Speisenbereitung für den Säugling. Auch der Säugling stimuliert die Mutter. Der Säugling kocht.
Die Menschen haben das Instrument der kreativen Trennung erfunden. Dinge, die in der Natur eine Einheit bilden, wie Kuh und Kalb, werden voneinander gelöst. Das Kalb wird von der Mutter getrennt, die Milch fließt in das vom Menschen gemachte Gefäß.
In diesem Akt drückt sich der Machtbereich des Menschen als Herrscher über die Kuh aus.

In unserer Zeit gibt es neue Wege, seinen Status zum Ausdruck zu bringen, wie zum Beispiel durch das beliebte Sektfrühstück, das den Veranstaltenden über die Position des Nachbarn hinaushebt.
Ich möchte feststellen, dass ich nicht der Erfinder dieser Vorgänge bin. Ich beobachte sie, und ich spreche es aus.
Kochen heißt nicht, dass etwas in heißem Wasser schwimmt. Unter „Kochen" können wir jede Art der Vorarbeit verstehen, die sich vor dem Einbringen der Nahrung in den Mund ereignet. Das heißt, den Erwerb des Essgutes, den Transport, das Finden bekannter Nahrung unter Berücksichtigung von Jahreszeit und

peristalsis are all involved in preparatory processes, one could say cooking processes, which pass on their output to the small intestine.
The activity of eating is also one of these preparatory processes that precede the work of the small intestine.

In many cultures, the diner continues the work of the cook. In a Chinese menu, for example, one chooses the order in which one tastes a range of dishes that are served at the same time. At the diner's discretion.
French haute cuisine is home to the dictatorship of the artist-chef. Anyone who asks for pepper on their "blanquette de veau" and, hence, positions themselves as a competitor to the chef is thrown out of the restaurant.

Eons ago, the cook and the diner were one. Like the cow, which seeks out her own tufts of grass: After taking into account the local weather, she is both cook and diner.

Today, we have to stand up against the differentiation between humanity and nature that is found in Christian teaching. The doctrine of the church that humans are not part of nature is one of the chief culprits for the climate catastrophe!
Nature, however, is not the

Fundort, die Anordnung der Bissen. Alles das kann man unter dem Begriff „Speisenbereitung" zusammenfassen. Ich verwende auch gerne den Begriff „Speisenbau" oder „Veränderung des Universums zu meinem persönlichen Vorteil im Hinblick auf mein Weiterbestehen".
Die eigentliche Verwertung der Nahrung geschieht aber erst durch die Arbeit des Dünndarms. Zähne, Zunge, Magensäure, Peristaltik sind alles Vorarbeiten, man könnte sagen Kochprozesse, die ihr Resultat dem Dünndarm übergeben.
Auch die Tätigkeit des Speisens gehört zu den Vorbereitungen, die der Arbeit des Dünndarms vorangehen.

In vielen Kulturen setzt der oder die Essende die Arbeit des Koches fort. Zum Beispiel gibt es im chinesischen Menü die Auswahl der Bissen von verschiedenen, gleichzeitig servierten Speisen. Nach Gutdünken der Esserin.
In der französischen Hochküche befindet man sich in der Diktatur des Künstlerkochs. Wer für die angerichtete „Blanquette de Veau" noch um Pfeffer ersucht und sich damit zum Konkurrenten oder zur Konkurrentin des Koches macht, wird aus dem Lokal

servant of the immortal human being but, rather, the fragile shelter that they must not destroy if they don't wish to become homeless.

If we don't begin to develop a different world view, things will surely move in the wrong direction.
And right now the direction is wrong.

Healthy Boy Band: Didn't you once say that: "Art comes from cooking?"
Peter Kubelka: Art and cooking both belong to biology. But so-called art emerged long after we had developed ways of preparing food.
Cooking is both nourishment and communication. Fine art may be communicative but it isn't edible. A liver dumpling is, on the one hand, a sculpture that echoes the form of our planet, a geometrical body, a geoid. On the other hand, we can eat it.
Cooking is the mother of all cultural activities.
Cooking is a message and direct nourishment.
The liver dumpling sculpture is edible. Rodin's The Thinker isn't.

Healthy Boy Band: Since when have we cooked?
Peter Kubelka: The first real cooks in the true sense of the word were single-celled

verwiesen.
In ferner Vorzeit waren der Kochende und der Essende eine Einheit. Zum Beispiel die Kuh, die sich ihre Grasbüschel aussucht: Nach Berücksichtigung des sie umgebenden Wetters ist sie zugleich Köchin und Esserin.

Man muss sich heutzutage vor allem dem christlich erlernten Unterschied zwischen Mensch und Natur entgegenstellen. Die Doktrin der Kirche, dass der Mensch nicht zur Natur gehört, ist eine der Hauptschuldigen für die Klimakatastrophe!
Die Natur ist aber nicht der Dienstbote oder die Dienstbotin des unsterblichen Menschen, sondern seine gebrechliche Herberge, die er nicht zerstören darf, wenn er nicht obdachlos werden will.

Wenn wir nicht beginnen, da zu einer neuen Weltanschauung zu kommen, dann geht es wahrscheinlich in die schiefe Richtung.
Und momentan geht es schief.

Healthy Boy Band: Haben Sie nicht einmal gesagt: „Die Kunst kommt vom Kochen?"
Peter Kubelka: Kunst und Kochen gehören zur Biologie. Die Entwicklung der sogenannten Kunst kommt aber viel später als die

creatures or protozoa.
They don't have any organs but they're enclosed within a skin. They nourish themselves by preying upon other cells that they envelop and digest.
The finding, recognition, and acquisition of the edible can be seen as the origin of the preparation of food.

Healthy Boy Band: What do you mean by enclosed?

Peter Kubelka: The enclosure and separation of biomass is the basis of evolution. This enclosure creates the individual, the part, and the whole.
The chemistries within and without the enclosure are different.
The best example, which is known and loved by everyone, is the hen's egg:
A single enclosed cell, which is protected by its shell and within which the process of metamorphosis can take place. The yolk and the albumen become a chicken again.

Healthy Boy Band: What is this metabolism actually for?

Peter Kubelka: When we cook, we feed the body with material, whose usefulness has already been tested and which we have separated from useless material where possible. The wheat from the

Entwicklung der Speisenbereitung.
Kochen ist zugleich Ernährung und Mitteilung. Die bildende Kunst ist zwar mitteilsam, aber nicht essbar.
Ein Leberknödel ist einerseits eine Skulptur, die die Form unseres Planeten wiedergibt, es ist ein geometrischer Körper, ein Geoid. Andererseits ist er essbar.
Kochen ist die Mutter aller kulturellen Tätigkeiten.
Kochen ist Botschaft und direkte Ernährung.
Die Leberknödelskulptur ist essbar. Der sitzendende Denker von Rodin ist es nicht.

Healthy Boy Band: Seit wann wird gekocht?

Peter Kubelka: Die ersten Köche im eigentlichen Sinn waren einzellige Lebewesen, Urtierchen oder Protozoen.
Sie haben keine Organe, aber eine sie begrenzende Haut.
Zu ihrer Ernährung stülpen sie sich über eine Beutezelle und verdauen diese.
Das Aufsuchen, das Erkennen und das In-Besitz-Nehmen des Essbaren kann man als den Ursprung der Speisenbereitung sehen.

Healthy Boy Band: Was meinen Sie mit Grenze?

Peter Kubelka: Eingrenzung und Abtrennung von Biomasse ist die Grundlage der Evolution. Die Ab-

chaff.
In philosophy, this process is known as “analysis”.
And the name that philosophy gives to the combination of the edible parts is “synthesis”.
This process of separating the useful from the useless continues inside the body. We retain all that nourishes us.
The useless is returned to the universe. This is metabolism.
Philosophers and chemists, physiologists and so on are all the grandchildren of the cooks.

Healthy Boy Band: What’s your favorite dish?

Peter Kubelka: I’m not a gourmet. I’m an inquisitive individual.
From time to time I’m happy to eat a bland beef broth in a restaurant and add some Maggi sauce.
It’s not poisonous you know!

Healthy Boy Band: What do you think of today’s culinary culture?

Peter Kubelka: Today’s canonical cuisine overemphasizes the visual appearance of the dishes. Food, however, isn’t tasted with the eyes but with the nose, the mouth, the tongue, the palate, and the stomach.
A blind person can recognize a dish perfectly but someone with no sense of taste or smell hasn’t got a clue what they’re eating, even if it looks

grenzung erschafft das Individuum, die Teile und das Ganze.
Innerhalb der Eingrenzung vollzieht sich eine andere Chemie als außerhalb.
Das beste, jedem bekannte und von jedem geliebte Beispiel ist das Hühnerei: Eine einzige umgrenzte Zelle, die durch ihre Schale geschützt ist und in deren Inneren der Vorgang der Metamorphose geschehen kann. Dotter und Eiklar werden wieder zum Huhn.

Healthy Boy Band:
Wozu dient der Metabolismus eigentlich?

Peter Kubelka:
Mit dem Kochen füttern wir den Körper mit Material, das wir schon auf seine Brauchbarkeit untersucht haben, und von dem wir Unbrauchbares nach Möglichkeit bereits getrennt haben. Die Spreu vom Weizen.
In der Philosophie nennt man diesen Prozess „Analyse“.
Das Zusammenstellen der essbaren Teile nennt die Philosophie „Synthese“.
Im Inneren des Körpers wird der Prozess der Trennung von Brauchbarem und Unbrauchbarem weiter fortgesetzt.
Was uns ernährt, behalten wir.
Das Unbrauchbare geben wir ins Universum zurück. Das ist Metabolismus.
Die Philosophen so wie die Chemiker und

really good.
From the moment of our birth we are researching the material world, of which we are part, with our mouth and tongue. Philosophers talk about Weltanschauung, about viewing the world, and this is why they get so much wrong. It should be called Welterschleckung, licking the world.
Just look around. Everyone here would recognize every visible object by its taste. As adults we can no longer recall when we carried out the licking test. But we still know the result.

The overemphasis of the visual by the world of haute cuisine is a reaction to the declining quality of food.

Healthy Boy Band: Does cooking belong to education; should it be part of our upbringing?

Peter Kubelka: Certainly. We shouldn't forego the ability to shape our own future that comes with personally preparing our own food. Just like every other sensible species.

When I look at your group I'm delighted to see a younger generation that aspires to use the power of cooking as a way of changing the world for the better.
Your undertaking is definitely

Chemikerinnen, die Physiologen und Physiologinnen und so weiter, alle sind sie Enkelkinder der Köche.

Healthy Boy Band: Was ist Ihre Leibspeise?

Peter Kubelka: Ich bin kein Gourmet. Ich bin ein neugieriger Mensch. Ich esse immer wieder gerne eine fade Rindssuppe im Gasthaus und gebe Maggi hinein.
Giftig ist das ja nicht!

Healthy Boy Band: Wie schätzen Sie die Kochkultur heutzutage ein?

Peter Kubelka: Die heute anerkannte Kochkunst betont übermäßig die optische Erscheinung der Gerichte. Speisen werden aber nicht mit dem Auge geschmeckt, sondern mit Nase, Mund, Zunge, Gaumen und Bauch. Ein Blinder oder eine Blinde kann eine Speise perfekt erkennen; jemand ohne Geruch und Geschmack dagegen hat keine Ahnung, was er oder sie isst, auch wenn er noch so gut sieht. Von Geburt an erforschen wir die materielle Welt, in die wir eingebunden sind, mit Mund und Zunge. Die Philosophen sprechen von Weltanschauung, darum passieren ihnen so viele Irrtümer. Welterschleckung müsste es heißen.
Schauen Sie sich um. Jeder

part of the avant-garde.
I'd like to share a wise saying with you:
"The most important person for the baby is the mother.
The most important person for the small child is the grandmother.
The most important person for the young cook is the grandmother's grandmother."

Cooking is the oldest artistic genre. Offering a gift of food is the oldest political act. Every community that is home to a cook is home to an artist.

Healthy Boy Band: What does cooking mean for you?

Peter Kubelka: I like to eat, and I enjoy being part of the universe as it follows its course. I like feeding others and I enjoy the power of the mother.
P.S.: the grandmother.

oder jede der hier Anwesenden würde jeden hier sichtbaren Gegenstand am Geschmack erkennen. Wir wissen als Erwachsene nicht mehr, wann wir die Schleckprobe durchgeführt haben. Aber ihr Resultat steht uns zur Verfügung.

Die Überbetonung des Optischen durch die Sterneküche ist eine Reaktion auf die verloren gegangene Qualität der Lebensmittel.

Healthy Boy Band: Gehört kochen zur Bildung, sollte es Teil der Erziehung sein?

Peter Kubelka: Unbedingt. Wir sollten nicht darauf verzichten, unsere Zukunft persönlich zu gestalten, indem wir unsere Nahrung persönlich zubereiten. Wie jedes andere vernünftige Tier.

Ich sehe mit Freuden an eurer Gruppe, dass in der jüngeren Generation Kräfte wirksam sind, die durch das Kochen eine Weltveränderung zum Besseren anstrebt.
Euer Unternehmen gehört durchaus zur Avantgarde.

Ich möchte euch eine Spruchweisheit mitgeben:
„Der wichtigste Mensch für den Säugling ist die Mutter.
Der wichtigste Mensch für das Kleinkind ist die Groß-

mutter.
Der wichtigste Mensch für den jungen Koch ist die Großmutter der Großmutter."

Kochen ist die älteste Kunstgattung. Das Verschenken von Nahrung ist der älteste politische Akt.
Jede Gemeinschaft, die eine Köchin oder einen Koch beherbergt, beherbergt einen Künstler.

Healthy Boy Band:
Was bedeutet das Kochen für Sie?
Peter Kubelka:
Ich esse gerne, und ich genieße meine Teilnahme am Lauf des Universums. Ich füttere gerne und genieße die Macht der Mutter.
Nachtrag: der Großmutter.

Severin Corti

Severin Corti

Art – Food – Shit

Kunst – Essen – Scheiße

Shit's been considered to be art for ages, but in the case of food we're not so sure. Even our food critic of the day doesn't get to the point and suggests, in case of doubt, visiting the toilet. But we'd rather go to a restaurant than to the loo!

Oh my Lord, food and art. As if we hadn't got anything else to worry about.

For most people, food is principally about sustenance and little else. Certainly not art: munch & go, a quick juice, a primitive meeting of primary needs, no problem if the quality's poor. That's what it looks like, no point in pretending. Okay, at best it'll keep us alive. It's just that who can truly claim that this ever happened to them.

But beyond the lifesaving morsel of bread, food can also become very personal, self-defining, so intimate that it hurts. There's nothing in the world that we allow to get so close to us as something that becomes part of us. Which is why it's astonishing to consider (see above) how often we don't care what we're eating.

This is even more astonishing, given how food can move us from within, not only literally but also, truly, metaphorically, in a way that only art is equally capable of. Are Marcel Proust's madeleines art? After all, they seem able to get right to the heart of him.

Scheiße ist längst Kunst, beim Essen sind wir uns nicht so sicher. Auch unser Fresskritiker vom Dienst kommt nicht zum Punkt und empfiehlt im Zweifel den Gang aufs Klo. Wir wollen aber lieber ins Gast- als aufs Scheißhaus!

Ach Gottchen, das Essen und die Kunst. Als ob wir keine anderen Sorgen hätten.

Essen ist dem Menschen in der Hauptsache Nahrung, dann lange nichts. Von Kunst kann keine Rede sein: Mampf & Go, schneller Juice, primitive Befriedigung primärer Bedürfnisse, noch so gern in niederträchtiger Qualität. So schaut's aus, machen wir uns doch nix vor. Okay, im besten Fall rettet es das Leben. Nur wer kann schon in echt behaupten, das einmal erlebt zu haben.

Auch jenseits vom lebensrettenden Bissen Brot kann Essen aber sehr persönlich werden, das Selbst definierend, so intim, dass es weh tut. Nichts auf dieser Welt lassen wir so nah an uns heran wie das, was zu einem Teil unser selbst werden darf. Umso erstaunlicher ist, siehe oben, wie egal einem oft ist, was man isst.

Das ist umso erstaunlicher, als der Mensch von Essen im Innersten berührt werden kann, nicht bloß buchstäblich, sondern tatsächlich metaphorisch, wie das sonst nur die Kunst vermag.

Or is art simply that which Proust is able to create out of an emotion? We're not allowed to ask artists this question. They just tell us about shit only becoming art inside the artist. Which is kind of true: the fact that a good shit has the power to transcend or even offer salvation is something of which we're all well aware.

But telling people about this isn't always as easy as telling them about the latest première at the Salzburg Festival. Someone who books tickets at such a temple of high culture ascribes a certain value to art and also has something to relate. And someone who books a table in a temple of haute cuisine doesn't spend any less. They also get to experience something and there's enough to tell people about afterwards. Here, too, boundaries are pushed, creative fireworks are lit, time and place, life and death, even fish and meat come together on a plate in a way that goes beyond itself. Is it ecstasy, a moment of timeless beauty, when the sea urchin elevates us to a state of delirium – or merely an overdose of really powerful proteins, which we've long lost the ability to consume?

The French, who are known for their ruthlessness in both culinary and artistic matters, have no doubt about this. They place cuisine at the very apex of culture – it is, after all, the only art form that truly requires all the senses

Sind die Madeleines des Marcel Proust Kunst? Immerhin vermögen sie ihn an der Essenz zu packen. Oder ist Kunst doch bloß, was er, der Proust, aus dem Gefühl zu machen versteht? Einen Künstler oder eine Künstlerin darf man das nicht fragen. Der kommt einem dann gleich mit der Scheiße, die erst im Künstler zu Kunst wird. Stimmt eh: Dass dem guten Schiss die Kraft der Transzendenz, ja der Erlösung innewohnt, weiß wirklich jeder ganz für sich.

Davon erzählen lässt sich halt nicht immer so gut, wie von der jüngsten Premiere bei den Salzburger Festspielen. Wer derlei Tempel der Hochkultur bucht, dem ist die Kunst etwas wert, und er hat auch etwas zu erzählen. Wer sein Geld in einem Tempel des guten Essens lässt, zahlt um nichts weniger. Erleben kann er auch etwas, zu erzählen gibt es hinterher genug. Da werden Grenzen verschoben, da wird Schaffenskraft wie ein Feuerwerk gezündet, da kommen Zeit und Ort, Leben und Tod, sogar Fisch und Fleisch in einer Art auf den Teller, die durchaus über sich selbst hinausweist. Ist es Ekstase, ein Moment ewiger Schönheit, wenn der Seeigel einen im Sturm nimmt wie ein Rausch – oder bloß eine Überdosis echt argen Proteins, für das wir längst nicht mehr gebaut sind?

Die Franzosen, beim Essen und der Kunst bekanntlich gnadenlos,

in order to be appreciated. Experiencing with all the senses, total immersion in the work – most artists can only dream of producing the things that are successfully created, night after night, in a kitchen.

If it really has what it takes, for there are enough cooks who parade their complete lack of taste and unlimited arrogance as proof of their art. In line with the motto: If no one likes it, it must be true art. And it's then rewarded with stars or some other indicator of quality because, at the end of the day, no one wants to be the first to admit that the crap just makes them want to throw up. Because of their understanding of art, if you see what I mean?

haben da keine Zweifel. Sie stellen die Küche an die Spitze der Kultur – ist schließlich die einzige Kunstform, für deren Rezeption man wirklich alle Sinne beieinander haben muss. Erleben mit allen Sinnen, totale Immersion ins Werk – die meisten Künstler und Künstlerinnen dürfen nur von dem träumen, was der Küche allabendlich gelingt.

Wenn sie es denn draufhat. Gibt ja gar nicht wenige Köche, die ihre vollkommene Geschmacksbefreitheit und schrankenlose Präpotenz geradezu als Beweis ihrer Kunst vor sich hertragen. Motto: Wenn's keinem schmeckt, muss es wahre Kunst sein. Wird dann auch gern mit Sternen und Hauben belohnt, schließlich will keiner der erste sein, der zugibt, den Schas einfach zum Speiben zu finden. Wegen ihn Kunstverständnis warat's, verstehst?